热作产业发展报告（2023年）

中国农垦经济发展中心
农业农村部南亚热带作物中心　编

图书在版编目（CIP）数据

热作产业发展报告 . 2023年 / 中国农垦经济发展中心，农业农村部南亚热带作物中心编 . -- 北京：中国农业科学技术出版社，2024.8. -- ISBN 978-7-5116-7028-1

Ⅰ . F326.12

中国国家版本馆 CIP 数据核字第 20245BD258 号

责任编辑 史咏竹
责任校对 马广洋
责任印制 姜义伟 　王思文

出 版 者	中国农业科学技术出版社
	北京市中关村南大街 12 号　　邮编：100081
电　　话	（010）82105169（编辑室）（010）82106624（发行部）
	（010）82109709（读者服务部）
网　　址	https://castp.caas.cn
经 销 者	各地新华书店
印 刷 者	北京建宏印刷有限公司
开　　本	210 mm × 285 mm　1/16
印　　张	13
字　　数	280 千字
版　　次	2024 年 8 月第 1 版　2024 年 8 月第 1 次印刷
定　　价	68.00 元

---- 版权所有·侵权必究 ----

《热作产业发展报告（2023年）》
编写委员会

主　　　编	陈忠毅　黄　辉
副　主　编	孙　娟　钟　鑫　郑红裕
编　　　委	李玉萍　杨　琳　齐文娥　贺梅英　张慧坚
	刘海清　高爱平　贺熙勇　罗心平　陈河龙
	许冠堂　卫晋瑶　刘秋池

主要编写人员　（按姓氏拼音排序）

陈河龙　陈小秋　付秦有　高爱平　贺梅英
贺熙勇　黄浩伦　黄家雄　李玉萍　林小妹
刘海清　刘秋池　刘锐金　刘燕群　罗睿雄
罗心平　马晨雨　莫业勇　齐文娥　石钰欣
孙　娟　田一彤　卫晋瑶　吴　湾　许冠堂
杨　琳　张慧坚　郑红裕　钟　鑫　左艳秀

编　写　单　位　（排名不分先后）

中国农垦经济发展中心（农业农村部南亚热带作物中心）
中国热带农业科学院热带作物品种资源研究所
中国热带农业科学院环境与植物保护研究所
中国热带农业科学院橡胶研究所
中国热带农业科学院科技信息研究所
华南农业大学经济管理学院
云南省农业科学院热带亚热带经济作物研究所
云南省热带作物科学研究所

前　言

　　热带作物主要包括天然橡胶、木薯、油棕等工业原料，香蕉、荔枝、芒果等热带水果，以及咖啡、桂皮、八角等香（饮）料，是重要的国家战略资源和日常消费品。近年来，我国热带作物产业发展取得积极成效，主要作物优势生产区域初步形成，相关产业体系不断完善，在保障国防与经济安全、满足人民生活需求、发展非粮生物质能源以及增加农民收入等方面发挥了重要作用。2023 年，全国主要热作种植面积为 7 418.6 万亩，总产量达到 4 002.8 万吨（同比增长 6.5%），总产值为 2 468.3 亿元（同比增长 16.5%），为热区巩固拓展脱贫攻坚成果、推进乡村全面振兴作出了重要贡献。与此同时，世界正处于百年未有之大变局，贸易保护主义抬头，不稳定性与不确定性突出，热作产业高质量发展面临新形势与新挑战，特别是科技实力整体不强、组织化程度不高、产业链不完善等问题仍然突出。因此，对国内外热作产业发展进行长期追踪，积极开展前瞻性研究，完善推动热作产业发展的思路举措，具有重要意义。

　　在农业农村部农垦局的精心指导下，中国农垦经济发展中心（农业农村部南亚热带作物中心）组织热作科研、经济、管理等领域的专家编写了《热作产业发展报告（2023 年）》，该报告包括 2023 年热作产业发展报告以及天然橡胶、荔枝、龙眼、香(大)蕉、木薯、芒果、澳洲坚果、咖啡、剑麻9个产业发展报告。报告立足国内产业发展现状，找准我国热作产业在世界上的发展定位，从生产、加工、贸易等方面对热作产业进行全方位、立体式剖析，并系统梳理了产业发展面临的问题与瓶颈，研究提出了产业的发展思路与建议。

希望本书的出版能够为有关部门提供决策参考，为热作研究人员及相关从业者提供第一手宝贵的研究资料，为助力热作产业发展贡献一份力量。不足之处，敬请批评指正。

编　者

2024年6月

目　录

2023年热作产业发展报告 ········· 1
- 一、世界热作产业概况 ········· 1
- 二、中国热作产业概况 ········· 5
- 三、中国热作产业发展特点 ········· 10
- 四、存在的主要问题和瓶颈 ········· 12
- 五、中国热作产业发展建议 ········· 14

2023年天然橡胶产业发展报告 ········· 16
- 一、世界天然橡胶产业概况 ········· 16
- 二、中国天然橡胶产业基本情况 ········· 23
- 三、中国天然橡胶产业发展特点 ········· 30
- 四、中国天然橡胶产业存在的主要问题 ········· 31
- 五、中国天然橡胶产业发展展望 ········· 32
- 六、产业发展建议 ········· 32

2023年荔枝产业发展报告 ········· 34
- 一、世界荔枝产业概况 ········· 34
- 二、中国荔枝产业基本情况 ········· 43
- 三、中国荔枝产业发展特点 ········· 55
- 四、中国荔枝产业存在的主要问题 ········· 57

五、产业发展建议……………………………………………………………58

2023年龙眼产业发展报告　　　　　　　　　　　　　　　　　　　　60

　　一、世界龙眼产业概况………………………………………………………60
　　二、中国龙眼产业基本情况…………………………………………………66
　　三、中国龙眼产业发展特点…………………………………………………78
　　四、中国龙眼产业存在的主要问题…………………………………………78
　　五、产业发展建议……………………………………………………………79

2023年香（大）蕉产业发展报告　　　　　　　　　　　　　　　　　81

　　一、世界香（大）蕉产业概况………………………………………………81
　　二、中国香（大）蕉产业基本情况…………………………………………86
　　三、中国香（大）蕉产业发展特点…………………………………………94
　　四、中国香（大）蕉产业存在的主要问题…………………………………95
　　五、中国香（大）蕉产业发展展望…………………………………………96
　　六、产业发展建议……………………………………………………………97

2023年木薯产业发展报告　　　　　　　　　　　　　　　　　　　　99

　　一、世界木薯产业概况………………………………………………………99
　　二、中国木薯产业基本情况………………………………………………108
　　三、中国木薯产业发展特点………………………………………………112
　　四、中国木薯产业存在的主要问题………………………………………112
　　五、中国木薯产业发展展望………………………………………………113
　　六、产业发展建议…………………………………………………………114

2023年芒果产业发展报告　　　　　　　　　　　　　　　　　　　115

　　一、世界芒果产业概况……………………………………………………115
　　二、中国芒果产业基本情况………………………………………………122
　　三、中国芒果产业发展特点………………………………………………134
　　四、中国芒果产业存在的主要问题………………………………………134
　　五、中国芒果产业发展展望………………………………………………135

六、产业发展建议……………………………………………………………… 136

2023年澳洲坚果产业发展报告 …………………………………………… 138
　　一、世界澳洲坚果产业概况…………………………………………………… 138
　　二、中国澳洲坚果产业基本情况……………………………………………… 146
　　三、中国澳洲坚果产业发展特点……………………………………………… 156
　　四、中国澳洲坚果产业存在的主要问题……………………………………… 157
　　五、中国澳洲坚果产业发展展望……………………………………………… 158
　　六、产业发展建议……………………………………………………………… 158

2023年咖啡产业发展报告 ………………………………………………… 160
　　一、世界咖啡产业概况………………………………………………………… 160
　　二、中国咖啡产业基本情况…………………………………………………… 170
　　三、中国咖啡产业发展特点…………………………………………………… 179
　　四、中国咖啡产业存在的主要问题…………………………………………… 180
　　五、中国咖啡产业发展展望…………………………………………………… 181
　　六、产业发展建议……………………………………………………………… 181

2023年剑麻产业发展报告 ………………………………………………… 183
　　一、世界剑麻产业概况………………………………………………………… 183
　　二、中国剑麻产业基本情况…………………………………………………… 188
　　三、中国剑麻产业发展特点…………………………………………………… 193
　　四、中国剑麻产业存在的主要问题…………………………………………… 193
　　五、中国剑麻产业发展展望…………………………………………………… 194
　　六、产业发展建议……………………………………………………………… 194

2023 年热作产业发展报告

2023 年，世界热带作物生产能力稳步提升，热带农产品国际贸易保持增长态势，国际价格波动性大。中国热作产业保持稳定发展态势，在科技创新赋能、科技成果转化、全产业链建设、品牌培育、产业融合发展等方面取得较好进展。期待通过产业集群打造、产业链延伸、经营主体协同发展、科技支撑等方式（模式）助推热作产业高质量发展。

一、世界热作产业概况

（一）生产情况

近年来，世界热作种植规模总体呈稳定发展的态势。与 2022 年相比，2023 年天然橡胶、木薯、香（大）蕉、芒果、龙眼、澳洲坚果、咖啡收获面积略有增长，剑麻、荔枝收获面积小幅下降。综合天然橡胶生产国联合会（ANRPC）报告和中国热带农业科学院橡胶研究所监测结果测算，2023 年全球天然橡胶种植面积为 23 590.2 万亩（1 亩 ≈666.67 米^2，1 公顷 =15 亩，全书同），同比增长 0.35%。据联合国粮食及农业组织（FAO）统计，2022 年世界木薯收获面积为 48 064.6 万亩，同比增长 1.85%；剑麻收获面积为 365.5 万亩，同比减少 1.32%；香（大）蕉收获面积为 19 000 万亩，同比增长 4.40%；芒果收获面积为 9 014.6 万亩，同比增长 5.90%。据主产国官方统计数据和相关文献测算，2023 年世界龙眼种植面积约为 826.3 万亩，同比增长 4.81%；世界荔枝种植面积约为 1 170.5 万亩，同比稍有下降。据国际坚果与干果理事会（INC）、南非澳洲坚果协会（SAMAC）等不完全统计，2023 年世界澳洲坚果的种植面积为 871.6 万亩，同比增长 3.78%。据 FAO、美国农业部（USDA）和中国农业农村部农垦局数据估算，2023 年，全球咖啡收获面积为 17 358.5 万亩，同比增长 1.81%。

从产量看，与2022年相比，2023年天然橡胶、澳洲坚果、荔枝、木薯、香（大）蕉、芒果产量有所增长，咖啡、剑麻、龙眼产量同比下降。2023年，全球天然橡胶产量为1437.4万吨，同比增长0.89%；澳洲坚果（果仁）产量为8.5万吨，同比增长8.09%；荔枝产量约为431.3万吨，同比上升3.09%；龙眼产量为427.8万吨，同比下降1.80%。2023年，世界咖啡产量为1028.6万吨，同比减少2.01%。2022年，全球木薯产量为33040.9万吨，同比增长1.35%；香（大）蕉总产量为1.79亿吨，同比增长5.29%；芒果产量为5915.2万吨，同比增长3.75%；剑麻纤维产量为25.8万吨，同比减少2.97%。

（二）贸易情况

与2022年相比，2023年咖啡、木薯、澳洲坚果、剑麻纤维进出口贸易量有所增长，天然橡胶、芒果、香（大）蕉、荔枝进出口贸易量同比下降。据国际橡胶研究小组（IRSG）和中国热带农业科学院橡胶研究所监测，2023年，全球天然橡胶进口量为1322.6万吨，出口量为1262.7万吨，同比分别减少7.51%、3.56%。2022年，世界芒果进口量为195.2万吨，出口量为224.0万吨，同比分别下降11.43%、13.76%。2023年，世界咖啡进口量为835.2万吨，同比增长2.58%，出口量为853.4万吨，同比增长0.46%。2022年，世界木薯产品（包含木薯干和木薯淀粉）进口量为1883.5万吨，同比增长36.48%，出口量为1462.4万吨，同比增长19.51%；2023年世界香（大）蕉出口量为811.6万吨、进口量为1737.4万吨，同比分别下降62.00%、18.61%。根据主产国相关统计数据测算，2022年世界龙眼出口贸易量约为60万吨，占总产量的比例不到20%；2023年世界荔枝出口量约为4.4万吨，同比减少16.51%。据INC统计，2023年世界各国澳洲坚果（果仁）进口量为6.4万吨，同比增长5.23%；出口量为8.1万吨，同比增长223.19%。2022年世界剑麻纤维贸易量为5.3万吨，同比增长15.22%，其中出口量为3.2万吨，进口量为2.1万吨。

（三）价格情况

2023年，受市场供需关系等因素影响，部分热作产品的价格波动较大。据中国热带农业科学院橡胶研究所跟踪和统计，2023年马来西亚市场20号标胶（SMR20）年均价格为1388美元/吨，同比下跌10.80%；泰国市场3号烟片胶（RSS3）的年均价格为1691美元/吨，同比下跌11.28%；马来西亚市场浓缩胶乳年平均价格为1138美元/吨，同比下跌14.27%。2022年，剑麻纤维出口价格为1707.8美元/吨，进口价格为1873.9美元/吨。2023年，国际咖啡组织（ICO）综合平均价格为3.64美元/千克，同比下跌13.33%。2023年，中国木薯干平均价格为2316元/吨，泰国为1968元/吨，越南为2068元/吨；中国木薯干平均价格比泰国高17.72%，比越南高12.04%。中国木薯干平均价格同比上涨1.82%，泰国同比上涨2.19%，越南同比下跌5.26%。2023年，全球香（大）蕉出口平均价格为643.2美元/吨，同比上涨了

19.35%，进口平均价格为 802.0 美元/吨，同比增长 7.19%。据澳洲坚果协会（AMS）、美国农业部（USDA）和南非澳洲坚果协会（SAMAC）统计，2023 年，澳大利亚、美国、南非的澳洲坚果壳果（含水量 10%）的农场地头价分别为 3.1 美元/千克、2.11 美元/千克、2.72 美元/千克，同比分别下跌 36.23%、4.52%、35.08%。

（四）各国产业动态

天然橡胶 ①泰国。2023 年泰国政府批准 76 亿泰铢（折合人民币 15.9 亿元）橡胶价格保证计划，将向在国营橡胶机构登记的种植橡胶农户共 160 万人提供橡胶销售价格差额补贴，收入分配比例为种植园主占 60%，割胶工人占 40%，每个家庭不超过 25 莱[①]。该项目覆盖全泰国 1 820 万莱的种植橡胶面积。同时启动"一区一产品"橡胶园保险项目，对投保橡胶园提供橡胶树遭受自然灾害损失保险。为应对《欧盟零毁林法案》（EUDR）措施，泰国橡胶局已准备好依照 EUDR 规定的橡胶产品生产来源可追溯性调查措施执行工作，该措施将于 2024 年实施。②马来西亚。马来西亚橡胶局启动针对半岛、沙巴州和砂拉越州小农的橡胶生产津贴（IPG），小农户可以根据 2023 年 3 月的产量，在 2023 年 4 月 1—30 日提出 IPG 索赔申请。马来西亚全国小园主协会（PKPKM）呼吁政府进一步探索解决小园主面临的橡胶价格偏低等问题路径。③其他国家。柬埔寨橡胶发展协会呼吁加大对橡胶加工厂的投资，并欢迎外国轮胎制造商来柬埔寨建厂，这将使柬埔寨能够在未来出口更高附加值的产品，而不只是目前的原材料出口。印度在联邦预算中宣布上调复合橡胶进口税率，使其与进口天然橡胶的进口关税持平，将令该国国内胶农获得更高的卖价。巴西在 8 月将天然橡胶进口关税从 3.2% 提高至 10.8%，调整后的关税有效期为 24 个月。

荔枝 日本厚生劳动省发布药生食输发 0727 第 2 号通知，对中国产荔枝及简单加工品中水胺硫磷实施进口抽检比例为 30% 的强化监控检查。泰国成立了一个由政府部门和私营部门共同组成的推动泰国水果出口的工作小组，负责监督产销情况和协调解决水果出口问题，全链监管促品质提升。

龙眼 泰国农业部要求严格检查出口龙眼质量，出口企业必须仔细检查和清除龙眼上的害虫，此外，在龙眼分级和装入集装箱前进行严格检查，以建立消费者对泰国龙眼的信心。澳大利亚农业、渔业和林业部发布消息，变更进口中国龙眼和荔枝冷处理条件，来自中国的龙眼和荔枝只有在运输途中进行冷处理才能进口，并且冷处理时间必须符合澳大利亚生物安全进口条件系统（BICON）中所列的批准处理时间。

香蕉 因收到中国海关总署通报，在越南出口至中国的部分批次香蕉、芒果等水果中检出

---

① 莱是泰国常用面积单位，1 莱 =1 600 米^2，全书同。

污染物，越南农业和农村发展部植物保护司已通知某些地区暂停执行相关种植区和包装设施代码所对应的出口植物检疫程序。欧盟委员会发布授权条例（EU）2023/2429，补充欧洲议会和欧盟理事会条例（EU）No 1308/2013，修订水果和蔬菜类别、某些水果和蔬菜加工产品以及香蕉类别的销售标准，并废除欧盟委员会实施条例（EC）No 1666/1999、（EU）No 543/201 和（EU）No 1333/2011。澳大利亚新西兰食品标准局（FSANZ）发布 263-23 号通知，其中 A1274 号申请就香蕉品系 QCAV-4 用于食品进行意见征求，该产品经过基因修饰可抵抗真菌病 Fusarium Wilt Tropical Race Ⅳ（TR4）。

木薯 国际热带农业研究所（IITA）联合美国国际开发署（USAID）在刚果（金）启动了木薯价值链开发项目，该项目重点聚焦在木薯种茎等基本农业投入品供应保障、生产技术升级以及木薯加工增值等领域，此外，USAID 还将通过项目的实施帮助刚果（金）突破木薯生产、加工和营销瓶颈。赞比亚农业部与联合国粮食及农业组织（FAO）合作启动了一项价值 20 万美元的技术合作计划，通过与木薯价值链参与者建立合作关系，在两年内为不少于 1 万名农民提供无病害的木薯种茎。尼日利亚联邦政府支持奥贡州发展木薯产业，将利用国际组织的捐赠向奥贡州 Ado-Odo 地区 Alapoti 村的木薯加工企业提供援助。马达加斯加农业和畜牧业部开展有关木薯项目，鼓励青年人参与木薯生产，该项目还将向参与者提供木薯种茎、肥料、农药等农业生产投入品，并提供木薯种植技术培训。柬埔寨与泰国农业龙头企业正大集团签订了系列谅解备忘录，计划通过政企合作，发展木薯等可饲用农作物，并促进出口。印度尼西亚与英国签订木薯进出口协议，规定印度尼西亚每年可向英国出口 66 万吨鲜/干木薯，且享受 6% 的最低进口关税。

芒果 Aani 芒果产业协会与菲律宾农业部合作举办第十九届国家芒果节，主题为"为芒果产业带来发展战略"。该芒果节的目的是为促进公共农业项目和计划的发展提供一个平台，并解决当前农户所面临的挑战。欧盟发布关于允许肯尼亚出口经过蒸汽热处理（VHT）的芒果进口的通知，这意味着肯尼亚出口商可以通过热水或蒸汽处理果品后再进行出口。越南政府出台一系列农业政策，包括提供财政补贴和优惠政策，鼓励农民种植芒果树，推动芒果种植基地的建设。

澳洲坚果 随着印度对澳洲坚果的进口关税从 32% 降至 21.4%，而且到 2028 年将降至零，澳大利亚开始向印度出口澳洲坚果。澳大利亚园艺创新公司投入 192.5 万美元支持 20 个科研项目开展，以提升澳洲坚果产业的可持续发展能力，投入 194.9 万美元用于 8 个市场的开拓计划，扩大市场消费。

咖啡 2023 年，为提升巴西咖啡出口量，巴西政府和咖啡出口商协会积极采取措施，鼓励农民增加咖啡种植面积和改进种植技术，以提高咖啡产量。哥伦比亚政府、农业部门融资基金会（Finagro）和哥伦比亚 Davivienda 银行宣布，将向小型农业生产者提供 1.4 万份保险，用以支持咖啡等作物的贸易活动。肯尼亚与欧盟达成贸易协议，包括咖啡在内的肯尼亚所有出口商品将免关税和免配额进入欧盟市场。为提高泰国咖啡的国际知名度，推动咖啡产业升级，泰国商务部研究并出版了开发精品咖啡等高价值农产品贸易潜力的指南，向咖啡产地签发地理标志认证，使其更好地进入国际市场。

二、中国热作产业概况

（一）生产情况

近年来，中国热作种植规模和效益总体呈现平衡增长的态势（图1）。据农业农村部农垦局监测，2023年年末全国热带、南亚热带作物实有面积7 418.6万亩，同比增长4.6%。其中热区各省份种植面积从大到小依次为：云南1 985.0万亩，广西1 887.8万亩，广东1 500.8万亩，海南1 462.3万亩，四川237.4万亩，福建230.2万亩，贵州103.3万亩，湖南10.8万亩，西藏0.1万亩。从作物种类来看，面积超过100万亩的有15种，分别是：天然橡胶1 693.5万亩，同比下降0.1%；荔枝755.5万亩，同比增长1.71%；芒果593.2万亩，同比增长0.08%；澳洲坚果539.1万亩，同比增长6.8%；八角694.6万亩，同比增长51.16%；香（大）蕉481.1万亩，同比下降1.9%；龙眼401.4万亩，同比下降2.6%；肉桂438.7万亩，同比增长13.98%；柚子392.8万亩，同比增长4.27%；木薯351.9万亩，同比增长1.91%；槟榔275.9万亩，同比增长1.25%；咖啡117.1万亩，同比增长0.6%；火龙果111.7万亩，同比增长4.1%；菠萝104.9万亩，同比增长6.2%（表1）。

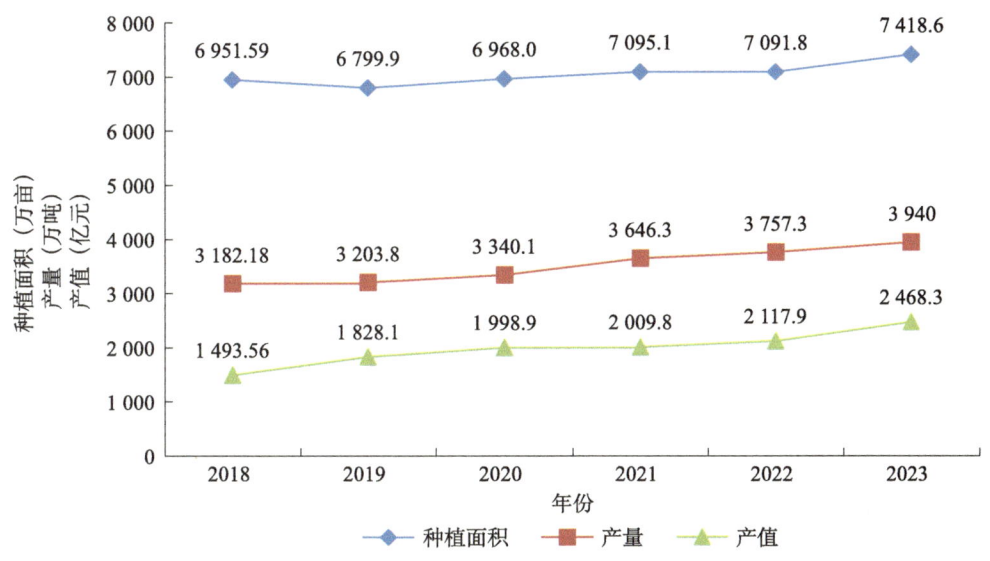

图1　2018—2023年中国热带作物生产态势

表1　2023年中国主要热带作物种植面积、产量、单产及世界排名

序号	作物名称	种植面积（万亩）	世界排名	产量（万吨）	世界排名	单产（千克/亩）	世界排名
1	天然橡胶	1 693.5	4	89.7	5	74.9	17
2	荔枝	755.5	1	306.1	1	441.9	2
3	芒果	593.2	2	490.0	2	1 049.0	3
4	澳洲坚果	539.1	1	9.1	2	49.2	4
5	八角	694.6	1	23.9	1	42.3	1
6	香（大）蕉	481.1	4	1 170.3	2	2 826.9	25
7	龙眼	401.4	1	220.3	1	602.3	1
8	肉桂	438.7	3	37.4	1	191.6	1
9	柚子	392.8	1	665.9	1	1 889.7	3
10	木薯	351.9	19	219.4	17	627.4	22
11	槟榔	275.9	4	31.6	4	193.6	7
12	咖啡	117.1	23	14.6	13	141.3	3
13	西番莲	93.4	2	101.9	1	1 104.8	1
14	火龙果	111.7	1	233.7	1	2 274.2	1
15	菠萝	104.9	3	206.8	4	2 630.3	19
16	椰子	58.64	20	2.8（亿个）	16	638.64（个/亩）	12
17	剑麻	19.4	6	5.5	2	339.1	1

数据来源：农业农村部农垦局。
注：单产=产量/收获面积。

2023年，全国热带作物总产量4 002.8万吨，同比增长6.5%。热区各省份中，热带作物产量从大到小依次为：广东1 303.9万吨，广西1 040.0万吨，云南547.7万吨，海南464.4万吨，福建449.5万吨，四川105.3万吨，贵州80.3万吨，湖南7.2万吨，西藏0.1万吨。从作物种类来看，产量超过100万吨的有9种，分别是：香（大）蕉1 170.3万吨，同比下降0.6%；柚子665.9万吨，同比增长8.3%；芒果490.0万吨，同比增长13.5%；荔枝306.1万吨，同比增长10.8%；火龙果233.7万吨，同比增长10.1%；龙眼220.3万吨，同比增长9.3%；菠萝206.8万吨，同比增长3.2%；木薯219.4万吨，同比减少6.3%；西番莲101.9万吨，同比减少0.7%。

2023年，全国热带作物总产值2 468.3亿元，同比增长16.54%。热区各省份中，热带作物产值从大到小依次为：广东878.5亿元，广西509.1亿元，海南471.1亿元，云南327.3亿元，

福建 141.0 亿元，四川 93.8 亿元，贵州 45.1 亿元，湖南 1.5 亿元，西藏 0.1 亿元。从作物种类来看，产值超过 100 亿元的有 8 种，分别是：香（大）蕉 476.7 亿元，同比增长 18.28%；荔枝 296.3 亿元，同比增长 14.93%；槟榔 189.7 亿元，同比增长 8.46%；芒果 260.3 亿元，同比增长 11.77%；柚子 247.7 亿元，同比增长 16.84%；龙眼 151.1 亿元，同比增长 11.75%；火龙果 142.2 亿元，同比增长 2.36%；八角 115.4 亿元，同比增长 61.17%。

（二）贸易情况

2023 年，中国（中国港澳台地区数据缺失）热带作物产品进出口贸易量为 2 891.2 万吨，比 2022 年增长 5.05%。其中，进口量 2 831.9 万吨，比 2022 年增长 4.89%；出口量 59.3 万吨，比 2022 年增长 13.82%。热带作物进出口贸易额 325.0 亿美元，比 2022 年增长 1.06%。其中，进口额 313.5 亿美元，比 2022 年增长 1.52%；出口额 11.5 亿美元，比 2022 年下降 10.16%。贸易逆差 302 亿美元，比 2022 年增加了 6 亿美元。从热带作物单个产品类别来看，2023 年，中国（中国港澳台地区数据缺失）热带作物产品进口贸易量最大的产品为木薯干，达 560.8 万吨；进口贸易额最大的产品为榴莲，达 67.2 亿美元。出口贸易量最大的产品为葡萄柚，达 19.1 万吨；出口贸易额最大的产品为其他未磨肉桂及肉桂花，达 1.8 亿美元。贸易顺差最大的产品是其他未磨肉桂及肉桂花，为 1.7 亿美元；贸易逆差最大的产品是榴莲，为 67.1 亿美元。2022 年部分热作产品进出口情况详见表 2。

表 2　2023 年部分热带作物产品进出口情况

热带作物品类	进口数量（吨）	进口金额（万美元）	出口数量（吨）	出口金额（万美元）
天然橡胶类	2 730 722.6	3 571 756.6	20 606.1	30 600.7
复合橡胶类	52 254.1	300 144.4	54 207.4	153 349.7
混合橡胶类	3 703 195.0	5 117 088.7	2 732.1	3 370.9
棕榈油类	6 357 123.2	5 800 209.4	31 481.9	36 377.9
热带水果类	4 729 532.1	10 031 985.2	363 740.6	440 289.8
椰子类	1 220 713.8	619 016.8	770.5	569.6
坚果	219 136.0	991 210.5	6 827.3	62 701.0
木薯	8 923 565.6	3 256 766.9	550.9	448.7
咖啡	196 725.2	1 106 108.9	27 990.2	143 251.9
可可	123 506.4	440 943.1	17 161.0	50 274.5
剑麻	46 366.8	60 203.5	39.5	86.5
胡椒	9 184.4	39 744.2	4 053.9	23 360.4

(续表)

热带作物品类	进口数量（吨）	进口金额（万美元）	出口数量（吨）	出口金额（万美元）
肉桂	616.7	2 301.4	62 143.4	186 884.5
槟榔	7 169.5	11 207.9	539.7	17 405.0
合计	28 319 811.2	31 348 687.6	592 844.4	1 148 971.1

数据来源：中国海关。

（三）价格情况

2023年，天然橡胶方面，国内主要市场全乳标准胶年平均价格为11 034.3元/吨，同比下降2.66%。香（大）蕉全国农产品批发市场平均价格为6.3元/千克，同比上涨6.78%；产地综合平均价格为2.7元/千克，同比上涨3.85%。龙眼综合地头价为8.6元/千克，同比增长11.60%；综合收购价为10.1元/千克，同比下降0.39%；综合批发价为9.69元/千克，同比减少31.52%；综合零售价为42.3元/千克，同比增长4.73%。荔枝综合地头价为12.8元/千克，综合收购价为7.9元/千克，综合批发价为16.4元/千克，综合零售价为43.7元/千克，同比分别下降16.14%、36.43%、38.02%和23.36%。芒果全国农产品批发市场平均价格为12.2元/千克，同比下降6.87%。澳洲坚果（壳果，含水量约10%）的平均地头收购价为17.8元/千克，同比下跌21.83%。国内主产区鲜木薯收购均价达650元/吨，同比下降9.72%；木薯干年平均价格为2 316元/吨，同比上涨1.87%。广东和广西地头剑麻纤维均价（鲜叶折算价，干纤维抽出率按鲜叶4.5%计）为9.8元/千克，同比基本持平。咖啡在云南市场综合平均价为26.4元/千克，同比下跌12.59%。

（四）热作扶持政策

天然橡胶 首先，从国家层面来看，2023年中央一号文件《中共中央 国务院关于做好2023年全面推进乡村振兴重点工作的意见》中提出"完善天然橡胶扶持政策"。其次，从部委层面来看，《农业农村部关于落实党中央国务院2023年全面推进乡村振兴重点工作部署的实施意见》提出"稳定棉糖胶生产""加快天然橡胶老旧胶园更新改造，推进胶园标准化生产"；财政部、农业农村部、金融监管总局联合发布《关于实施天然橡胶综合保险政策的通知》，助力提升植胶产胶积极性，促进天然橡胶生产，支持提升天然橡胶产业竞争力，服务保障重要农产品和物资供给安全。最后，从各主产区情况来看，海南省印发《中共海南省委 海南省人民政府关于做好2023年全面推进乡村振兴重点工作的实施意见》，提出"加强天然橡胶生产保护区建设，实施生产基地提升工程，改造老残低产胶园6.2万亩""探索将植保无人机、电动割胶刀等新型特色装备纳入农机购置补贴目录"；《海南省农民增收三年行动方案（2023—2025）》提出要"积极落实政策性农业保险，推动天然橡胶价格（收入）保险等地方优势特色农产品保险发展，提升农户防风险能力"；此外，与海南省天然橡胶产业发展相关的政策文件还有《海南省天然橡胶全产业链发展三年行动方案（2023—2025）》《海南省2023年天然橡胶良种良法补助实施方案》等。云南发布《关于做好2023年全面推进乡村振兴重点工作的实施意见》，提出"完善天然橡胶扶持政策，支持生态胶园建设"，同时对包括天然橡胶在内的"1+10+3"重点产业安排高原特色农业现代化发展专项资金，予以重点支持；云南省工业和信息化厅等5部门联合发布《云南省天然橡胶一二三产业融合发展实施意见》，从4个方面提出16项重点任务，力争2030年，云南橡胶全产业链综合产值达到1 000亿元。

荔枝　农业农村部南亚热带作物中心联合国家荔枝龙眼产业技术体系在广东茂名举办中国国际热作产业大会暨第七届中国荔枝龙眼产业大会，共谋推进产业高质量发展良策。海南荔枝全产业链工作会议暨果园冬季管理技术交流培训会在文昌举办，旨在帮助果农进一步扩大季节优势，走差异化发展之路，持续丰富品种结构，让乡村振兴路上飘满荔枝香。此外，各主产省（区）也通过组织荔枝节、产销对接会以及电商消费节等活动宣传推广本地荔枝。例如，广西产区举办第十二届中国特产文化节暨2023灵山荔枝文化旅游节、以"庆丰收　促和美"为主题的桂平市庆祝2023年中国农民丰收节暨广西·桂平荔枝嘉年华活动等；广东产区举办首届广东（茂名）荔枝电商消费节、广州从化荔枝节系列活动等；海南产区举办2023海口火山荔枝月活动、2023陵水荔枝文化节暨中国早荔品鉴会等。

龙眼　2023年，中国龙眼主产区各地政府也积极采取行动通过举办各种各样的龙眼文化活动助推龙眼产业链打造。在广东，博白举办了"好桂圆　在博白"博白桂圆品牌发布会暨特色农产品展销活动，高州举办了石硖龙眼推介会；广西平南举办了2023年中国（富硒）平南石硖龙眼节；福建省举办了2023年长乐（福州）青山龙眼文化节。

香蕉　中国海关总署2023年6月13日发布《关于进口洪都拉斯鲜食香蕉植物检疫要求的公告》，即日起允许符合相关要求的洪都拉斯鲜食香蕉进口。《海南省2023年农业保险工作实施方案》规定，继续在全省范围内实行包括香蕉树种植保险在内的18个农业保险险种；2023年发布的《广东省政策性农业保险实施方案（2024—2026年）》把岭南水果（含在广东种植的所有水果）纳入省级财政补贴型险种；《广西壮族自治区财政厅关于开展2023年政策性农业保险工作的通知》明确自治区险种包括水果、蔬菜等。

芒果　海南出台《海南芒果上市日管理指导意见》，旨在加快推进海南芒果全产业链培育发展，进一步提高海南芒果鲜果上市品质；印发《关于加快推进海南芒果产业高质量发展任务分工的通知》，加快推进海南芒果产业高质量发展。广西出台《中共广西壮族自治区委员会　广西壮族自治区人民政府关于做好2023年全面推进乡村振兴重点工作的实施意见》提出要扎实推进芒果国家育种联合攻关以及实施农业品牌精品培育工程，做强做优做大芒果等"桂字号"农产品品牌。各主产区市县地方政府也从政策制定、平台搭建等方面加大芒果产业扶持力度，积极推动本地区芒果产业发展，如云南丽江市人民政府印发《丽江芒果产业高质量发展十条措施》、广西百色举办第二届中国芒果产业大会、云南元江举办中国·元江第五届芒果产业大会等。

澳洲坚果 云南省各主产州市纷纷出台相关政策、措施，培育、培优、培强澳洲坚果产业。《临沧坚果产业高质量发展三年行动实施方案（2023—2025年）》提出，加快推进临沧坚果产业发展；保山市印发《保山市坚果产业高质量发展三年行动工作方案（2023—2025年）》《保山市产业强市三年行动计划（2023—2025年）》，切实推进全市坚果产业提质增效、转型升级，实现坚果产业高质量发展；德宏傣族景颇族自治州印发《云南省德宏州产业强州三年行动（2023—2025年）实施方案》《德宏州打造热区特色农业支柱三年行动方案（2023—2025年）》，提出发展壮大澳洲坚果等优势特色产业，把实施澳洲坚果提质增效工程列入重点工作；西双版纳傣族自治州印发的《西双版纳州林草产业高质量发展三年行动计划（2023—2025年）》把发展澳洲坚果产业作为重点任务之一。广西印发的《广西万亿林业产业三年行动方案（2023—2025年）》提出持续推进澳洲坚果、林源药材等原料基地建设；广西崇左制定了《崇左坚果种苗生产经营和使用管理办法（暂行）》，加强崇左坚果种苗质量管理。

咖啡 根据《海南省热带特色高效农业全产业链培育发展三年（2022—2024）行动方案》，2023年，海南启动咖啡全产业链培育工作，大力打造咖啡产业。云南发布《关于做好2023年全面推进乡村振兴重点工作的实施意见》，聚焦包含咖啡在内的"1+10+3"重点产业，打造特色现代农业产业体系；《云南省人民政府关于印发2023年推动经济稳进提质政策措施的通知》明确，要"积极吸引行业龙头企业参与三七、咖啡、核桃等农业资源开发利用和产业化，优先支持全产业链打造高附加值产品企业"。云南各州市也分别出台了《大理州建设咖啡之城三年行动计划（2023—2025年）》《德宏州产业强州三年行动（2023—2025年）实施方案》《瑞丽市推动咖啡产业高质量发展三年行动计划（2023—2025年）》《怒江州精品咖啡产业发展三年行动计划（2023—2025年）》等政策、规划、措施支持咖啡产业发展。

三、中国热作产业发展特点

（一）科技创新赋能热作产业不断升级

针对当前科技创新与应用水平的短板瓶颈，我国不断强化热作科技资源的有效整合，建立协同创新机制，以科技创新为核心进行了诸多探索，将新理念、新技术、新模式注入产业发展的第一线。如针对关乎国计民生的重要战略物资天然橡胶，突破了传统高温干燥工艺干胶质量较差的难题，形成航空轮胎专用胶加工主体工艺技术，试制的4个规格特种轮胎已通过装机试飞，为航空轮胎专用胶的国产化奠定了坚实基础。针对香蕉枯萎病世界性问题，在主产区多点试种中热 1 号香蕉品种，表现出兼具高抗、优质、丰产特性，极具推广潜力；创新了香蕉枯萎病"五位一体"综合防控体系，出台行业标准，良种良法配套为全球香蕉枯萎病防控提供了范式。通过全产业链自主创新攻关，建立了咖啡全产业链生产关键技术，为我国咖啡产业标准化、规模化及产业提质增效提供成熟配套的技术支撑，对国内外咖啡产业高质量发展起到较好的示范、辐射与带动作用。研发了芒果"一线多点"式病虫害绿色防控以及甘蔗行间除草机器人、蕉园电动施药机、自走式菠萝采收车等一批产业关键技术和机械装备；培育热科 70 号木薯、热农 8 号菠萝、香妃 1 号西番莲等热带作物新品种近 100 个，做强做优热作产业，促进农民增收。

（二）科技成果转化整体效能大幅提升

2023 年，累计有 83 项与热作产业相关的科技成果入选省部级农业主导品种和主推技术。其中，热垦 628 天然橡胶，宝岛蕉、云蕉 0551 香蕉，中糖 3 号甘蔗，热品 16 号芒果 5 个热作品种入选农业农村部主导品种；甘蔗保护性耕作关键装备及协同调控增产技术、4GXJ 便携式电动割胶刀及配套割胶技术等 3 项与热作相关技术入选农业农村部主推技术。从主产省（区）来看，也有多种热带作物品种与生产技术入选 2023 年省级农业主导品种和主推技术中，其中，海南有 5 个品种和 12 项技术，广西有 8 个品种和 6 项技术，广东有 15 个品种和 14 项技术，云南和福建均有 5 个品种和 5 项技术，贵州有 3 个品种和 2 项技术。入选的主导品种包括天然橡胶、甘蔗、胡椒、咖啡、荔枝、龙眼、香蕉、菠萝、百香果、火龙果等作物的品种，主推技术涉及栽培、植保、加工、副产品利用等领域。

（三）热带作物全产业链建设取得新进展

近年来，农业农村部不断引导各地依托资源优势和产业基础，加快推进品种培优、品质提升、品牌打造和标准化生产，打造农业全产业链条，提升产业质量效益。截至 2023 年，围绕重点农产品及地方优势农产品，已培育 31 条全国农业全产业链重点链和 63 个典型县，其中与热作相关的广东省荔枝全产业链重点链、海南省万宁市槟榔全产业链典型县入选，通过完善产业上中下游协同发展机制，推动了全产业链转型升级。2023 年，178 个国家现代农业全产业链标准化示范基地创建名单中，芒果、咖啡、火龙果等 5 个热作基地入选，涉及海南、云南、广西、四川等热作省（区）。示范基地采取"基地单位＋技术单位＋主管单位"联合创建的模式，从构建全产业链标准体系、建立按标准生产制度、强化全程质量控制、打造绿色优质农产品精品、发挥示范带动作用等方面，推动提升全产业链标准化水平。

（四）热带农产品品牌培育得到加强

2022—2023 年，先后有增城荔枝、三亚芒果、百色芒果、保山小粒咖啡 4 个热带农产品区域公用品牌入选全国农业品牌精品培育名单；百色芒果区域公用品牌入选 2023 年中国品牌价值区域品牌（地理标志）百强榜第三十二位。保山小粒咖啡以品牌声誉指数861.627排在第八十位入选2023中国地理标志农产品区域公用品牌声誉百强榜。海南芒果（影响力指数697.35，第十六位）、海南咖啡（影响力指数602.47，第四十四位）、百色芒果（影响力指数594.59，第四十九位）、海南胡椒（影响力指数574.03，第六十二位）、海南荔枝（影响力指数570.65，第六十六位）、增城荔枝（影响力指数555.15，第八十一位）、海南火龙果（影响力指数544.93，第九十九位）入选2023中国区域农业产业品牌影响力指数前100位（TOP100）。2023年"三亚芒果"入选第二批地理标志运用促进重点联系指导名录，全国共有60件地理标志入选。截至2023年，在热作领域已认定全国"一村一品"示范村镇有69个，其中产值超10亿元的镇有6个、产值超1亿元的村有2个，有效带动了产村、产镇融合发展，形成了一村带数村，多村连成片的发展格局，我国热作产品区域公用品牌价值逐年提升。

（五）产业融合发展开辟新渠道

近年来，热作主产区通过探索一二三产业融合发展之路，积极推进热作产业提质增效。如海南省海口市通过整合利用传统村落火山岩地质遗址、民俗节庆、人文史迹等，大力发展荔枝文旅产业，推出"荔枝+乡村""荔枝+民宿""荔枝+农庄"等新型组合产品，发展休闲度假、旅游观光、农耕体验、乡村手艺等产业，为游客提供了丰富的农旅融合产品和采摘游览线路。云南省保山市坚持咖啡庄园化、庄园景区化、景区特色化的思路，推动"咖啡+文化""咖啡+旅游"融合发展。全市登记注册的咖啡馆135个，6户企业入选云南省精品咖啡庄园，旅游收入1.2亿元，带动农户1.42万人；全市现有咖啡电商企业42户，年销售额超3.5亿元，提供就业岗位超5 000个。三亚水果岛积极打造芒果文旅之路，探索消费"新体验"。以芒果基地为基础，建设多种功能的芒果园，如采摘园、主题庄园、芒果村等；大力发展芒果现制产品，形成鲜果礼品、芒果甜品饮品、芒果菜肴、芒果加工食品、芒果文化创意产品等贯穿产业链上下游的产品体系，延伸产品线，打造产业链，丰富产品供给形态，让游客体验不同的芒果产品。

四、存在的主要问题和瓶颈

（一）热作产业集群化发展程度相对较低

经过多年的发展，热作产业集群已经取得一定的进展。目前已入选国家优势特色产业集群建设名单的有海南天然橡胶产业集群、海南省芒果产业集群、广东岭南荔枝产业集群、广东农垦天然橡胶产业集群、广东农垦糖蔗产业集群、广西桂西芒果产业集群、广西壮族自治区糖料蔗产业集群、云南省咖啡产业集群、云南省天然橡胶产业集群等。优势特色产业集群的建设已成为推进热作产业现代化的重要引擎。但总体来看，热作产业集群还处于初级阶段，发展不平衡，首先，入选国家级优势特色产业集群的作物仅有芒果、天然橡胶、荔枝、咖啡等 5 种热带作物，还有部分已形成规模优势的热作产业没有入选；其次，产业集群的创新能力不足，缺乏技术创新和产品研发的能力，还远未形成强大的为产业服务的科技企业，技术成果转化率低；最后，在宏观调控、配套服务和品牌建设等方面还待加强。

（二）精深加工发展不足，融合发展力度不够

目前，大部分热带作物加工基础相对较差，产业链短，产品单一，综合效益不高，影响产业可持续健康发展。例如，香蕉、荔枝、龙眼、芒果、菠萝、火龙果等热带水果仍主要以鲜销为主，贮运保鲜和加工相对落后，加工规模相对较小。天然橡胶产业发展主要集中在初加工阶段，发展模式较为单一，深度不够，精深加工产值所占比例小，下游产品少，缺乏新的利润增长点。即使加工基础较好的甘蔗制糖业，也还处在初级产品加工阶段，蔗糖产品以原料出售为主，仍缺乏高附加值、技术含量高的下游产品，产业链较短。由于精深加工不足，热带作物缺乏有竞争力和影响力的产品和企业，极大限制了产业效益的发挥。此外，多数热带农产品多功能价值尚未得到充分挖掘，三产融合程度偏低。

（三）新型农业经营主体"小、散、乱"问题有待突破

近年来，我国热作产区不断优化农业产业结构，重点培育发展农民专业合作社、家庭农场和产业化龙头企业等新型农业经营主体，有力地推动了产业可持续健康发展。但在发展过程中，也暴露出了诸多不足，经营主体"小、散、乱"问题有待突破。例如，在国家认定的 2 311 个农业产业化国家重点龙头企业中，部分热区省份数量较少，位置靠后，如西藏仅有 17 家、海南 27 家、贵州 49 家、广西 58 家，远低于全国各省份平均数 75 家；《2023 中国农业企业 500 强》数据显示，贵州、海南、云南、西藏入选企业数分别仅为 4 家、3 家、3 家、1 家，位于全国末位，远低全国各省份平均数 16 家。截至 2023 年，全国存续 / 在业的依法登记注册农民专业合作社共有 206.32 万家，其中热区 70% 以上省份注册数均低于全国各省份平均数 6.65 家，而在《2023 全国农民专业合社 500 强》中入选的合作社数量超过全国各省份平均数 19 家的仅有云南省（有 21 家入选）。由此可见，我国热区新型农业经营主体发展相对滞后，突出表现为总量不多、规模不大。此外，部分经营主体产业链条短、产品科技含量低、市场竞争力不强，无法生产出抢占市场的拳头产品和优势产品，导致产业融合发展的引领作用不强，在一定程度上阻碍了农业产业化发展进程，制约了现代农业的发展升级。

（四）热带农业科技融合创新及成果转化能力不足

当前，我国热带农业科技实力持续提升，为热带农业现代化提供了强劲动能，但总体看仍存在薄弱环节。一是整体效能和融合不足。作为创新体系主体，目前热区高校、科研院所和企业在基础研究、应用集成、示范推广等领域分工不太明确，国家级、省级、地市级农业科研院所之间缺乏清晰合理的定位与分工，热带农业科技创新资源集成和运用能力不够，缺乏稳定的协作与联合攻关机制，导致热带农业创新资源没有得到充分利用。二是热带农业科技成果供给与产业需求脱节。我国的热带农业科技供给来源以高等院校、科研院所为主，由于科研院所和高等院校更注重技术和理论的创新，导致一些科研成果没有从热带农业产业链的实际需求出发，农业科技成果转化与市场化不足，科技成果推广应用水平不高。三是热作科技人员支撑不足，阻碍科技成果转化"最后一公里"。如热区省份贵州有32个热作县域，适宜种植面积达1 000.26万亩，而热作科技人员不足100人，缺乏专业人才，导致科技服务滞后。

五、中国热作产业发展建议

（一）强化产业集群打造，汇聚发展动能

从国家层面来看，要重视实施农业产业融合发展项目，围绕热作主导产业布局项目，不断创建一批国家级特色产业集群、农业现代化示范区、现代农业产业园、产业强镇、国家现代农业全产业链标准化示范基地等一批"国字号"产业平台，打造融合载体，推动政策集成、要素集合、服务集中的一体化产业，提高产业集聚发展能力，以平台载体提档升级促进热作产业提质增效。从主产区层面来看，各热作省份要把热作产业作为振兴经济的支柱产业来抓，大力开展优质农产品生产基地建设行动，建起省级优势特色产业集群，以标准化生产基地为平台载体，率先选用新品种新技术，以点带面，示范带动，持续推动农业品牌绿色化、高端化、标准化发展。着力构建现代农业"大基地、大企业、大产业"发展格局，赋能热带作物产业高质量发展。

（二）做优热作产品精深加工和营销，延伸产业链条

围绕热作产业振兴，实施强链、补链、延链行动。一是大力实施热作农产品加工业提升行动，大力培育和扶持带动能力强、市场前景好的加工龙头企业，让优势资源向大企业和优秀品牌集中，推动农产品由初加工向精深加工转变；引导加工企业开发多元产品，推进农产品加工副产物综合循环利用，加强天然橡胶、木薯、椰子、甘蔗、剑麻、菠萝等加工废弃物的综合利用和无害化处理，提高资源利用率。二是深入实施热作农产品仓储保鲜冷链物流设施建设工程，推进产地冷链集配中心建设，打造一批热作农产品冷链物流基地。三是实施品牌强农战略，建立起"区域公用品牌＋企业品牌＋产品品牌"品牌发展矩阵，促进热作产品品牌价值进一步提升。四是发展农产品电子商务，实施"互联网＋"农产品出村进城工程，扩大热带农产品产销对接规模，提升产业市场竞争力。五是发展多类型融合业态。不断挖掘热作农业多种功能和乡村多元价值，推动"农业＋"文化、旅游、教育、康养等横向融合，引领农业和乡村产业转型升级。

（三）推进经营主体协同发展，提高农业生产组织化水平

抱团取暖是新型农业经营主体增强市场竞争力和抗风险能力的必然选择，也是推动新型经营主体质量提升的重要手段。因此，热作主产省份要积极推动建立健全多层级、多元化、多类型的新型经营主体指导服务体系，引导新型经营主体走联合发展道路。加大农业产业化龙头企业培育力度，发挥其在产业链和价值链上的优势。引导农业龙头企业担任"链主"建设全产业链，通过对资金、技术、人才等要素的有效整合，引领热作产业生产朝着专业化、标准化、集约化方向迈进，不断提升农业产业能级和核心竞争力，优化产业上中下游协同发展机制，推动全产业链转型升级。此外，紧扣热作产品市场化发展导向，以价值链、利益链为纽带，构建热作农业合作社、生产大户、家庭农场、加工企业、营销企业的生产经营一体化推进机制，建立农业产业化联合体，完善利益联结机制，促进不同规模经营主体抱团发展，提高热区农民进入市场的组织化程度和抵御市场风险的能力。

（四）强化热带农业科技支撑，推动科技成果高效转化

进入新时代，科技创新赋能热作产业高质量发展已成为当务之急。一是要开展科技创新协同攻关。充分发挥高等院校、农业科研院所和企业科研机构在热作产业科技创新中的引领作用，并且发挥国家实验室、国家农业科研机构等高水平研究机构的力量，针对制约热作产业转型升级的关键环节和问题，聚焦主导产业，开展全产业链技术联合攻关与集成示范，如针对天然橡胶，要在品种选育、生态管理、胶乳采收、质量控制、胶乳初加工工艺、木材加工、机械化等方面着力突破；针对热带水果，加强品种选育、高效栽培、产期调节、病虫害绿色防控、采后保鲜与加工等研究、应用与示范，建立起热带农业科技创新体系。二是强化企业科技创新主体作用。打造企业主导的产学研创新联合体，形成科技领军企业主导产学研的协同机制，以市场为导向，开展联合技术攻关、科研成果推广及技术服务，加快科技成果转化。三是创新热带农业科技成果转化机制及服务模式。充分发挥热带农业科研院校在人才、成果、平台等方面的优势，鼓励其承担农业科技人员培训、试验示范基地建设等相关任务，加快科技成果转化落地，积极在热区探索"一所对一市县""一院对一市县"的服务模式，打通成果转化"最后一公里"。

2023年天然橡胶产业发展报告

2023年，全球天然橡胶种植面积稳中略增，达23 590.2万亩，同比增长0.35%；产量为1 437.4万吨，同比增长0.91%；进口量为1 322.6万吨，出口量为1 262.7万吨，同比分别减少7.50%、3.56%；消费量1 521.0万吨，同比增加0.93%。2023年，中国天然橡胶种植面积1 693.5万亩，同比减少0.09%；产量89.7万吨，同比增加4.06%；进口总量648.6万吨（胶乳未折干），同比增加7.03%；消费量为700.1万吨，同比增加9.25%。预计2024年，世界天然橡胶市场价格回升，中国天然橡胶产业将稳定发展。

一、世界天然橡胶产业概况

（一）生产情况

2013—2023年，虽然天然橡胶价格持续低迷，但全球天然橡胶产业仍稳定发展。全球橡胶种植面积由2013年的21 840万亩增至2023年的23 590.2万亩，增长8.01%；产量由2013年1 227.9万吨增至2023年的1 437.4万吨，增长17.06%（图1）。布局方面，亚洲仍是全球天然橡胶主要生产区，但比重明显下降，产量占比由2013年的92.9%降至2023年的83.47%；非洲的科特迪瓦产量排名由2013年的第七位升至2023年的第三位；南美洲的巴西则由第八位跌出前十位。

1. 种植面积

综合天然橡胶生产国联合会（ANRPC）和中国热带农业科学院橡胶研究所监测结果测算，2023年全球橡胶种植面积稳中略增，为23 590.2万亩，较2022年增加0.35%①。其中，ANRPC

---

① 印度尼西亚对2022的数据进行了调整，其种植面积和产量均大幅调减，尤其是产量调减幅度超过10%。受其影响，全球植胶面积和产量数据都相应进行调整。

主要成员国①种植面积 19 332.2 万亩，同比增长 0.14%，占全球植胶面积的 81.95%。2023 年世界橡胶生产国种植面积构成见图 2。

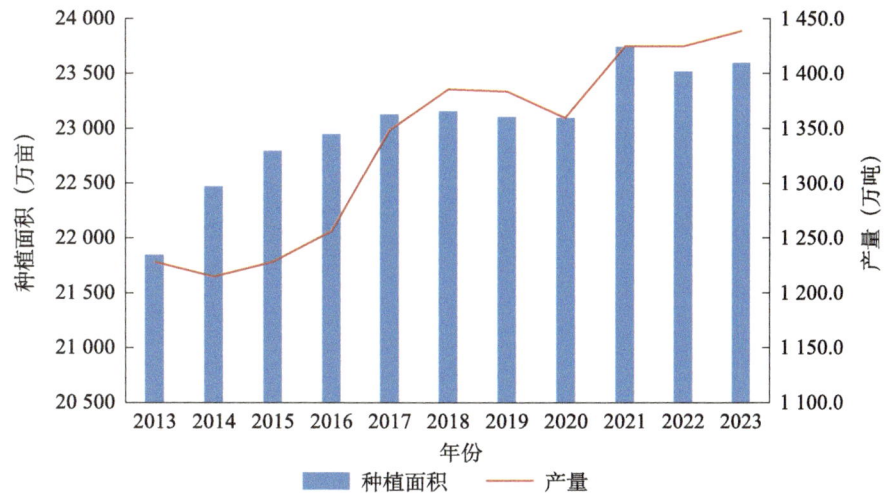

图 1　2013—2023 年世界天然橡胶生产情况

（数据来源：ANRPC、FAO、中国热带农业科学院橡胶研究所）

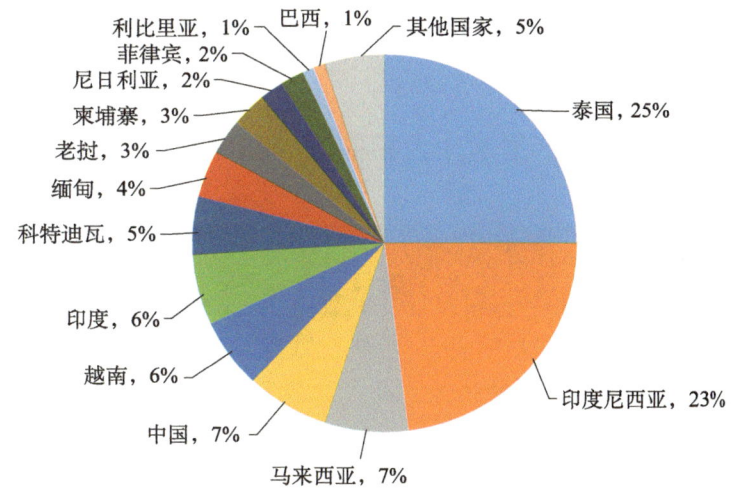

图 2　2023 年世界橡胶生产国种植面积构成

（数据来源：ANRPC、中国热带农业科学院橡胶研究所）

世界十大植胶国家依次为泰国、印度尼西亚、马来西亚、中国、越南、印度、科特迪瓦、缅甸、老挝、柬埔寨（表1）。

---

① 不包含孟加拉国和巴布亚新几内亚，无两国植胶面积数据。

表1　2023年世界橡胶种植面积前十大植胶国

项目	排名									
	1	2	3	4	5	6	7	8	9	10
国别	泰国	印度尼西亚	马来西亚	中国	越南	印度	科特迪瓦	缅甸	老挝	柬埔寨
种植面积（万亩）	5 797.5	5 317.8	1 702.7	1 693.5	1 363.4	1 348.5	1 252.5	995.7	609.0	606.2
增减（%）	-0.30	-0.33	-0.09	-0.09	-1.06	5.76	2.71	0.15	0.50	0.80

数据来源：ANRPC、中国热带农业科学院橡胶研究所。

2. 产量

2023年，受厄尔尼诺气候和拟盘多毛孢落叶病影响，ANRPC成员国产量较2022年减少，占全球产量的比例下降；而非成员国产量增加，占比也上升。据监测，2023年全球天然橡胶产量1 437.4万吨，同比增加0.91%，其中，ANRPC成员国产量1 173.4万吨，同比减少1.51%，ANRPC成员国产量占全球的81.63%，同比减少2个百分点。天然橡胶产量前十位的国家依次为泰国、印度尼西亚、科特迪瓦、越南、中国、印度、柬埔寨、马来西亚、缅甸和老挝（表2）。

表2　2023年世界橡胶产量前十大植胶国

项目	排名									
	1	2	3	4	5	6	7	8	9	10
国别	泰国	印度尼西亚	科特迪瓦	越南	中国	印度	柬埔寨	马来西亚	缅甸	老挝
产量（万吨）	470.7	265.1	156.9	129.3	89.7	84.9	39.2	34.0	32.1	27.0
增减（%）	-1.65	-2.43	22.01	-3.51	4.06	0.71	2.62	-9.81	7.36	-6.25

数据来源：ANRPC、中国热带农业科学院橡胶研究所。

3. 单产

2023年，21世纪前十年种植的橡胶树进入旺产期，但拟盘多毛孢落叶病和降雨偏多等不利气候影响了东南亚主产国的天然橡胶生产，全球没有出现预期的大幅增产。据中国热带农业科学院橡胶研究所测算，2023年，全球平均单产81.4千克/亩，较2022年减少0.48%。ANRPC成员国平均单产为79.4千克/亩，同比减少3.41%。成员国中，越南单产最高，达118.9千克/亩，印度和泰国紧随其后，分别为98.3千克/亩、88.8千克/亩，柬埔寨单产为81.7千克/亩。

4. 生产布局

2023年，全球天然橡胶生产仍主要集中于亚洲，亚洲产量占全球产量的比例为83.47%；

其中泰国、印度尼西亚、越南的占比分别为 32.75%、18.45%、9.00%；科特迪瓦占比 10.92%。前十大生产国产量占比高达 92.46%。

（二）贸易情况

1. 进口情况

据 ANRPC、国际橡胶研究小组（IRSG）和中国热带农业科学院橡胶所监测，2023 年全球天然橡胶进口量 1 322.6 万吨，同比减少 7.50%。前十大进口国依次为中国、马来西亚、越南、美国、日本、印度、韩国、土耳其、德国和印度尼西亚，这 10 个国家的进口量占全球进口总量的 85.8%（表 3）。

表 3　2023 年主要天然橡胶进口国进口情况

项目	排名									
	1	2	3	4	5	6	7	8	9	10
国家	中国	马来西亚	越南	美国	日本	印度	韩国	土耳其	德国	印度尼西亚
进口量（万吨）	648.6	100.3	98.7	84.3	61.3	48.2	28.1	24.5	22.1	19.1
全球占比（%）	49.04	7.58	7.46	6.37	4.63	3.64	2.12	1.85	1.67	1.44

数据来源：ANRPC、IRSG、中国海关、中国橡胶贸易信息网。

2. 出口情况

2023 年全球天然橡胶出口量为 1 262.7 万吨，同比减少 3.56%。其中，ANRPC 成员国共出口天然橡胶 965.67 万吨，同比减少 8.28%。天然橡胶出口国主要有泰国、越南、印度尼西亚、科特迪瓦、马来西亚、柬埔寨、老挝、缅甸、菲律宾、危地马拉等国，这 10 个国家的出口量占全球天然橡胶出口量的 92.31%（表 4）。

表 4　2023 年主要天然橡胶出口国出口情况

项目	排名									
	1	2	3	4	5	6	7	8	9	10
国家	泰国	越南	印度尼西亚	科特迪瓦	马来西亚	柬埔寨	老挝	缅甸	菲律宾	危地马拉
出口量（万吨）	403.3	204.4	179.1	163.9	96.2	39.3	31.7	17.7	16.1	13.89
全球占比（%）	31.94	16.19	14.18	12.98	7.62	3.11	2.51	1.40	1.28	1.10

数据来源：ANRPC、IRSG、中国热带农业科学院橡胶研究所。

（三）价格情况

2023年，在地缘政治冲突影响经济复苏、欧美地区通胀拖累市场、美联储和欧洲央行不断加息抑制大宗商品价格等因素影响下，天然橡胶年均价格同比下跌。据中国热带农业科学院橡胶研究所跟踪监测，现货市场方面，2023年马来西亚20号标胶（SMR20）均价为1 388美元/吨，同比下跌10.80%；泰国3号烟片胶（RSS3）均价为1 691美元/吨，同比下跌11.28%；马来西亚浓缩胶乳均价为1 138美元/吨，同比下跌14.24%。期货市场方面，2023年上海期货交易所天然橡胶主力合约结算价均价为12 919元/吨，同比下跌1.62%；新加坡交易所20号标胶（TSR20）近月合约结算价均价为1 377美元/吨，同比跌11.05%。

2023年价格情况分月来看，1月，受我国新冠疫情防控政策优化、市场预期消费增加影响，国际市场天然橡胶价格上涨。2—3月，国际组织预测2023年世界经济增长速度减缓，美联储加息、美元升值，美国、欧洲多家银行破产，对宏观经济的担忧压制商品市场，国际市场天然橡胶价格下跌。4—5月，产区出现干旱、高温等异常气候，原料供应不足，我国国家粮食和物资储备局准备收储（轮储），这些利好消息支撑国际市场价格缓慢回升。6—8月，天然橡胶季节性供应增加，市场缺乏核心利多支撑，天然橡胶价格震荡下跌。9—11月，东南亚主产区因降雨导致供应减少，下游产业逐步进入消费旺季，需求提升带动价格缓慢回升。12月，轮胎等下游消费行业生产节奏放缓、采购需求转弱，国内外天然橡胶市场价格再次回落。2023年各月天然橡胶价格走势见图3。

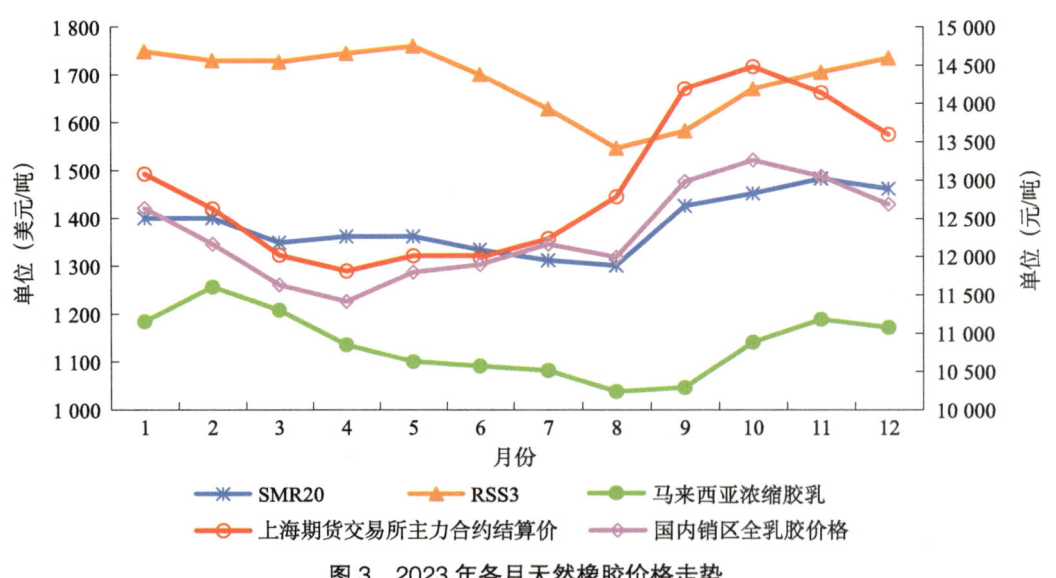

图3　2023年各月天然橡胶价格走势

（数据来源：ANRPC、中国热带农业科学院橡胶研究所、Qinrex橡胶信息贸易网）

（四）消费情况

2023年，世界能源价格居高不下，欧洲等国家轮胎和其他橡胶制品成本飙升，市场竞争力下降，天然橡胶消费普遍减少。而我国轮胎质量较好，品牌影响力、产品竞争力上升，天然橡胶消费增加。ANRPC数据显示，2023年世界天然橡胶消费量为1 521万吨，同比增加0.93%。消费量排前十的国家分别为中国、印度、泰国、美国、印度尼西亚、日本、越南、马来西亚、巴西、韩国（表5），分别占世界消费量的46.03%、9.26%、8.11%、5.52%、4.71%、4.39%、2.29%、2.24%、2.08%和1.97%，共占世界天然橡胶消费量的86.61%。

表5　2019—2023年世界天然橡胶消费量变化情况

国家和地区	消费量（万吨）				
	2019年	2020年	2021年	2022年	2023年
中国	581.8	588.9	606.3	640.8	700.1
印度	114.4	104.0	125.7	132.5	140.8
美国	100.3	80.2	95.6	99.6	83.9
泰国	66.3	58.2	92.6	103.9	123.4
日本	71.4	58.1	67.8	68.1	66.8
印度尼西亚	64.0	59.8	61.5	69.6	71.7
马来西亚	54.5	54.3	52.0	43.9	34.1
巴西	40.2	34.5	41.7	40.9	31.7
韩国	35.4	29.7	33.9	37.4	29.9
越南	23.0	24.7	38.1	38.4	34.9
土耳其	19.8	20.0	25.6	27.8	23.2
加拿大	14.0	10.1	13.0	13.3	10.4
俄罗斯	12.7	11.2	12.6	6.7	4.1
欧盟27国＋英国	118.8	102.5	116.6	115.1	103.6
其他国家和地区	71.4	65.1	77.0	35.6	62.4
全球	1 388.0	1 301.3	1 460.0	1 507.0	1 521.0

数据来源：ANRPC、中国热带农业科学院橡胶研究所。

（五）成本收益情况

2023年，泰国天然橡胶单产为88.8千克/亩，泰国现货市场20号标胶（STR20）均价为50.4泰铢/千克（折合人民币10.6元/千克）。利用中国热带农业科学院橡胶所基于产量周期测算的泰国橡胶种植成本为9.7元/千克，以此测算泰国2023年的成本收益可得，泰国每亩橡胶园的生产成本为861元，每亩产值941元，每亩收益为80元。

2023年，马来西亚天然橡胶单产为56.7千克/亩，现货市场标胶SMR20均价为6.2林吉特/千克（折合人民币9.6元/千克）。基于广东省广垦橡胶集团有限公司的数据，马来西亚橡胶种植直接成本为9.5元/千克，以此测算马来西亚2023年的成本收益可得，马来西亚每亩橡胶园收益为5.7元。

（六）主要国家产业扶持政策

1. 马来西亚

继续实行生产激励机制。2023年5月，马来西亚将橡胶生产激励补贴的基准价格进行了调整，杯凝胶基准价由2.5林吉特/千克（折合人民币3.9元/千克）上调至2.7林吉特/千克（折合人民币4.2元/千克），SMR20号胶的基准价格不变。2023年，马来西亚继续向在该国小橡胶园管理局注册的面积在2.5公顷以下的胶农或割胶工提供季风季节援助补贴，时间为当年11月至翌年2月，每月200林吉特，共800林吉特（折合人民币1 240元），帮助胶农减轻因季风造成的收入损失。

2. 泰国

2023年3月，泰国启动第四阶段的橡胶种植农户收入担保计划期，对胶农2022年10月、11月销售的橡胶进行补贴。此外，2023年4月，泰国启动"一区一产品"橡胶园保险项目，为7~26龄的橡胶树提供自然灾害损失保险，年保费99泰铢/莱（折合人民币约21元/莱），保险赔付金（保额）1 600泰铢/莱（折合人民币约335元/莱）。8月，泰国延长了针对橡胶木及制品经营者的运营资金信贷利息补偿计划，对其贷款利息进行补贴。

3. 印度

印度将"天然橡胶产业的可持续和包容性发展"计划（中期框架计划）延续至2023年3月31日，继续对传统植胶区、非传统植胶区（含东北部地区）的橡胶种植等活动给予财政支持。

2023年，印度喀拉拉邦开始实施第八阶段的橡胶生产激励计划，对邦内种植面积不超过5公顷且在橡胶管理局注册的小农户进行补贴，补贴基准价格为RSS4烟片胶170卢比/千克（折合人民币14.5元/千克），低于基准价格的部分由政府补贴给胶农，第八阶段补贴预算金额50亿卢比（折合人民币4.3亿元）。

（七）最新科技进展

1. 遗传改良技术研究

2023年，印度尼西亚学者从81'IRRDB种质中筛选出了10份速生、24份高产种质；斯里兰卡学者对81'IRRDB种质开展鉴定评价，并杂交创制了1 075个新种质；马来西亚学者对5 789份野生种质进行了鉴定评价；印度尼西亚学者分析了IRR400系列品种的特性，并研究了橡胶树拟盘多毛孢落叶病的抗性品种；柬埔寨学者筛选出20个优异种质材料。

2. 栽培技术研究

在栽培生理方面，Dos等比较分析了不同基因型橡胶树中蛋白激酶基因的组织特异性表达模式及其对各种胁迫条件的应激反应机制，泰国学者分析了橡胶树幼苗在低磷胁迫下的响应。在土壤肥料方面，印度研究了淹水对橡胶园土壤化学性质的影响，马来西亚学者发现固体有机肥Bokashi对增加产胶量、减少死皮率、增加吸收根数量等效果显著。橡胶园生态方面，印度等国的学者研究了橡胶树碳储量以及东南亚地区橡胶种植对自然森林的影响。割胶制度和死皮方面，学者研究了割胶制度与死皮率的关系，并分析了死皮相关候选基因的差异表达。

3. 病虫害防控技术研究

马来西亚学者研究了橡胶树根际土壤中的真菌分离物对白根病病原菌的拮抗效果。哥伦比亚学者研究了气候条件、橡胶树叶面积指数与南美叶疫病的关系，分析了9个品种对南美叶疫病的抗性、生长和产量的表现。

4. 机械、加工技术

美国、德国、日本等自动化较发达国家设计了多款用于其他经济作物林下的除草机器人，但在割胶机器人方面未有突破。中国学者在该方面成果较多，除研发了适用于不同橡胶园地形和栽培模式下的大载荷无人机飞防技术外，还设计了一款自由落体式天然橡胶育苗基质装载设备、两种固定式割胶机、一种多功能智能割胶机器人，并研发了一种以树干检测为导向的割胶机器人主动导航系统。加工技术方面，美国、韩国等国的学者开展了天然橡胶分子结构模型、非胶组分、诱导结晶等对综合性能的影响研究。

二、中国天然橡胶产业基本情况

（一）生产情况

受天然橡胶价格持续低迷影响，中国的天然橡胶产业受到一定冲击，尤其是种植热情受到抑制。农业农村部农垦局数据显示，2013—2023年，中国橡胶种植面积由1 715.9万亩减少到1 693.5万亩，减少1.31%；产量由86.5万吨增至89.7万吨，增加3.70%；单产由84.1千克/亩减至74.8千克/亩，减少11.06%，单产最低值为2019年的71.6千克/亩。2015—2020年，连续6年产量不到83万吨，2021年后产量不断回升（图4）。

1. 种植面积

2023年，在天然橡胶良种良法补贴政策的支持下，中国天然橡胶产业保持稳定。据农业农村部农垦局统计，2023年中国天然橡胶种植面积1 693.5万亩，与2022年基本持平。其中，海南、云南、广东的种植面积分别为784.9万亩、838.4万亩、69.2万亩，同比分别增长0.90%、减少0.80%、减少2.08%。

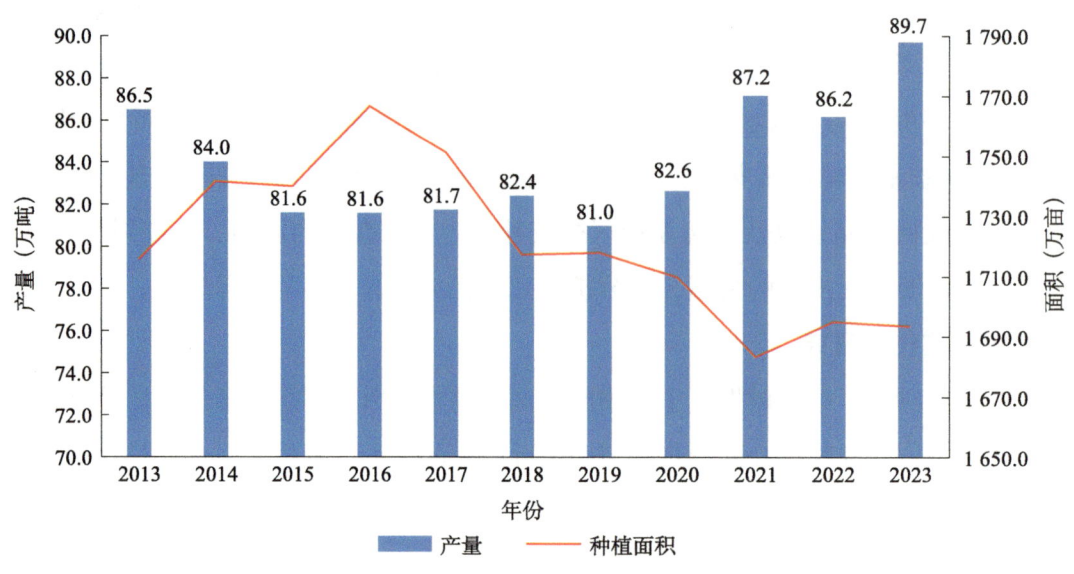

图4　2013—2023年中国天然橡胶生产情况
（数据来源：农业农村部农垦局）

2. 产量

2023年，云南植胶区受干旱和白粉病影响，开割时间推迟至5月，海南、广东植胶区正常开割。8—10月，云南和海南降雨偏多，影响割胶生产。据农业农村部农垦局统计，2023年海南天然橡胶产量35.0万吨，同比增加11.18%；云南产量53.1万吨，同比增长0.22%；广东产量1.6万吨，同比减少4.33%（图5）。全国天然橡胶产量89.7万吨，同比增加4.14%。

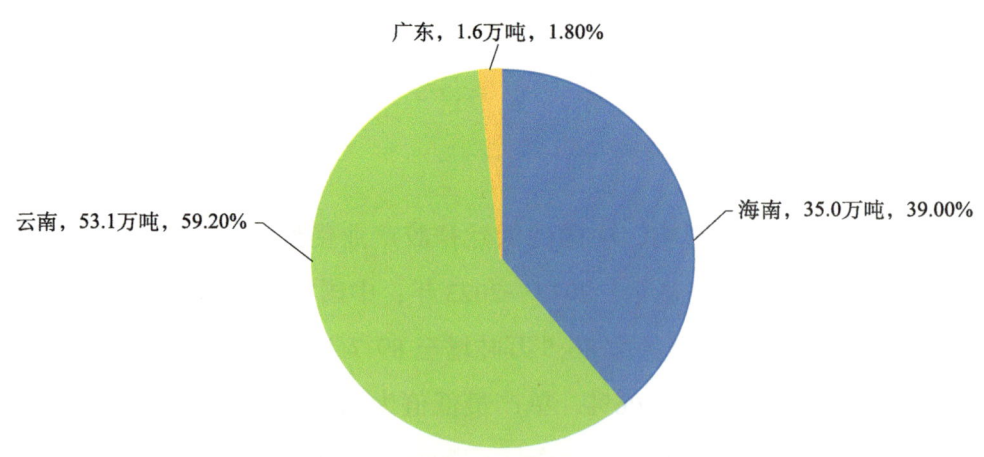

图5　2023年中国天然橡胶各产区产量构成
（数据来源：农业农村部农垦局）

3. 单产

2023年，中国天然橡胶单产为74.9千克/亩，较2022年的77.9千克/亩减少3.0千克/

亩，减少 3.85%。其中，海南单产为 61.1 千克/亩，云南单产为 91.4 千克/亩，广东单产为 36.8 千克/亩。

4. 产值

2023 年国内市场天然橡胶年平均价格为 11 034.3 元/吨，全年干胶总产值 99.0 亿元，比 2022 年增加 3.80%。其中，海南干胶总产值 39.3 亿元，同比增加 10.48%；云南干胶总产值 57.5 亿元，同比减少 0.26%；广东干胶总产值 2.2 亿元，同比增加 2.26%。

5. 区域布局

海南除三沙外，其他市县均有种植橡胶，其中，种植面积超过 100 万亩的有儋州和白沙，40 万～100 万亩的有琼中、澄迈、屯昌、琼海、乐东，20 万～40 万亩的有万宁、临高、保亭、定安、五指山，10 万～20 万亩以上的有昌江、海口、三亚、东方和陵水，不到 10 万亩的只有文昌。云南橡胶主要种植在西双版纳、普洱、临沧、红河，德宏和文山也有少量种植。广东只有茂名、湛江、阳江、揭阳和汕尾种植。此外，广西和福建也有少量种植。

6. 主栽品种及品种结构

中国橡胶树主栽品种主要有 PR107、RRIM600、GT1 和热研 7-33-97，这 4 个品系占总种植面积的比例分别为 21.30%、21.52%、18.23% 和 17.77%，其余品系中只有 IAN873、云研 77-4、云研 77-2 的占比高于 3%，其他品系均不超过 1%。

（二）贸易情况

2023 年，中国天然橡胶进出口贸易量均有所增加，进口量由 2022 年的 606 万吨增至 648.6 万吨（除非标明，胶乳未折干胶，下同），增长 7.03%；出口量达 7.8 万吨，增长 28.14%。

1. 天然橡胶进口量增加、进口额减少

2023 年，随着宏观经济恢复向好，轮胎等橡胶制品需求增长，以及贸易商增加进口，中国天然橡胶进口总量大幅增加。中国海关数据显示，2023 年进口量共计 648.6 万吨，较 2022 年增加 7.03%；进口额 89.9 亿美元，较 2022 年减少 9.56%。其中，天然橡胶（税则号 4001）进口量 273.1 万吨，同比增长 3.60%，进口额 35.7 亿美元，同比减少 11.41%；混合橡胶（税则号 40028000）进口量 370.3 万吨，同比增长 10.21%，进口额 51.2 亿美元，同比减少 8.08%；复合橡胶（税则号 4005）进口量 5.2 万吨、进口额 3.0 亿美元，分别减少 18.75%、11.76%（表 6）。

2. 泰国、越南和马来西亚仍是主要进口来源国，但占比下降

2023 年，中国天然橡胶进口来源仍以泰国、越南、马来西亚为主。全年自上述 3 国的进口量占总量的 78.52%，同比减少 1.66 个百分点。泰国、马来西亚、老挝、缅甸的占比均有所降低，科特迪瓦、越南、印度尼西亚的占比较 2022 年略有增加，详见表 7。

表6　2017—2023年中国天然橡胶进口量和进口额

年份	天然橡胶		混合橡胶		复合橡胶		合计	
	进口量（万吨）	进口额（亿美元）	进口量（万吨）	进口额（亿美元）	进口量（万吨）	进口额（亿美元）	进口量（万吨）	进口额（亿美元）
2017	279.3	49.2	275.2	48.3	12.1	4.1	566.6	101.6
2018	259.6	36.1	295.0	42.5	11.4	3.9	566.0	82.5
2019	245.4	33.7	265.9	37.1	8.3	3.2	519.6	74.0
2020	229.9	30.8	353.7	47.8	6.7	2.9	590.3	81.4
2021	238.5	38.6	291.2	48.4	7.7	3.6	537.4	90.6
2022	263.6	40.3	336.0	55.7	6.4	3.4	606.0	99.4
2023	273.1	35.7	370.3	51.2	5.2	3.0	648.6	89.9

数据来源：中国海关。

表7　2023年中国天然橡胶进口来源

国家与地区	天然橡胶		混合橡胶		复合橡胶		合计	
	进口量（万吨）	占比（%）	进口量（万吨）	占比（%）	进口量（万吨）	占比（%）	进口量（万吨）	占比（%）
全球	273.1	100.00	370.3	100.00	5.2	100.00	648.6	100.00
泰国	106.9	39.14	168.6	45.53	1.2	23.08	276.7	42.66
越南	23.9	8.75	144.2	38.94	0.0	0.00	168.1	25.92
马来西亚	28.0	10.25	36.4	9.83	0.1	1.92	64.5	9.94
科特迪瓦	49.1	17.98	0.0	0.00	0.0	0.00	49.1	7.57
缅甸	21.7	7.95	9.1	2.46	0.0	0.00	30.8	4.75
老挝	18.1	6.63	7.3	1.97	0.0	0.00	25.4	3.92
印度尼西亚	21.1	7.73	2.8	0.76	0.0	0.00	23.9	3.68
其他国家	4.3	1.57	1.9	0.51	3.9	75.00	10.1	1.56

数据来源：中国海关。

3. 出口量、出口额均增加

2023年，中国天然橡胶、混合橡胶和复合橡胶合计出口量为7.8万吨，较2022年增加28.14%，出口额为1.87亿美元，较2022年增长11.98%。其中，出口天然橡胶2.1万吨，混合橡胶0.3万吨，复合橡胶5.4万吨。中国天然橡胶主要出口目的国为马来西亚、朝鲜、老挝、越南、肯尼亚、俄罗斯等；复合橡胶出口目的国为越南、马来西亚、塞尔维亚、巴西、韩国、泰国、柬埔寨、巴林等；混合橡胶出口目的国为老挝、越南、马来西亚、伊朗、尼日利亚等。

(三)价格情况

据中国橡胶信息贸易网监测和中国热带农业科学院橡胶研究所跟踪统计,2023年国内主要市场山东、上海、浙江、江苏、天津和衡水6个地区全乳标准胶均价为12 311元/吨,同比下降2.66%(图6)。

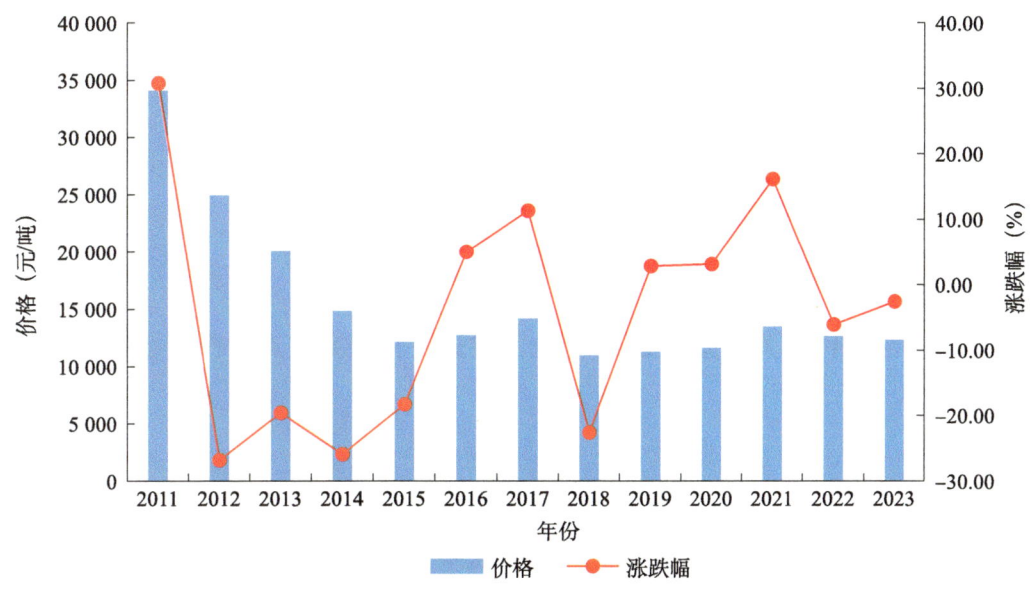

图6 2011—2023年国内天然橡胶年均价格
(数据来源:中国橡胶信息贸易网、中国热带农业科学院橡胶研究所)

2023年1月,受经济复苏预期增强、国内全面停割、供应减少等影响,国内市场天然橡胶价格震荡上扬。2—4月,受库存持续上涨、美联储加息、海外金融风险持续发酵、进口大量增加而需求疲弱影响,市场价格不断走低;5—7月,在国内外产区降雨偏多、供应不足,以及国家优化和延续汽车购置优惠政策等影响下,国内市场天然橡胶价格小幅回升;8月,国内大宗商品市场氛围偏淡、库存处于高位、主产区降雨频繁、原料供应少,天然橡胶市场价格先跌后涨,月平均价格下跌;9—10月,受国内外主产区降雨偏多导致供应受限、原油维持高价、合成橡胶涨势明显、轮胎出口形势良好等因素影响,天然橡胶价格震荡回升。11—12月,在世界经济增长低于预期、原油价格震荡下跌、大宗商品价格走低、东南亚主产国供应增加、需求减弱等影响下,天然橡胶价格震荡下跌。

(四)消费及加工情况

2023年,国内轮胎、乳胶制品等橡胶工业恢复性增长,中国天然橡胶消费需求增强,消费量同比增加9.25%,达700.1万吨。

加工方面,中国主要以生产全乳胶为主,近年来为满足下游企业的需求,浓缩胶乳、10号标准胶、20号标准胶产量不断增加。

（五）成本收益情况

2023年中国天然橡胶平均单产74.9千克/亩，天然橡胶年平均价格11 034.3元/吨，每亩橡胶园的年产值为827元。根据中国热带农业科学院橡胶研究所基于全生命周期测算，海南省民营橡胶园不考虑地租的加权平均生产成本15.18元/千克，其中割胶劳动力成本9.59元/千克；海胶集团橡胶园加权平均生产成本18.00元/千克，其中割胶劳动力成本8.91元/千克。利用中国热带科学院橡胶研究所种植户固定观察点数据测算，若按每人每天150元计算用工成本，不考虑资产折旧和地租，则2023年民营胶园天然橡胶种植端生产成本为10.3元/千克，农户每亩橡胶树的成本为737元，年生产效益为144元/亩。

（六）各地产业扶持政策

1. 国家级层面

2023年中央一号文件《关于做好2023年全面推进乡村振兴重点工作的意见》提出"完善天然橡胶扶持政策"。

2. 部级层面

农业农村部印发《关于落实党中央、国务院2023年全面推进乡村振兴重点工作部署的实施意见》（农发〔2023〕1号），提出"稳定棉糖胶生产""加快天然橡胶老旧胶园更新改造，推进胶园标准化生产"。

财政部、农业农村部、金融监管总局印发《关于实施天然橡胶综合保险政策的通知》（财金〔2023〕107号），提出"在海南省、云南省开展天然橡胶综合保险，稳定胶农合理收益，稳定天然橡胶种植面积和产能产量，助力提升天然橡胶自给率"。

3. 地方层面

中共海南省委、海南省人民政府《关于做好2023年全面推进乡村振兴重点工作的实施意见》（琼发〔2023〕1号）提出"加强天然橡胶生产保护区建设，实施生产基地提升工程，改造老残低产胶园6.2万亩"。

中共海南省委办公厅、海南省人民政府办公厅印发的《海南省乡村振兴责任制实施细则》提出"加强高标准农田、水利设施、天然橡胶保护区等建设，发展设施农业"。

海南省人民政府办公厅印发的《海南省天然橡胶产业高质量发展行动方案》（琼府办〔2023〕25号）明确了海南省天然橡胶产业发展的思路目标、重点任务、保障措施、重点任务。

海南省农业农村厅、海南省财政厅印发的《海南省2023年农业产业发展资金项目实施方案》，将天然橡胶良种良法技术推广作为海南省农业生产发展资金支持建设的重要内容之一，2023年安排补贴14 400万元，包括天然橡胶机械化割胶推广试验示范项目资金4 500万元。

海南省农业农村厅、海南省财政厅联合制定《2023年海南省农机专项鉴定产品购置补贴实施方案》（琼农字〔2023〕183号），明确将电动割胶刀纳入农机专项鉴定产品补贴机具范围，中央资金补贴额度为360元/台。

《海南省农业农村厅关于印发2023年实施天然橡胶良种良法工作计划的通知》（琼农字〔2023〕139号）、《海南省农业农村厅、海南省财政厅关于印发海南省2023年天然橡胶良种良法补助实施方案的通知》（琼农字〔2023〕279号），明确2023年对海南省9万亩低产低质胶园更新改造进行奖励支持，每亩财政补贴2 000元，其中中央财政补贴1 400元，省级财政补贴600元。

白沙黎族自治县人民政府办公室印发的《白沙黎族自治县县域社会治理现代化"十四五"规划》指出"积极发展橡胶、绿茶、共享农庄等高效特色产业，紧扣'稳胶扩茶扩药创特色'产业体系，走产业生态化和生态产业化绿色发展之路"。

中共云南省委、云南省人民政府《关于做好2023年全面推进乡村振兴重点工作的实施意见》（云发〔2023〕1号）提出"完善天然橡胶扶持政策，支持生态胶园建设""聚焦粮食、茶叶……天然橡胶等'1+10+3'重点产业，坚持一个产业成立一个专班……运行一个定期调度机制，打造特色现代农业产业体系，推动重点产业转型升级、提质增效"。

德宏州委农村工作领导小组办公室、橡胶产业发展领导小组办公室、农业农村局、农垦局印发《德宏州天然橡胶产业三年行动实施方案（2022—2024年）》，对德宏的天然橡胶产业进行全面谋划。

（七）科技成果及其转化情况

1. 成果奖励

中国热带农业科学院下属湛江实验站、南亚热带作物研究所、橡胶研究所完成的"橡胶树抗寒优异种质创制"获2022年海南省技术发明奖二等奖；中国热带农业科学院橡胶研究所、海南农垦科学院、海胶集团邦溪分公司完成的"新型橡胶树缓控释肥创制关键技术研发与应用"获2022年海南省科学技术进步奖二等奖；中国热带农业科学院环境与植物保护研究所、海南中橡科技有限公司、广东省茂名农垦集团有限公司完成的"橡胶树重要叶部病害监控基础及技术集成研究"获2022年海南省科学技术进步奖二等奖。

2. 标准制定与发布

国家市场监督管理总局、国家标准化管理委员会发布《天然橡胶 术语》（GB/T 14795—2023）；农业农村部发布《热带作物病虫害监测技术规程橡胶树六点始叶螨》（NY/T 4301—2023）；海关总署发布《进口混合橡胶通用技术规范》（SN/T 5497—2023）。

海南省市场监督管理局发布地方标准《橡胶林干旱灾害等级》（DB46/T 588—2023）；西双版纳傣族自治州市场监督管理局发布地方标准《橡胶林下LED植物补光灯安装技术规范》

（DB5328/T 24—2023）；伊犁哈萨克自治州市场监督管理局发布地方标准《橡胶草冬播栽培技术规程》（DB6540/T 036—2023）。

3. 成果推广及转化

中国热带农业科学院橡胶研究所研发的"4GXJ便携式电动割胶刀及配套割胶技术"入选2023年农业主推技术；"4GXJ-303B旋切式采胶机""ARTS-S01型固定式全自动采胶机"荣获深圳高新技术成果交易会优秀产品奖。

"轻简化橡胶树死皮康复技术"被列为海南省2023年农业主推技术。云研77-2被列为2023年云南省农业主导品种；"橡胶树籽苗芽接苗培育技术"被列为2023年云南省农业主推技术。

标准化生产转化：在农业农村部、人力资源社会保障部、中华全国总工会联合举办的第四届全国农业行业职业技能大赛总决赛中，海南农垦、广东农垦的5名割胶工被授予"全国技术能手"。

三、中国天然橡胶产业发展特点

（一）生产自主性强

橡胶树具有管理相对简单、生产自主性强、收入相对稳定等特点。若资金紧张减少投入也有产出，可以为种植户家庭提供持续稳定的收入。另外，农户可以根据自己的实际情况安排生产，具有高度灵活性，不会因一时中断投入或停止割胶而造成重大损失。

（二）产业韧性不断加强

虽然胶价持续低迷，市场价格波动性大，但天然橡胶初加工企业坚持以市场导向，紧盯下游加工需求，不断调整优化产品结构，提升上下游协同能力和市场竞争力，产业的韧性不断加强。

（三）产业集中度不断提高

近年来，通过政策引导，天然橡胶产业加快向集聚化、集群化发展。海胶集团、广垦橡胶集团等龙头企业越来越壮大，产业集中度不断提高。2023年，海南天然橡胶产业集团股份有限公司并购中化国际下属合盛农业，将中化国际的天然橡胶业务纳入麾下，产业版图进一步扩大，成为全球最大的集天然橡胶科研、种植、加工、贸易、金融一体化的跨国企业集团，在高端天然橡胶研发、智能化割胶机器研发、加工环境保护、信息化技术应用方面均处于国际与行业的领先水平。

四、中国天然橡胶产业存在的主要问题

（一）生产投入不足，产业潜力明显下降

2014—2023年，国内外市场天然橡胶价格持续低迷，植胶企业和农户收入显著下降，橡胶生产性投入明显不足。中国热带农业科学院橡胶研究所2023年在海南、云南主产区进行的胶农入户调查数据显示，样本农户中2022年对橡胶树进行施肥的比例只有48.7%，不足一半。过低的生产投入导致生产胶园地力下降，生产潜力降低，平均单产降低。据统计，2023年橡胶园单产已降至74.8千克/亩，远低于2013年的84.1千克/亩。

（二）主产区生产积极性不足

受胶价持续低迷、种植端市场议价能力弱等影响，产区植胶主体没有获得合理收益，产业发展给地方带来的税收等较少，导致主产区地方政府和植胶主体对橡胶生产的积极性明显不足。2023年的调查结果，样本农户中达到开割标准的胶园，正常割胶的比例只有69.9%，完全弃割的占比4.7%，部分割胶或间歇性割胶占比25.4%。

（三）产业发展关键技术面临瓶颈

目前，天然橡胶产业在橡胶质量机理、新品种选育、自动化割胶机械开发等产业基础性、关键性技术研发方面还面临瓶颈。首先，天然橡胶品质形成机理尚未明晰，品质调控技术手段少，影响国产胶在国防工业和高端制品中的持续应用。其次，国内橡胶选育种仍以常规技术为主，分子育种、基因编辑等先进生物育种技术应用不足，自主选育的橡胶树新品种数量少，推广应用缓慢，无法满足产业升级发展需要。最后，割胶机械化智能化进展慢。电动胶刀研发与应用虽取得突破，但仍然无法摆脱割胶环节对劳动力的依赖。自动割胶机的关键技术尚未完全突破，研发面临诸多理论和技术难题，实际应用中存在割胶产量低、机械故障率高、维修成本高、收胶仍需人工等问题。

（四）新技术新模式应用不足

当前，劳动力用工成本较高，提高胶工劳动生产率有助于节约成本、增加收入。采用低频割胶、使用电动割胶刀等机械装置有助于提高劳动生产率，节约用工成本。但当前民营胶园仍普遍采用"两天一刀"割制使用传统胶刀，新技术新模式应用不足。2023年的入户调查数据显示，调查样本中采用"三天两刀"割制的胶农占比10.26%，采用"两天一刀"割制的占比58.29%，采用"三天一刀"割制的占比28.38%，采用"四天一刀"等低频割制的比例不到5%。样本农户中采用电动割胶刀的农户只有4.62%。

五、中国天然橡胶产业发展展望

（一）生产预期

在天然橡胶良种良法补助、天然橡胶综合保险等政策的支持下，天然橡胶种植面积略有增长。2023—2024年度植胶区冬春季气温低，橡胶树落叶比较彻底。若物候正常、不发生严重的病虫害，在下半年不发生强台风等严重的自然灾害情况下，预计2024年中国天然橡胶产量稳中略增。

（二）市场前景分析

在地缘政治紧张局势加剧、全球气候变化加剧等影响下，全球经济缓慢复苏。2023年东南亚主产国普遍减产，原料库存减少。经过新冠疫情后一年多的调整，各国经济明显复苏。目前，ANRPC预测2024年全球天然橡胶产量增加1.6%、消费量增长3.20%。ANRPC、IRSG都预测2024年全球天然橡胶供需将出现缺口，预期美联储降息，市场价格上涨的可能性较大。同时，世界银行预测2024年大宗商品价格略有回落，而中东局势动荡可能导致原油价格上涨。原油价格居高难下，带动合成橡胶价格多年来偏高。综合来看，受供需基本面和外部因素的影响，预计2024年天然橡胶价格回升。

（三）发展趋势

目前，中央财政天然橡胶良种良法补助项目试点稳步推进，天然橡胶综合保险政策也已在云南省、海南省两省实施，这为稳定胶农合理收益、促进天然橡胶生产、提升产业竞争力提供了良好的政策环境。预计未来几年，中国天然橡胶种植面积不会有大的波动，产量将在87万~92万吨波动。同时随着市场需求的变化和生产经营主体灵活性的加强，产品结构也会不断优化。

六、产业发展建议

（一）加大政策实施力度，不断提高生产潜力

天然橡胶生产保护区划定工作已完成，"十四五"天然橡胶生产能力规划任务正在加紧实施，天然橡胶良种良法补助政策也已实施两年，天然橡胶综合保险也于2023年底出台，这些政策的实施有力地稳定了我国天然橡胶产业发展，但当前老龄低产橡胶园比例仍偏高、橡胶园地力下降、生产潜力不足的问题仍未有效改善，须不断加强政策支持力度，推动天然橡胶良种良法补助项目的全面实施，加快低产低质橡胶园的更新改造，强化优良种苗推广，促使农户增加橡胶园投入、加强橡胶园管理，提高橡胶园的生产潜力。同时做好天然橡胶综合保险工作，增强胶农抵御

风险的能力，稳定保障胶农收入，增强胶农信心，提高植胶者的生产积极性。

（二）强化科研开发，提高科技成果转化效率

聚焦基础前沿热点、关键核心技术卡点、产业发展升级痛点和植胶区建设发展重点，加快橡胶树生物育种、智能割胶机研发、高性能胶研制、特种胶检验检测等重点领域的科技创新，解决制约产业发展的"卡脖子"问题。支持科研单位与天然橡胶生产企业开展科企协同创新，探索天然橡胶科研创新、人才培育、成果孵化等方面产学研一体化机制和模式，加速突破重大科学难题和产业技术瓶颈，提升科技成果转化效率。

（三）加快构建社会化服务体系，提高集约化水平

培育专业化社会化服务组织，开展橡胶生产性服务试点示范，带动胶农与现代农业有机衔接。充分发挥国有农场、科研院所、生产性服务企业、专业合作社等组织机构优势，集成与推广应用高效割胶、测土配方施肥、病虫害综合防治等先进适用技术，培育新型社会化割胶队伍和服务主体，建设集统防统治、统供统施、统测统配、统割统销为一体的生产社会化服务体系，推动橡胶产业专业化、标准化、集约化发展。创新服务补贴机制，参照水稻等粮食作物保姆式生产全程托管、机械化服务式生产全程托管、土地入股分红等模式的补贴标准，设计具有产业特色的生产关键环节托管服务补贴标准。

2023年荔枝产业发展报告

2023年，世界荔枝主产国种植面积约1 170.5万亩，与2022年相比稍有下降，产量同比下降2.46%，出口贸易量略有增长。其中，2023年中国荔枝栽种面积保持基本稳定，约755万亩，总产量约306.1万吨，单产同比增长4.00%，约441.9千克/亩，总体保持中高水平。2023年因气候原因荔枝上市时间较往年有所推迟，但产量依然维持了"中大年"的年景，保障了市场供给。在各地积极的农产品营销活动下，消费者需求旺盛。但在新冠疫情后大消费市场趋于降级的情况下，2023年荔枝市场价格相较2022年有所下行。预计2024年荔枝种植面积保持稳中微增，若不出现极端气候灾害产量将稳中有升。

一、世界荔枝产业概况

（一）生产情况

据荔枝主产国（中国、印度、越南、泰国）官方统计数据测算分析，2014—2023年，世界荔枝种植面积呈快速下降后企稳回升的态势；产量呈先增长后下降再增长的态势；单产整体呈波动上升趋势；生产布局呈现更加多元化和国际化的趋势。

1. 种植面积

荔枝原产于中国南部，迄今已有2 300多年的栽培历史。目前全世界有30多个国家和地区有商业栽培。2023年，中国、印度、越南、泰国、南非、马达加斯加和澳大利亚是世界主要荔枝生产国。

据2014—2023年荔枝主产国（中国、印度、越南、泰国）总种植面积分析，2014—2023年世界荔枝种植面积呈波动下降后增长的态势（图1）。

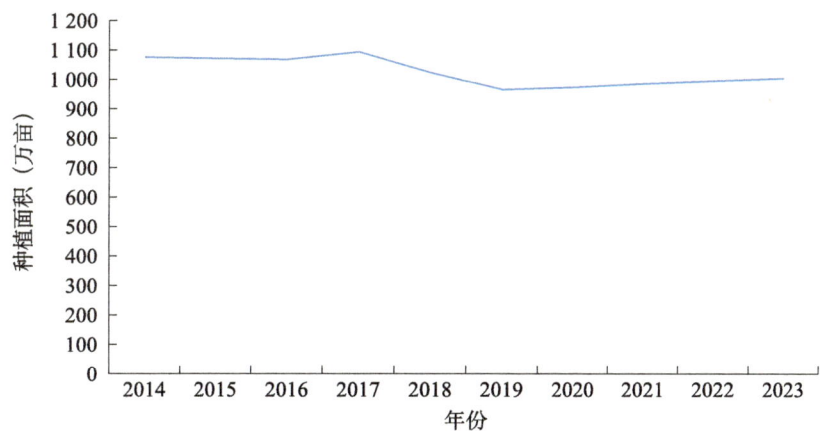

图1　2014—2023年荔枝主产国（中国、印度、越南、泰国）总种植面积

（数据来源：农业农村部农垦局、印度农业和农民福利部、越南统计总局、泰国农业经济办公室）

据主产国官方统计数据和相关文献估算，2023年世界荔枝种植总面积约1 170.5万亩，同比2022年稍有下降。其中，中国（中国台湾数据缺失）荔枝种植面积为755.5万亩，印度147.8万亩，越南78.2万亩，泰国21.6万亩，缅甸和其他国家（地区）合计约167.4万亩，分别占世界荔枝种植总面积的情况为：中国64.55%，印度12.62%，越南6.68%，泰国1.85%，澳大利亚、缅甸和其他国家（地区）14.30%（图2）。

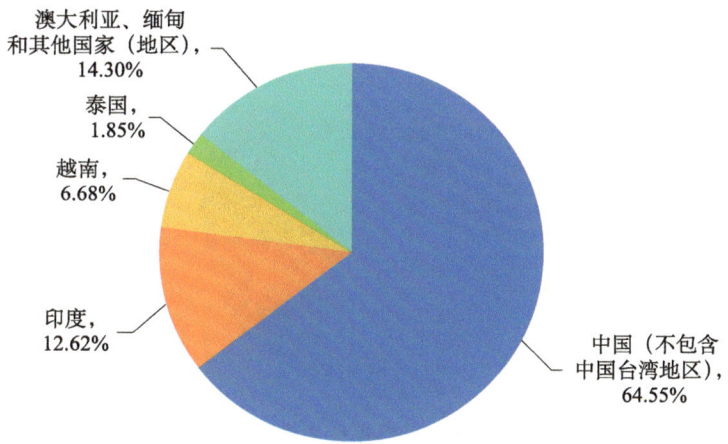

图2　2023年世界荔枝主产国种植面积构成

（数据来源：农业农村部农垦局、印度农业和农民福利部、越南统计总局、泰国农业经济办公室）

2. 产量

据2014—2023年荔枝主产国（中国、印度、越南、泰国）荔枝总产量分析，2014—2023年世界荔枝产量呈波动增长态势，其中2018—2019年波动幅度较大（图3）。

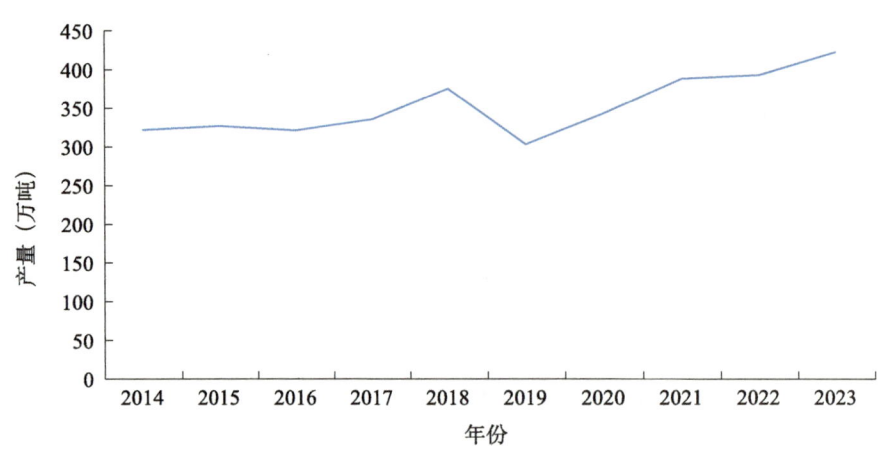

图3 2014—2023年荔枝主产国（中国、印度、越南、泰国）总产量

（数据来源：农业农村部农垦局、印度农业和农民福利部、越南统计总局、泰国农业经济办公室）

2023年，世界荔枝总产量约431.3万吨，同比上升8.67%。其中，中国（不包含中国台湾地区）产量306.1万吨，印度76.5万吨，越南38.5万吨，泰国4.1万吨，澳大利亚、缅甸和其他国家（地区）合计约6.1万吨，这些占世界荔枝总产量的情况分别为：中国70.97%，印度17.74%，越南8.93%，泰国0.95%，澳大利亚、缅甸和其他国家（地区）1.41%（图4）。

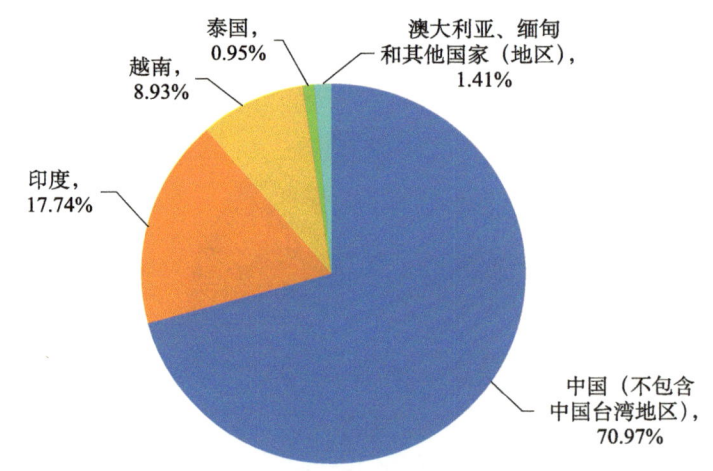

图4 2023年世界荔枝主产国产量构成

（数据来源：农业农村部农垦局、国家荔枝龙眼产业技术体系、泰国经济办公室）

3. 单产

据2014—2023年荔枝主产国（中国、印度、越南、泰国）荔枝平均单产分析（图5），2014—2023年世界荔枝单产整体呈波动上升趋势。

中国荔枝单产除个别年份外，总体呈稳步上升趋势，2023年同比增加4.22%，与2022年相比得到较大提升。其中，印度荔枝单产总体上呈波动增长趋势，2023年印度荔枝单产同比增加4.5%。越南荔枝单产总体呈波动上升趋势，2023年同比增长1.59%。泰国荔枝单产总体呈"W"

形走势，波动幅度较大，2023 年单产有所回落，同比下降 4.38%。

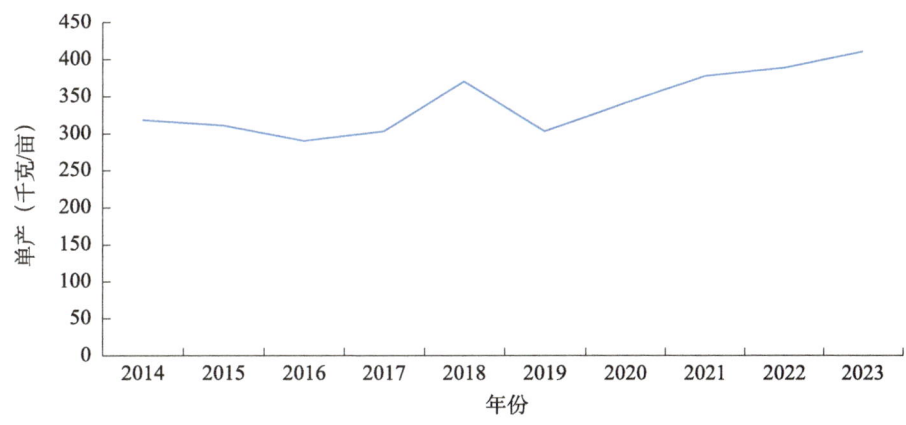

图 5　2014—2023 年世界荔枝主产国（中国、印度、越南、泰国）平均单产
（数据来源：农业农村部农垦局、印度农业和农民福利部、越南统计总局、泰国农业经济办公室）

4. 生产布局

荔枝是典型的亚热带树种，其成花要求严格的低温条件（昼温 20℃以下），同时又对低温敏感，接近 0℃的低温便导致冷害。因此荔枝适宜种植区域主要集中在南纬和北纬 17°～26°的狭长地带。当前大约 96% 的荔枝生产于北半球，主产国主要有中国、印度、越南、巴基斯坦、泰国、孟加拉国和尼泊尔等；南半球产量仅占 4% 左右，主要生产国包括马达加斯加、南非、巴西、墨西哥及澳大利亚。

（二）贸易情况

受上市期集中、保鲜难度大、货架期极短以及消费偏好等影响，荔枝消费以本地市场为主，国际贸易量较小。世界荔枝贸易的主要产品形态包括鲜果、荔枝干和荔枝罐头，且以鲜果销售为主。世界荔枝主要出口国家有中国、马达加斯加、越南、泰国、印度、澳大利亚等，这些国家的荔枝贸易量占据全球的 85% 以上。根据现有数据估计，2023 年世界鲜荔枝出口贸易量约 4.4 万吨，出口贸易额约 13 160 万美元，同比分别减少 16.51%、36.39%。总体来说，2014—2023 年世界荔枝贸易呈波动上涨趋势，世界荔枝市场行情景气。

1. 贸易量

2014—2023 年世界鲜荔枝主产国家和地区年出口量总体呈现波动增长趋势（表 1），2016—2022 年，世界荔枝主产国家和地区鲜荔枝贸易出口量保持逐年增长，2023 年有所回落，同比增长率为 -16.44%。但从总体来看，近十年世界荔枝贸易出口仍处于上升态势。

2023 年世界荔枝出口量约 4.4 万吨。其中，中国大陆、马达加斯加、印度、澳大利亚、泰国的出口量分别为 21 684.3 吨、14 390 吨、639.5 吨、275 吨、270.4 吨，同比增长率分别为 49.05%、-49.57%、12.61%、-25.07%、-56.87%。中国台湾的荔枝出口量为 160 吨，同比增长11.89%。

2023年，得益于"一带一路"倡议和《区域全面经济伙伴关系协定》（RCEP），中国鲜荔枝开辟了更加广阔的国际市场，使中国重新成为荔枝第一大出口国。中国2023年出口鲜荔枝21 684.3吨，同比增长49.05%，荔枝进出口总体增幅明显，顺差现象显著（表1）。据马达加斯加园艺技术中心（CHTH）公开报告，对于海运荔枝市场而言，得益于马达加斯加荔枝的良好口感品质以及有吸引力的售价，马达加斯加荔枝在欧洲市场上广受欢迎，并成为该市场的主要供应来源。印度方面，2023年印度荔枝出口量再创新高，同比增长12.61%。澳大利亚2023年荔枝出口量继续保持下降态势，创近5年新低。相较而言，泰国鲜荔枝出口量变化大，劣势逐渐显露。自2017年后，泰国鲜荔枝出口一直走下坡路，出口量逐年下降，2023年泰国荔枝仅出口270.7吨。中国台湾的鲜荔枝贸易量稍显弱势，相较2022年回增17吨（图6）。

表1　2014—2023年世界荔枝主产国家和地区贸易出口情况

单位：吨

年份	中国大陆	马达加斯加	泰国	澳大利亚	印度	中国台湾	合计
2014	12 038.4	—	8 138.5	295.0	961.4	1 627.0	23 060.3
2015	12 771.0	—	4 260.5	350.0	9.9	782.0	18 173.3
2016	8 995.6	—	4 748.3	440.0	124.0	340.0	14 647.8
2017	11 714.1	—	4 900.5	411.0	112.2	244.0	17 381.8
2018	16 281.6	—	2 067.2	466.0	164.0	366.0	19 344.8
2019	7 427.6	15 680.0	1 304.0	484.0	135.3	112.0	25 142.9
2020	18 202.8	14 440.0	1 177.8	431.0	90.0	216.0	34 557.6
2021	21 478.0	14 770.0	850.1	404.0	193.9	222.0	37 917.9
2022	14 548.7	28 533.0	626.9	367.0	567.9	143.0	44 786.5
2023	21 684.3	14 390.0	270.4	275.0	639.5	160.0	37 419.2

注：马达加斯加园艺技术中心船运采用托盘数量进行统计，表中马达加斯加荔枝出口量是参考欧标托盘承重标准后估算的重量。

2. 贸易额

2014—2023年世界荔枝贸易市场积极，贸易额和贸易量总体上升趋势明显。其中出口方面，2014—2023年中国和马达加斯加的出口贸易额占据绝对优势。中国荔枝主要出口亚洲市场，马达加斯加荔枝主要供应欧洲市场，中国荔枝和马达加斯加荔枝的世界地位无可撼动（图7），其他主产国家和地区的荔枝出口额总体处于平稳波动状态。2023年，泰国荔枝小幅度下跌，澳

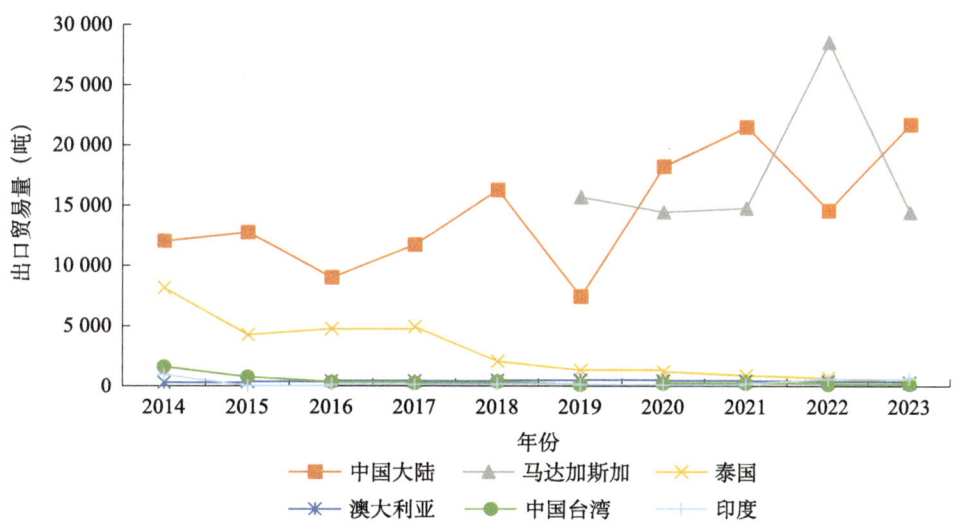

图 6　2014—2023 年世界荔枝主产国家和地区出口量变动情况

（数据来源：中国海关、印度政府商务部、澳大利亚园艺统计手册、马达加斯加园艺技术中心、泰国海关、中国台湾"农业委员会"）

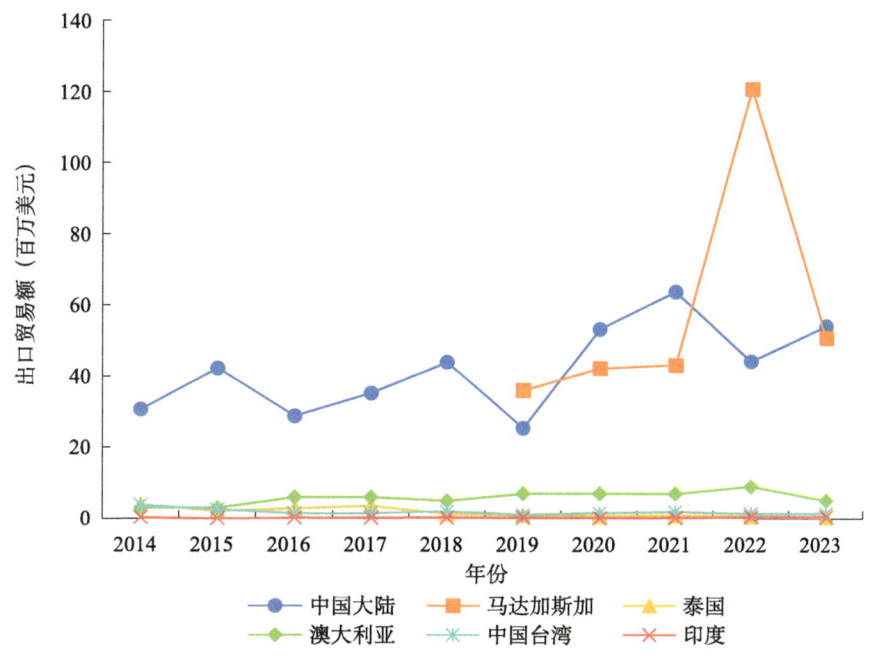

图 7　2014—2023 年世界荔枝主产国家和地区出口额变动情况

（数据来源：中国海关、印度政府商务部、澳大利亚园艺统计手册、马达加斯加园艺技术中心、泰国海关、中国台湾"农业委员会"）

大利亚大幅度下跌，其余主产国家和地区荔枝出口额基本保持稳定态势。马达加斯加、澳大利亚、泰国、印度荔枝贸易额分别为 5 070 万美元、500 万美元、30 万美元、34 万美元，同比增长 -57.98%、-40.00%、-44.44%、-33.33%。此外，2023 年中国台湾地区的荔枝贸易额为 140 万美元，同比增长 5.02%（表 2）。

表2　2014—2023年世界荔枝主产国家和地区贸易出口额情况

单位：万美元

年份	中国大陆	马达加斯加	泰国	澳大利亚	印度	中国台湾	合计
2014	3 060	—	390	300	36	390	4 176
2015	4 220	—	210	300	1	260	4 991
2016	2 870	—	280	600	16	150	3 916
2017	3 520	—	360	600	9	140	4 629
2018	4 390	—	120	500	20	200	5 230
2019	2 530	3 590	80	700	7	90	6 997
2020	5 320	4 210	60	700	5	150	10 445
2021	6 360	4 310	70	700	11	180	11 631
2022	4 410	12 060	50	900	33	140	17 593
2023	5 408	5 070	30	500	34	140	11 182

3. 主要进出口国

根据各国统计局的资料，世界荔枝主要进口国为美国、日本、印度尼西亚、新加坡、马来西亚、德国、法国等，主要出口国家有中国、马达加斯加、越南、印度、泰国。

中国荔枝主要出口印度尼西亚、美国、菲律宾、新加坡、马来西亚、泰国、加拿大等国。马达加斯加荔枝主要出口欧盟。印度荔枝的出口市场主要集中于尼泊尔，少量荔枝出口至孟加拉国、沙特阿拉伯、科威特和阿联酋等国家。澳大利亚荔枝出口地包括新西兰、新加坡、马来西亚、塔希提岛、中东、加拿大、英国和欧盟国家，以及中国香港地区。泰国荔枝主要进口地为中国和越南，主要出口地为马来西亚、阿联酋、沙特阿拉伯、卡塔尔等。中国台湾地区荔枝的主要进口地为中国大陆、越南，主要出口地为日本、新加坡，以及中国香港地区。

（三）价格情况

在鲜荔枝进口平均价格方面，2014—2023年中国鲜荔枝进口平均价格总体上呈波动上升趋势，10年平均价格为3.1元/千克，2023年进口平均价格为3.4元/千克，同比增长6.25%；2014—2023年泰国鲜荔枝进口平均价格总体呈平稳波动趋势，10年平均价格为21.14元/千克，2023年进口平均价格为17.8元/千克，同比上升47.11%。

在鲜荔枝出口平均价格方面，2014—2023年中国鲜荔枝出口平均价格总体呈波动上升趋势，10年平均价格为19.4元/千克，2023年出口平均价格为18.1元/千克，同比增长-11.27%；2014—2023年泰国鲜荔枝出口平均价格总体呈波动上升后下降趋势，10年平均价格为5.2元/千克，2023年出口平均价格为8.4元/千克，同比上升55.56%（图8）。

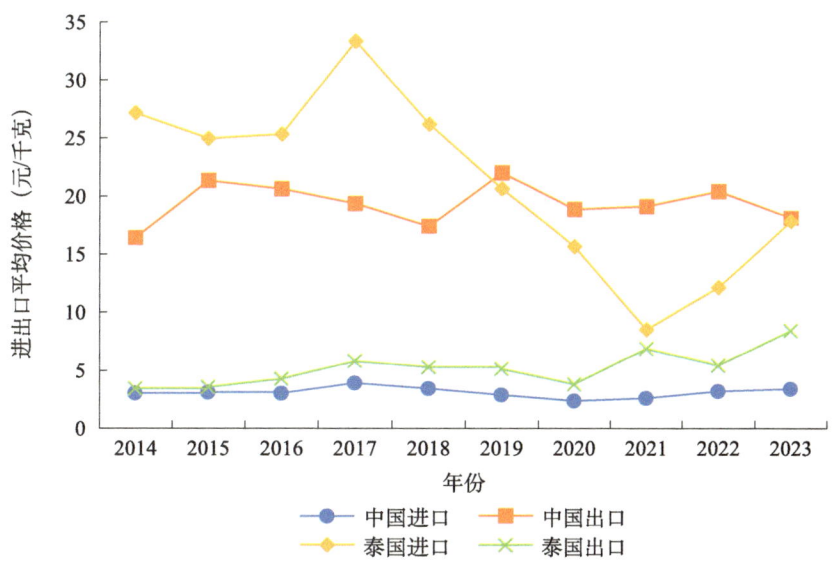

图8 2014—2023年中国、泰国鲜荔枝进出口价格变动情况

（数据来源：中国海关、泰国农业贸易数据库和信息服务系统）

（四）消费情况

2023年，世界各主要荔枝生产国家和地区的消费模式主要以鲜荔枝为主，荔枝加工制品和荔枝衍生品在总产量中所占的比例较小。

中国位居荔枝消费的首位。2023年，中国的荔枝总产量达到306.1万吨，其中出口量约为5.7万吨，进口量约为3.1万吨，消费总量达301.0万吨，占全球荔枝总产量的70.21%。越南、泰国、印度和澳大利亚等荔枝主产国不仅是生产大国，同时也是荔枝的主要消费市场。以北美洲和欧洲国家为代表的荔枝纯消费国，主要依赖进口满足其荔枝消费需求。

（五）主要国家产业扶持政策

1. 越南强化荔枝出口，工贸部召开贸易促进交班会

越南政府为了支持荔枝产业的发展，实施了一系列扶持政策。越南驻外商务代表处积极向国内地方政府、企业及行业协会提供关于出口市场的详尽信息，致力于贸易促进工作，大力协助国内企业拓展国际市场，推动产品多样化，尤其是加强荔枝等季节性水果的出口力度。

2023年5月，在越南北部多地即将进入荔枝收获季节的背景下，越南工贸部举行了越南驻外商务代表处贸易促进交班会，主题为"加强荔枝贸促工作"。

2. 泰国成立水果出口协作组，全链监管促品质提升

在2023年水果销售管理工作中，泰国成立了一个由政府部门和私营部门共同组成的推动泰国水果出口的工作小组，负责监督产销情况和协调解决水果出口问题。泰国农业与合作社部农业司要求各部门必须遵循从源头到下游的各个步骤，源头是果园，中游是包装厂，下游是各个植物检验检疫关口。各个部门之间必须互相合作，共同维护和提升泰国水果的质量、标准。

（六）最新科技进展

1. 观察到荔枝开发杂交品种的障碍（印度）

研究表明，荔枝遗传变异性低、开花期和柱头可接受性窗口小、花朵小、穗损伤、花朵和果实掉落率高、种子发芽率和存活率低是需要解决的主要障碍。平均而言，荔枝开花期为10~14天，在气温升高期间甚至更短。荔枝各个品种的有效授粉期非常狭窄，并且观察到品种间柱头可接受性的重合，这使得在短时间内尝试最大数量的杂交非常具有挑战性。研究者还观察到，在穗中会产生大量小而脆弱的花朵，这在疏果和去雄过程中会损伤穗。据观察，只有不到3%的受粉花能够坐果，这在随后的果实发育过程中也显示出较低的果实保留率。在果实生长的早期和成熟阶段，虫害都会侵袭，导致种子无法存活。亲本不相容和杂交幼苗建立成功率极低，尤其是在涉及种子较小的亲本（如Bedana）杂交中。

2. 超声、微波及其联合处理对鲜荔枝汁货架期及品质特性的影响（孟加拉国）

研究了超声波和微波及其组合对21天贮藏期内荔枝汁品质的影响。理化分析表明，pH值和维生素C含量在贮藏期间逐渐下降，而可溶性固形物（TSS）、可滴定酸（TA）和色值则随着贮藏期的延长而增加。观察发现，超声波和微波的协同作用对新鲜荔枝汁的生物活性成分产生了积极影响。结果表明，新鲜荔枝汁的总酚含量（TPC）、总黄酮含量（TFC）和抗氧化特性发生了显著变化（$P≤0.05$），并且随着处理时间的增加而降低。例如，组合处理（T6）在储存0~21天内表现出TPC从（81.84±0.72）毫克GAE/100毫升果汁下降至（55.74±0.47）毫克GAE/100毫升果汁，以及TFC从（3.31±0.136）毫克QE/100毫升果汁下降至（3.12±0.126）毫克QE/100毫升果汁。另外，荔枝汁的DPPH自由基清除活性显著增加（$P≤0.05$），随后在处理后降低，初始储存时的值为（106.35±0.66）~（123.42±1.09）毫克AAE/100毫升果汁。T6中微生物生长抑制效果最显著，初始贮存期间菌落总数为（4.05~5.01）log10 CFU/毫升，酵母和霉菌总数为（3.63~4.78）log10 CFU/毫升。因此，超声波和微波联合处理可以不添加化学防腐剂来处理新鲜荔枝汁，能更好地保留其理化特性和具有生物活性的植物化学物质。

3. 荔枝果实短期缺氧处理可延缓果皮褐变，并在贮藏期间保持理化质量（泰国）

研究者将荔枝果实在缺氧条件下分别暴露6小时、12小时、18小时和24小时，然后在（28±2）℃储存5天，或在（7±2）℃储存14天。与对照果实相比，缺氧处理显著降低了电导率、失重率、褐变指数，同时保持了总可溶性固形物（TSS），延缓了多酚氧化酶（PPO）和过氧化物酶（POD）活性的增加。此外，缺氧处理增加了荔枝果皮甲醇提取物的抗氧化能力，这是通过自由基清除活性来衡量的。与对照水果相比，这与更多的抗坏血酸、花青素和酚类/类黄酮成分有关。此外，缺氧处理大大延缓了荔枝果实果皮褐变。这表明，在足够的短期缺氧持续时间下，增强的非酶促抗氧化过程可能会直接或间接延迟荔枝果皮褐变。因此，短暂的缺氧处理可以在适宜的条件下保持荔枝质量。这种非化学且廉价的处理方式值得进一步开发和应用，特别是在冷却不足的商业环境中。

二、中国荔枝产业基本情况

（一）生产情况

1. 种植面积

据农业农村部农垦局统计，2023年全国荔枝种植总面积为755.5万亩，同比增长1.70%。其中，广东419.9万亩、广西234.8万亩、海南35.2万亩、四川32.3万亩、福建19.7万亩、云南12.0万亩、贵州0.8万亩，重庆0.8万亩，分别约占全国总面积的55.58%、31.08%、4.66%、4.28%、2.61%、1.59%、0.10%、0.10%（图9）。

从种植面积同比变化情况看，重庆增幅最大（5.7%），其次是广东（3.2%）和贵州（1.9%），其他产区降幅不一，其中，云南降幅最大（5.7%），其次是四川（1.5%）、广西（0.4%）和福建（0.3%）。

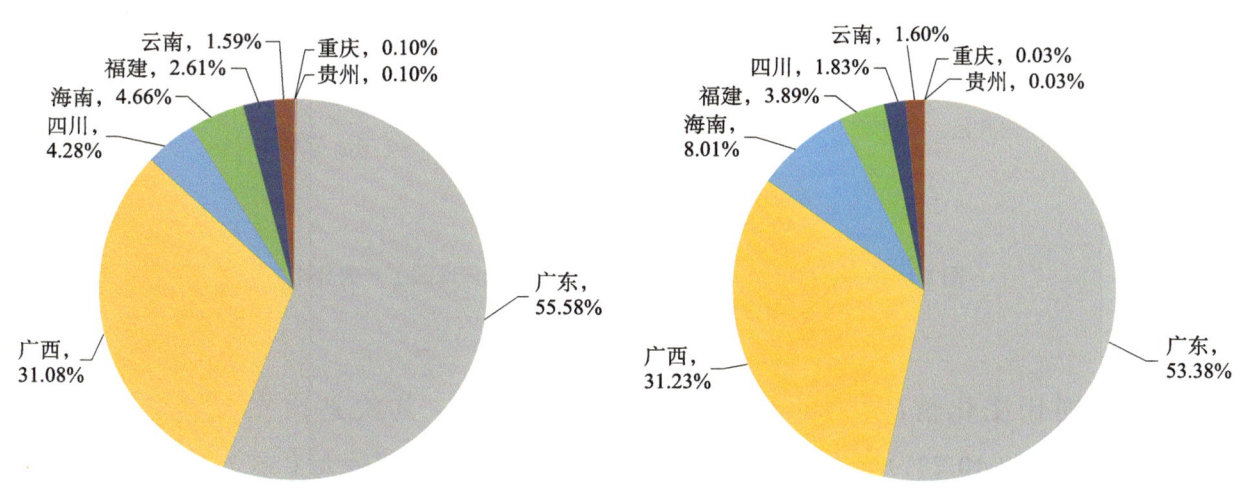

图9 2023年中国荔枝各主产区（不含中国台湾地区）种植面积（左）和产量（右）构成

（数据来源：农业农村部农垦局）

2. 总产量

据农业农村部农垦局统计，2023年，全国荔枝总产量为306.1万吨，同比增长10.80%。其中，广东163.4万吨、广西95.6万吨、海南24.5万吨、福建11.9万吨、四川5.6万吨、云南4.9万吨、重庆0.1万吨、贵州0.1万吨，分别占全国总产量的53.38%、31.23%、8.01%、3.89%、1.83%、1.60%、0.03%、0.03%（图9）。

从产量同比变化情况看，贵州增幅最大（29.9%），其次是海南（17.8%）、重庆（13.9%）

广东（11.4%）、广西（10.7%）、福建（4.0%）和四川（2.4%）。仅云南产区同比下降了7.6%。

3. 单产

全国平均单产为441.9千克/亩，同比增加4.00%。其中，海南789.2千克/亩，福建686.7千克/亩，云南600.1千克/亩，广东417.2千克/亩，广西434.1千克/亩，四川233.5千克/亩，贵州399.8千克/亩。

4. 总产值

据农业农村部农垦局统计，2023年，全国荔枝总产值为257.8亿元，同比增加14.90%。其中，广东160.0亿元、广西44.0亿元、海南24.9亿元、四川17.2亿元、福建6.9亿元、云南4.6亿元、重庆0.2亿元，分别占全国总产值的62.06%、17.07%、9.66%、6.67%、2.68%、1.78%、0.08%（图10）。

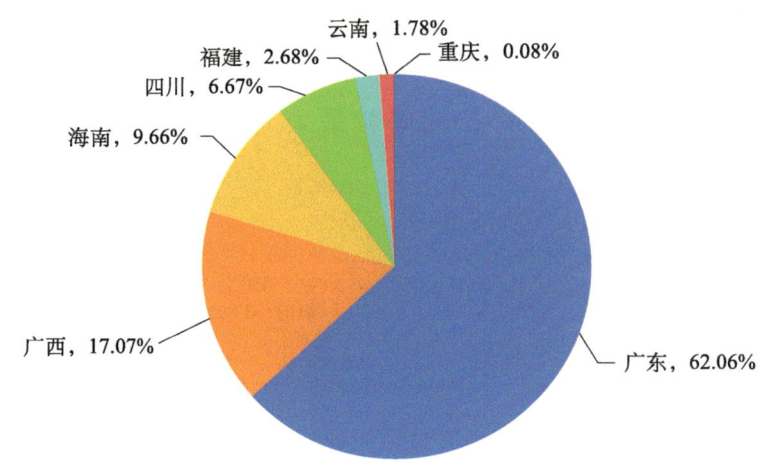

图10 2023年中国荔枝主产区（不含中国台湾地区）产值分布

（数据来源：农业农村部农垦局）

从产值同比变化情况看，海南增幅最大（23.10%），其次是广东（17.10%）、四川（16.70%）和广西（10.7%）。其他产区降幅不一，其中，贵州降幅最大（36.2%），其次是云南（23.30%）和福建（13.30%）。

5. 主栽品种和品种结构

根据国家荔枝龙眼产业技术体系试验站数据，2023年主栽品种的生产面积基本稳定，总体较2022年有所上升。2023年按产量排名前五位的品种（包括妃子笑、黑叶、桂味、怀枝、白糖罂），其产量之和占所辖区域总产量的75.72%，而前十位的品种（包括妃子笑、黑叶、怀枝、桂味、白糖罂、白蜡、糯米糍、双肩玉荷包、鸡嘴荔、灵山香荔）其产量之和占所辖区域总产量的88.54%。

其中，桂味72.89万亩，占9.23%，较2022年增长16.09%；白蜡18.50万亩，占2.34%，

较 2022 年增长 12.12%；糯米糍 22.87 万亩，占 2.89%，较 2022 年增长 7.52%；妃子笑 125.33 万亩，占 15.86%，较 2022 年增长 6.38%；白糖罂 20.01 万亩，占 2.53%，较 2022 年增长 1.78%。而黑叶、怀枝、双肩玉荷包、鸡嘴荔生产面积较 2022 年略有下降，面积分别为 123.65 万亩、56.95 万亩、24.00 万亩、18.21 万亩，占比分别为 15.65%、7.21%、3.04%、2.30%，变动幅度分别为 -11.50%、-3.41%、-0.08%、-28.81%（图 11）。

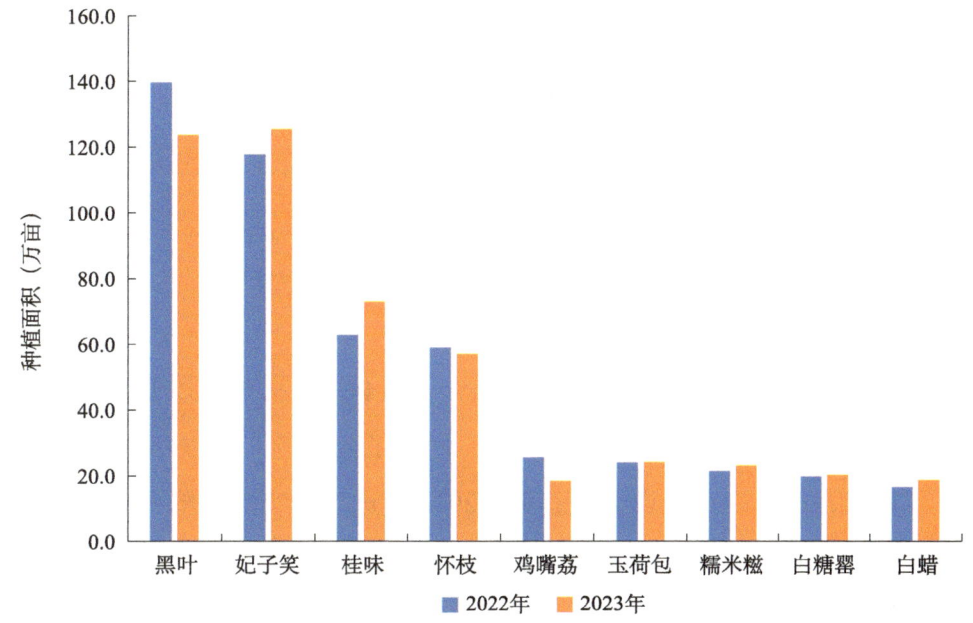

图 11　2023 年中国（不含中国台湾地区）荔枝主栽品种种植面积构成

（数据来源：国家荔枝龙眼产业技术体系）

（二）贸易情况

1. 贸易量

据中国海关统计，2023 年荔枝进出口贸易量约为 8.8 万吨，同比增长了 72.55%。其中，荔枝进口量仅 3.1 万吨，同比增长了 933.33%；荔枝出口量为 5.7 万吨，同比增长 18.75%。

2023 年，荔枝进口量中，鲜荔枝为 3.1 万吨；荔枝罐头为 55.1 吨，同比增长了 82.45%；荔枝干为 637.6 吨。荔枝出口量中，鲜荔枝出口量 2.2 万吨，同比增长了 46.67%；荔枝罐头出口量为 3.5 万吨，同比增长了 6.06%；荔枝干出口量极少，仅有 26.3 吨，同比下降了 8.99%。从进出口对比可见，荔枝罐头呈现净出口状况，而 2023 年鲜荔枝和荔枝干等荔枝制品均呈现净进口状况。

中国荔枝贸易量变化如图 12 所示，2014 年以来，虽然荔枝贸易总量具有年度波动性，但呈逐年上升的趋势，由 2014 年的 7.3 万吨增长到 2023 年的 8.8 万吨，2016 年甚至高达 10.6 万吨，年均增长率为 1.32%。

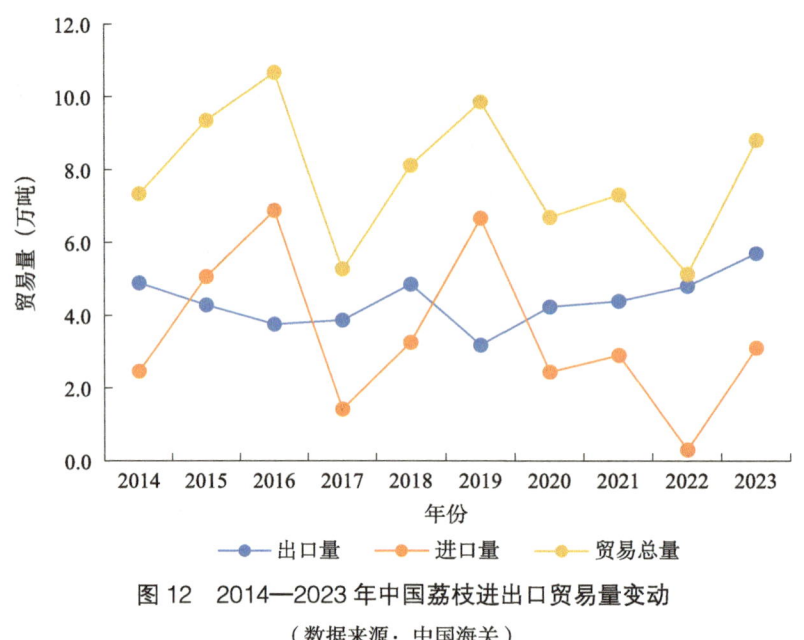

图 12　2014—2023 年中国荔枝进出口贸易量变动

（数据来源：中国海关）

进口方面，进口量呈现出一个较为波动的趋势。2014—2016 年的上升趋势明显。2014 年进口量为 2.5 万吨，到 2015 年迅速增长至 5.1 万吨，增长了近 1 倍。2016 年继续增长至 6.9 万吨，虽然增长率有所放缓，但整体仍呈现上升趋势。2017 年进口量突然下降到 1.4 万吨，这是近年来的一个显著低点。然而，2018 年进口量又回升至 3.3 万吨，虽然仍未达到之前的峰值，但显示出了回升的趋势。2019 年进口量继续增长至 6.7 万吨，再次达到一个高点。2020 年进口量突然下降至 2.4 万吨，2021 年回升至 2.9 万吨，2022 年进口量锐减至 0.3 万吨，这是近年来的最低点。2023 年虽然有所回升至 3.1 万吨，但整体趋势仍然是下降的。

出口方面，2014—2023 年，出口量呈现波动上升的趋势。尽管其间有几次下降，但总体上看，出口量在逐步增加。从 2020 年开始，出口量进入一个相对稳定的上升阶段，尤其是到 2022 年和 2023 年，出口量分别保持在 4.8 万吨和 5.7 万吨的高位，年均增长率为 15.78%。

2. 贸易额

据中国海关统计，2023 年，中国荔枝贸易总额为 11 520.4 万美元，同比增长了 21.47%。荔枝进口总额 1 266.9 万美元；荔枝出口总额 10 253.4 万美元，同比增长了 10.31%。荔枝出口总额中，鲜荔枝为 5 408.1 万美元，鲜荔枝出口额占总出口额的 52.74%；荔枝罐头为 4 820.4 万美元，荔枝罐头出口额占总出口额的 47.01%；荔枝干出口额极少，约为 24.9 万美元，仅占 0.24%。鲜荔枝出口价格远高于进口价格。

中国荔枝贸易总额变化如图 13 所示，2014 年以来，荔枝贸易额呈现波动的趋势，由 2014 年的 8 639.6 万美元增长到 2023 年的 11 462.0 万美元，年均增长率为 3.19%。

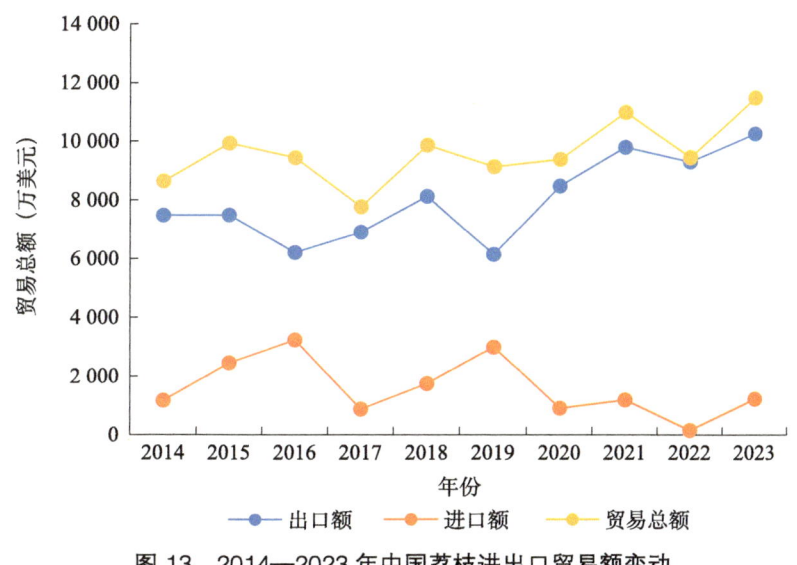

图 13　2014—2023 年中国荔枝进出口贸易额变动
（数据来源：中国海关）

进口额方面，2014—2023 年，进口额呈现显著的波动变化，没有明确的上升或下降趋势。2014—2016 年，进口额呈现出快速增长的趋势，从 1 160.5 万美元增加到 3 225.9 万美元。然而，在 2017 年，进口额突然大幅下降至 861.8 万美元。随后，2018—2019 年，进口额再次回升，并在 2019 年达到另一个高峰，为 2 981.3 万美元。之后的几年，进口额经历了显著的下降，尤其是 2020 年和 2021 年，分别降至 897.0 万美元和 1 177.5 万美元。2022 年，进口额更是骤减到 141.1 万美元，是 2014—2023 年的最低点。2023 年进口额有所回升，达到 1 208.6 万美元。

出口方面，中国荔枝出口额明显高于进口额，尤其是 2019 年之后，出口额与进口额的差距逐渐拉大，呈现"剪刀差"。2014—2023 年，尽管中间有些年份存在小幅波动，但出口额呈现稳步上升的趋势。特别是 2020—2023 年，出口额的增长速度加快，从 8 475.5 万美元增长至 10 253.4 万美元，其中 2021 年达到了 9 794.0 万美元的高峰。

3. 主要进出口国

据中国海关统计，2023 年进口方面，从中国荔枝的进口国别结构来分析，鲜荔枝的进口主要来自越南和泰国。其中，越南长期占据中国鲜荔枝进口的首要地位。2023 年越南的进口占比超过了 99.99%，显示出其在中国鲜荔枝进口市场中的绝对优势。相较之下，从泰国的进口的比例较低，不足 0.01%。

在荔枝罐头的进口市场中，泰国仍然是主要的供应国，占比 64.83%。与此同时，越南逐渐崭露头角，供给占比达到了 33.21%，成为荔枝罐头进口来源的新力军。荔枝干进口市场多年以来一直呈现空白状态，2023 年开始迎来突破。2023 年进口荔枝干 637.7 吨全部来自越南，越南成为唯一的供应来源。

出口方面，中国（不含中国香港地区）主要出口国家为印度尼西亚、美国、菲律宾、新加坡、泰国、马来西亚、加拿大等北美和东南亚国家，分别占总出口量的 20.61%、16.11%、9.40%、9.11%、5.10%、4.32% 和 3.74%；荔枝干主要出口意大利、马来西亚、澳大利亚、荷兰、美国和斯洛伐克等国，分别占总出口量的 35.69%、15.30%、13.90%、10.95%、10.28% 和 5.33%。荔枝罐头出口国家相对较分散，主要出口国家为马来西亚、印度尼西亚、法国、澳大利亚、荷兰和新加坡，分别占总出口量的 42.78%、10.48%、10.03%、4.34%、4.11% 和 3.30%（图 14）。

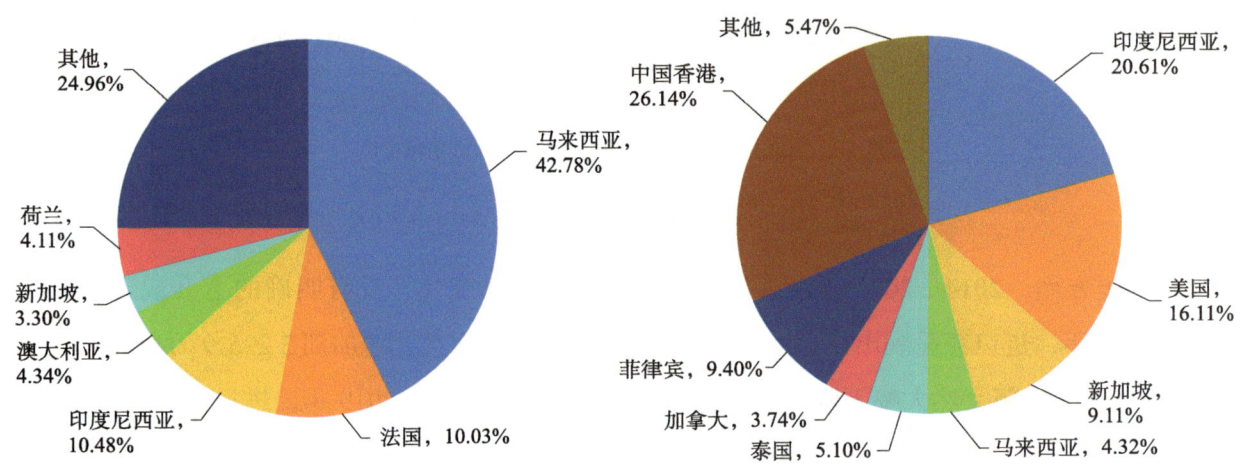

图 14　2023 年中国荔枝罐头（左）和鲜荔枝（右）出口市场构成

（数据来源：中国海关）

（三）价格情况

2014 年以来，中国鲜荔枝平均出口价格明显高于平均进口价格。进出口存在差价的原因是鲜荔枝进口量均来自低价竞争的越南，而出口市场则集中在北美洲、中国港澳地区和东南亚等地。鲜荔枝平均出口价格由 2014 年的 2 543.8 美元/吨下降至 2023 年的 2 494.0 美元/吨，平均出口价格年均增长率为 -0.22%。鲜荔枝平均进口价格由 2014 年的 470.8 美元/吨下降至 2023 年 386.0 美元/吨，平均进口价格年均增长率为 -2.18%。

2014—2023 年，荔枝干出口平均价格的波动幅度较大。从 2014 年的 8 425.7 美元/吨开始，价格逐年下降，直到 2017 年达到一个相对低点（4 124.3 美元/吨）。2014—2017 年的降幅较大，而 2018—2020 年则呈现出较快的增长。特别是 2020—2023 年上升趋势更为明显，平均出口价格年均增长率为 1.31%。荔枝干进口量和进口额统计不全。

荔枝罐头出口总量远超其进口总量，但荔枝罐头出口平均价格近年来均低于其进口平均价格。2014—2023 年，荔枝罐头的出口平均价格呈现出一定的波动性。整体上看，价格在 2014—2018 年间相对稳定，然后在 2019 年出现显著上升，达到 1 482.7 美元/吨的高点。随后几年，价格有所回落，但整体仍保持在较高水平，平均出口价格年均增长率为1.56%。进口平均价格的波动变化更为显著。2014—2018年，价格呈现出先上升后下降的趋势，其中2015—2016年达到相对较高水平。2020年进口价格出现大幅度上升，达到3 058.82美元/吨的高点，随后的几年里，价格逐渐回落但仍保持较高水平，平均进口价格年均增长率为3.63%。

1. 进出口价格

进口价格方面，中国海关统计数据显示，2014年以来，中国鲜荔枝进口平均价格为463.8美元/吨，2023年价格小幅回落，为386美元/吨，同比下降18.50%。2023年荔枝罐头进口平均价格为2 043.8美元/吨，同比下降了10.86%（图15和图16）。

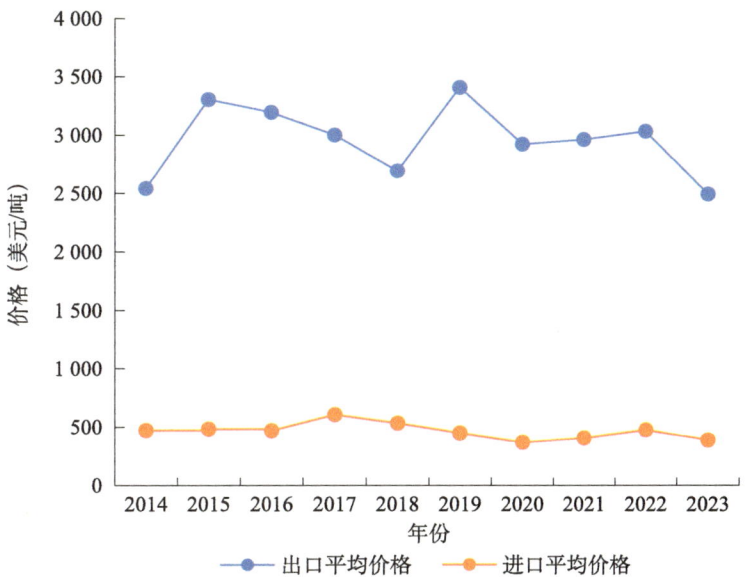

图15　2014—2023年中国鲜荔枝进出口价格变动

（数据来源：中国海关）

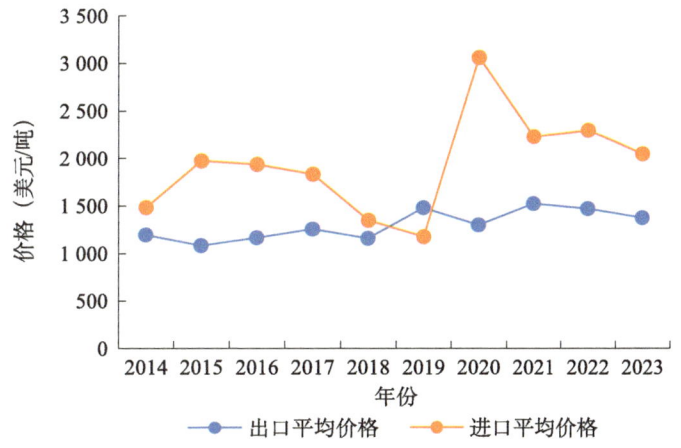

图16　2014—2023年中国荔枝罐头进出口价格变动

（数据来源：中国海关）

出口价格方面，鲜荔枝出口平均价格自2004年以来呈波动上升态势，在2015年到达峰值3 305.4美元/吨后开始回落，2019年达到历史高点，出口平均价格为3 407.9美元/吨；2023年出口平均价格为2 494.0美元/吨，同比下降17.77%。2023年，中国荔枝干出口平均价格为9 469.9美元/吨，同比上升54.80%，而荔枝罐头出口平均价格为1 376.9美元/吨，同比下降6.49%（图15至图17）。

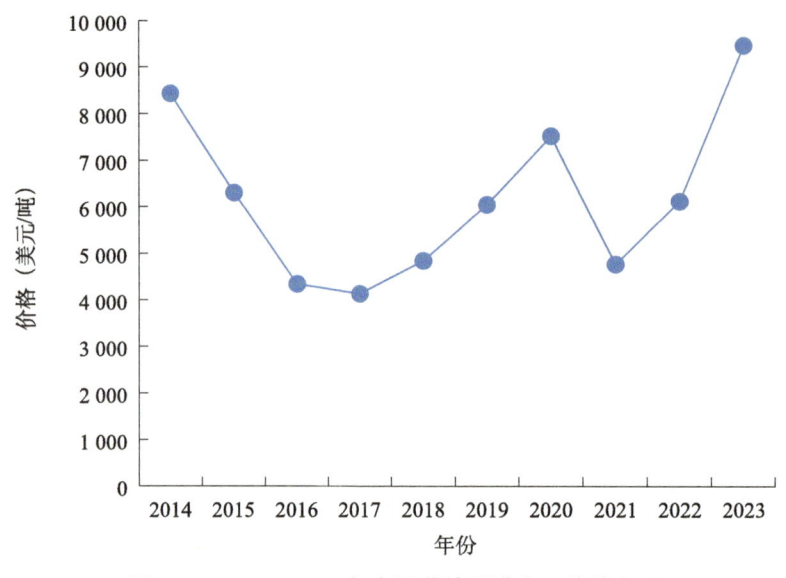

图17 2014—2023年中国荔枝干进出口价格变动

（数据来源：中国海关）

2. 国内市场价格动态

2023年因气候原因我国荔枝上市时间较往年有所推迟，但产量依然维持"中大年"的年景，保障了市场供给。在各地积极的农产品营销活动下，消费者的需求旺盛。但在疫情后大消费市场趋于降级的情况下，荔枝市场价格相较2022年有所下降。

（1）年度综合价格变动情况

中国荔枝龙眼市场价格监测与分析系统对荔枝上市期间每天的荔枝交易价格数据进行了全面采集。价格调查方法是定人、定点、定时直接调查。参照我国居民消费价格指数的计算方法，采用加权平均法来计算荔枝年度综合价格。其中，在计算产地地头价时，为提升价格的代表性而剔除了各品种礼品盒的价格，仅对其批量运销的普通包装的产品售卖价格进行计算。

2023年，荔枝综合地头价为12.83元/千克，综合收购价为7.90元/千克，综合批发价为16.37元/千克，综合零售价为43.65元/千克（表3）。荔枝地头价、收购价、批发价和零售价较2022年分别下降16.14%、36.43%、38.02%和23.36%。

表3　2022—2023年中国荔枝年度综合价格及变动情况

单位：元/千克

价格类别	2022年	2023年	变动幅度（%）
综合地头价	15.30	12.83	−16.14
综合收购价	12.43	7.90	−36.43
综合批发价	26.41	16.37	−38.02
综合零售价	56.96	43.65	−23.36

数据来源：国家荔枝龙眼技术产业体系各综合试验站的上报数据。

（2）主栽荔枝品种市场价格变动情况

与2022年相比，产地市场价格行情不佳。地头价方面，除玉荷包售价上升，为14.48元/千克，同比增长43.65%，其余品种价格均有不同程度下降，其中桂味、怀枝和糯米糍价格均较2022年下降三成以上，下降幅度分别是44.78%、30.85%、30.15%。收购价方面，主栽荔枝品种价格均下降三成以上，其中桂味和糯米糍收购价降幅甚至超过60%，分别为60.95%和68.74%。批发价方面，妃子笑与白糖罂价格较2022年分别下降26.37%和45.72%。零售价方面，主栽荔枝品种零售价也较2022年有所下降，其中，妃子笑下降26.79%，桂味下降32.20%，白糖罂下降21.25%，糯米糍下降31.15%，玉荷包下降19.09%（表4）。

表4　2023年中国主要荔枝品种市场价格年度同比变动情况

品种	地头价（元/千克） 2022年	地头价（元/千克） 2023年	地头价变动（%）	收购价（元/千克） 2022年	收购价（元/千克） 2023年	收购价变动（%）	批发价（元/千克） 2022年	批发价（元/千克） 2023年	批发价变动（%）	零售价（元/千克） 2022年	零售价（元/千克） 2023年	零售价变动（%）
妃子笑	18.82	16.08	−14.56	14.36	9.04	−37.05	23.06	16.98	−26.37	53.16	38.92	−26.79
黑叶	6.02	5.06	−15.95	7.50	4.84	−35.47	—	11.00	—	—	—	—
桂味	33.14	18.30	−44.78	36.16	14.12	−60.95	—	24.06	—	72.04	48.84	−32.20
怀枝	5.90	4.08	−30.85	—	3.46	—	—	—	—	—	—	—
白糖罂	30.68	24.02	−21.71	23.44	11.40	−51.37	43.18	23.44	−45.72	70.20	55.28	−21.25
白蜡	14.28	—	—	12.58	6.62	−47.38	—	12.84	—	43.98	—	—
糯米糍	38.54	26.92	−30.15	57.26	17.90	−68.74	—	24.38	—	99.38	68.42	−31.15
玉荷包	10.08	14.48	43.65	6.76	4.32	−36.09	—	7.50	—	43.90	35.52	−19.09
鸡嘴荔	12.40	9.50	−23.39	12.22	7.16	−41.41	—	—	—	—	—	—
灵山香荔		16.00										

数据来源：国家荔枝龙眼技术产业体系各综合试验站的上报数据。

(四) 消费和加工情况

1. 荔枝加工情况

荔枝加工量受鲜果价格影响较大。2023年我国荔枝增产，虽然售价略降但国际市场价格向好，鲜果综合价格仍然超过加工企业能够接受的水平，加工量同比降低。同时，荔枝原料存在上市期限短、加工品种少、适销对路的加工产品少等问题，全国荔枝年加工量12万~15万吨，约占总产量的5%。

我国荔枝加工品类单一，仍以干制品、罐头等传统产品为主。广药王老吉推出的"荔小吉"是荔枝产业的爆款新单品，2023年产值约3 000万元；广东部分加工企业生产的荔枝酒、荔枝醋仍处于市场推广阶段。荔枝高附加值的精深加工产品较缺乏，产业链短，增值赋能弱，难以分散缓解荔枝鲜果大规模集中上市的市场压力和助力农户增收。另外，国外市场在荔枝功能物质挖掘利用与产品研制方面远远早于国内，如日本、韩国等大牌厂商利用荔枝果皮、果核提取物研制了保健品和高档护肤品，而国内保健品大厂商如汤臣倍健等均尚未布局，因此，该领域有望成为新的经济增长点。

2. 荔枝消费情况

荔枝消费以鲜荔枝为主，加工制品及其衍生品的消费量占比不大。其中鲜荔枝消费接近90%。世界鲜荔枝及其加工品的消费市场相对集中在亚洲国家和地区。其中，中国是荔枝第一消费大国，2023年中国鲜荔枝消费量约占世界荔枝鲜果总消费量的70%。越南、泰国、印度和澳大利亚等主产国也是荔枝消费的主要市场，北美洲和欧洲国家是主要的纯消费市场。与大宗水果品类相比，荔枝为小众水果，大部分非产区消费者对其仍然陌生，加大市场推广力度有望大幅提升荔枝的消费量。

(五) 成本收益情况

在不考虑土地租金和往年固定资产投入的情况下，2023年广东和广西地区接受调研的荔枝农户户均生产成本为23 147.32元，户均纯收入为68 528.77元。

从总体上看，2023年荔枝亩均产较2022年有所提高，收入情况整体较为可观，亩均收入和亩均利润基本持平。

具体而言，2023年亩均株数最高的是无核荔，亩均株数最低的是香荔，与2022年相比较，广东产区亩均株数上浮的品种有妃子笑、淮枝、桂味、鸡嘴荔、三月红，上升幅度均较小；亩均株数下降的品种则有白糖罂、黑叶、糯米糍、岭丰糯、玉荷包、香荔、白蜡和仙进奉，下降较为明显的是香荔，由2022年的30株下降到2023年的2.27株，下降了92.43%。紫娘喜、六月红、无核荔、钦州红荔枝、贵妃红和冰荔这6个品种主要来自2023年调查的广西产区种植户。

2023年农户销售均价最高的品种是冰荔，为26.76元/千克；均价最低的是六月红，为

1.76 元 / 千克，其次是玉荷包，为 1.98 元 / 千克。整体上较 2022 年均价下降明显，其中降幅较为明显的是香荔、仙进奉、玉荷包和三月红，分别下降了 83%、81%、74% 和 73%。

2023 年亩均产量较 2022 年上升明显，其中亩均产量最高的为玉荷包，2023 年的亩均产量为 953.68 千克，较 2022 年增加了 785.55 千克。2023 年亩均收入相较于 2022 年整体上同样明显上升，亩均收入最高的是鸡嘴荔，为 6 725.05 元；亩均收入最少的是香荔，为 341.49 元，其次是六月红，为 661.02 元，均远低于其他品种的亩均收入。但其中，岭丰糯和香荔的亩均收入较 2022 年分别下降了 19% 和 72%。

2023 年荔枝品种亩均利润较高，在 3 000 元以上的有 12 个品种，在 6 000 元以上的有 1 个品种。其中，鸡嘴荔的亩均利润最高，为 6 724.76 元；其次是糯米糍，亩均利润为 5 779.82 元。2023 年亩均成本最高的是鸡嘴荔，达到 2 917.67 元，其次是香荔，为 2 875.00 元；亩均成本最低的是六月红，仅为 301.96 元。与 2022 年相比，鸡嘴荔是 2023 年调查中亩均收入和亩均利润最高的品种，均超过 6 000 元。

总体而言，2023 年荔枝产量整体上升幅度较大，但多数品种的均价降幅比较明显，荔枝总体亩均利润相较于 2022 年有所增长。

（六）各地产业扶持政策

1. 广东省深化现代农产品市场体系建设

2023 年，广东省农业农村厅下发《关于做好 2023 年广东荔枝"12221"市场体系建设工作的通知》，明确要加强组织领导，分区划片压实主体责任；要畅通销售渠道，做优做实采购商服务；要广泛聚合电商资源，拓展电商渠道促营销；要深化省际合作，打通内循环挖掘市场；要拓展国际市场，推动广东荔枝卖全球；要强化科技支撑，加强冷链物流保鲜建设；要讲好品牌故事，因地制宜发展特色农旅；要创意营销出圈，擦亮广东荔枝金字招牌八项工作要点，充分发挥市场动力源作用，助力实施"百县千镇万村高质量发展工程"，促进共同富裕，确保 2023 年广东荔枝"12221"市场体系建设有序有效推进。

2. 中国国际热作产业大会暨第七届中国荔枝产业大会

中国国际热作产业大会暨第七届中国荔枝产业大会在广东省茂名市举办。大会以"热作发展好，世界会更好"为主题，由农业农村部、广东省人民政府共同主办，中国农垦经济发展中心（农业农村部南亚热带作物中心）、广东省农业农村厅、茂名市人民政府、国家荔枝龙眼产业技术体系联合承办。大会以视频形式发布了十大热带作物重大技术成果、热作产业国际合作案例等一大批丰硕成果，同时，大会现场设立"热作发展成就展"，向世界介绍我国推动热作产业高质量发展的做法和经验，贡献中国智慧、中国方案和中国力量。

3. 广东荔枝精深加工产业大会

2023年2月24日，广东荔枝精深加工产业大会在广州召开，大会由广东省农业农村厅主办，广药集团等单位承办，以"打造一年四季可以吃的荔枝"为主题，聚力广东荔枝产业高质量发展。广药集团在会上发布了两款"荔小吉"新品，并携手2022年北京冬季奥运会吉祥物冰墩墩之父曹雪推出了"荔小吉"吉祥物。大会还举行了广药王老吉广东荔枝（汕头）产业园合作协议签约、茂名荔枝产业园农旅融合景区提升框架协议签约以及广州王老吉大健康产业有限公司外商合作签约仪式，为荔枝产业链的发展打造更多新引擎，加速广东荔枝产业高质量、国际化发展。

4. 各地采取多种营销策略组合开拓市场

广东省持续推进"荔枝'12221'市场营销活动"，即"1"个大数据，采购商、生产商"2"支队伍，销区、产地"2"个市场，走进销区、迎进产地"2"场活动，实现价格合理、质量过硬、产销对路、农民致富等"1"揽子目标。广东荔枝创新营销推介形式，推出"上天入地，群仙卖荔"创意策划，走进上海、杭州、西安等重点销区市场。举办"广东荔枝丝路行"活动，让广东荔枝走进新加坡、意大利、韩国、法国、英国、西班牙、南非，使土特产成为"世界果"。

其他主产省（区）也通过组织荔枝产销对接会以及荔枝文化节等活动宣传推广本地荔枝。如2023年海南海口火山荔枝月活动、2023年广西钦州"数实兴农·万荔村红"直播带货网络达人赛和"2023年灵山荔枝文化旅游节暨第十二届中国特产文化节"、云南产区举办"曼来镇2023年荔枝文化旅游节"、四川产区举办"2023年合江县荔枝生态旅游节"等。

（七）科技成果及其转化

1. 科技成果

（1）成果奖励

荔枝高效低风险农药及其合理使用技术研究。形成了《除虫脲在荔枝上的安全使用技术规程》《嘧菌酯在荔枝上的安全使用技术规程》2项团体标准。更新《荔枝农药合理使用指南》中有关《中华人民共和国食品安全法》、新登记农药及禁限用农药等内容。"小宗作物上高效低风险农药施药技术研究与推广应用"获得广东省农业技术推广奖二等奖。

（2）品种选育与审（认）定

2023年，调查记录荔枝资源511份，保存9份。成功研制荔枝40K液相芯片以及384芯片。获得3个植物新品种权：荔枝品种早巨荔1号、大唐红、越州红；完成申报6个荔枝新品种权；特早熟荔枝品种科技一号通过省审；荔枝品种WM09（红丽人）、MS48通过新品种现场鉴评；获得杂交后代1938株，筛选优株27个，其中6个已完成DUS测试并安排在湛江、阳江、茂名、海南、云南、广西等地区试点。

（3）发布标准

开展主栽品种、区域代表性品种和新品种的时空品质和多维品质评价研究，建立了荔枝中营养元素、植物活性成分等化合物的全分析技术，构建了我国268个荔枝品种的营养品质数据库和种质资源品质数据库。走访调研6个荔枝主产区的30家加工企业，制修订农业行业标准《荔枝干》。建立了热带水果荔枝品质与加工特性多维网络关系，入库了不同品种荔枝的营养与品质特性数据2 000余条。

（4）分子生物学进展

荔枝离体再生技术体系优化。获得了5份极早熟资源胚性愈伤组织，建立了9918品种体胚高频发生体系；获得妃子笑143株离体诱变植株和7株源于多倍体再生植株。建立了基于震荡培养的转基因抗性筛选体系。首次报道荔枝基因编辑技术体系，获得LcPPO突变体植株，证实LcLac直接参与调节荔枝愈伤组织褐变。

2. 成果转化与技术培训

2023年，体系岗站专家及团队成员紧密围绕四川合江县、云南屏边县等荔枝主产区，同时辐射广东高州市、云南元阳县、广东饶平县等地区，通过一系列创新举措和扎实工作，有效推动了荔枝产业的全面发展与升级。其中，服务四川合江县：泸州综合试验站2023年度组织专题技术培训会21场；2023年荔枝产量3.8万吨，产值达到24.5亿元；已建成投产冷藏库3 000米^2。服务云南屏边县：开展技术培训11次，培训种植户及地方技术人员931人次；2023年屏边荔枝种植面积4.85万亩，产量1.2万吨，产值1.42亿元，带动就业人数1 767人，荔农收入高于周边农民1倍以上。

三、中国荔枝产业发展特点

（一）生产面积保持稳定

2023年全国荔枝种植总面积为755.7万亩，较2022年增加1.70%。不同省（区）增减状况不一。其中，四川增幅最大（6.80%），其次是海南（5.10%）、广东（3.20%）。其他产区降幅不一，其中，贵州降幅最大（56.30%），其次是云南（16.90%）、福建（0.50%）和广西（0.4%）。

（二）总产量稳步增长，市场行情向好

2023年，全国荔枝总产量为303.5万吨，同比增长9.84%。不同省（区）增减状况不一。海南增幅最大（18.00%），其次是广东（10.70%）、广西（10.70%）和福建（4.00%）。其他产区降幅不一，其中，贵州降幅最大（47.60%），其次是云南（22.60%）和四川（7.90%）。在各地积极的农产品营销推动下，消费者热情高涨，市场需求旺盛，保证了较高的上市价格，荔枝市

场行情保持了良好的上行态势。

（三）科技赋能，荔枝品种结构更优

海南省位于我国南端，是荔枝成熟最早的省份，其发挥产区早熟优势，选育极早熟和早熟优质新品种抢"鲜"上市，扩大上市时间优势，进一步提高了海南荔枝的附加值。另外，海南产区培育了具有本土特色的火山荔枝、新球蜜荔、仙桃荔、无核荔枝等品种，在克服老品种短板的同时满足消费者对"新奇特"农产品的追求，从而进一步打造产区特色。四川和福建产区纬度较高，适合栽种晚熟和特晚熟品种，如晚熟品种仙进奉、特晚熟品种迟美人等，延长荔枝采摘周期和上市时间。

（四）补短板，全冷链物流技术不断提高

荔枝长久以来因其不耐贮运、保质期短、损耗率高的特性，在从枝头到消费者餐桌的过程中面临着诸多挑战。然而，2023年，随着一系列创新保鲜技术的研发与应用，以及电子商务模式的深入发展，荔枝产业正经历着前所未有的变革与升级。

2023年，研发了一种蔗糖—硒复合的采前处理物；研发了微冻护色保鲜技术；筛选出一种荔枝保鲜剂配方；开展了高能电子束、中药保鲜技术、厌氧型益生菌保鲜技术研究，应用于桂味、妃子笑的保鲜，达到了常温保存10天（货架期5天），低温保存15天（货架期5天）的保鲜效果。

（五）粗加工产品开始向精细化加工纵深发展

延长农业产业链，农产品加工是关键。当前，各主产省（区）依托国家级、省级现代农业（荔枝）产业园，为农产品精深加工提供平台支持。2023年开展了荔枝产地干燥、果汁加工、副产物综合利用等技术需求调研。其中，推广的荔枝与龙眼产地标准化干燥处理技术与设施可有效提高荔枝干与龙眼干的优品率，提升生产效能2倍以上；完成制修订农业行业标准《荔枝干》，推动了荔枝干产业的标准化进程。与一克木（广东）生物科技有限公司共同推出了适合现代年轻消费群体的荔枝功能饮料和果醋饮料商品2款。

（六）整合各方资源，促进产业融合发展

将荔枝与文化和生态旅游串联起来助力荔枝产业发展的举措已经成为各荔枝主产省（区）非常重视的举措。坚持"政府搭台、企业唱戏、百姓受益"，延长荔枝产业链、提高产品附加值，推动荔枝产业持续兴旺，助力农户丰产丰收，已经成为各产区认可的促进荔枝产业可持续健康发展的一条可靠路径。

四、中国荔枝产业存在的主要问题

（一）气候异常常态化，年际产量波动大

荔枝是典型的热带果树，其生产对自然条件依赖较大，气候变化或异常等造成的自然灾害对产量具有决定性的影响。荔枝生产周期中面临的主要自然灾害有高温干旱、低温冷害、台风、阴雨和突发暴雨等。不同地区不同年份自然灾害发生的种类和影响程度难以预知。近年来气候异常已具有常态性和无法预测性的特点，加剧了荔枝生产的不确定性和风险性，而果农抵御自然风险能力较弱，荔枝产量年际波动幅度较大。国家荔枝龙眼体系数据显示，2017—2023年中国（不包括中国台湾地区）荔枝产量分别是214.7万吨、302.8万吨、184.8万吨、255.4万吨、281.4万吨、222.3万吨、360.1万吨。气候异常给荔枝的产前规划、产中管理以及产后处理都带来较大困扰，对荔枝产业的持续健康发展提出了严峻挑战。

（二）低效品种占比高，果园基础设施薄弱

根据国家荔枝龙眼产业技术体系各综合试验站上报数据，体系覆盖范围内黑叶、怀枝、双肩玉荷包、白蜡等低效品种，2023年种植面积仍占总体面积的50%以上，产量约占总产量的40%。

我国有大约30%的荔枝果园建设在坡度超过20°的坡地甚至山地上，不仅对外交通不便，而且果园内也缺乏灌溉、施肥、喷药、材料运输等基础设施，整个生产过程全部依靠人工操作。由于立地条件和果园基础条件差，荔枝果园基础设施总体落后的局面尚无根本改观，机械化水平提升较慢，修剪（采后修剪与花穗修剪）、采收、施肥等主要管理仍依赖人工操作，导致常规技术运用不够到位。

（三）劳动力老龄化加剧，用工短缺凸显

国家荔枝龙眼产业技术体系固定观测户调研数据显示，荔枝果农中50岁以上的人群占比较高，农村年轻劳动力大多进城务工，即使留在农村的年轻劳动力也不愿参与传统的高强度农事劳动。同时，人工费用在生产要素投入中的占比持续走高，直接挤压果农的获利空间。2023年荔枝生产要素投入中人工费用占比高达59.02%。而在采摘、打药等关键荔枝生产环节中，部分产区还会出现雇工难甚至无工可雇的尴尬局面。

（四）荔枝加工业瓶颈：高成本、短周期与产品单一

推进荔枝加工业的发展是维持鲜果销售价格和销售市场稳定的"压舱石"。当前我国荔枝鲜果产量大，可开发的加工产品种类较多。但受鲜果年总产量变动影响，荔枝原料成本占比高、加工期限短、品种少、适销对路的加工产品少，全国荔枝实际年加工量12万~15万吨，仅占全国荔枝总产量的5%左右。当前我国荔枝加工品种单一，以荔枝干、荔枝罐头等初级加工品为主，

尚无市场化的精深加工产品出现，产业链短，增值赋能弱，难以缓解荔枝鲜果大规模集中上市的市场压力。

（五）荔枝冷链成本高企，产销失衡

当前冷库设施规模并不能完全满足荔枝田头冷藏保鲜和产后处理需要，外运配套设施不完善、冷链物流设施建设成本高、建设用地审批难等造成了冷链配套环节存在诸多"脱节"，从而影响流通质量和消费者体验。国内电子商务领域普遍采用冷链流通技术，基本能满足消费需要，但物流成本过高（以增城大红桂味为例，2023市场价约12元/千克，一箱5千克的荔枝从广东省广州市增城区运往省外，快递物流费用高达96元）且断链现象频发，从而影响消费者体验。

当前荔枝销售以传统销售渠道为主，高度依赖外来客商前来收购。叠加保鲜期短且上市期集中等因素，导致绝大多数农户缺乏议价权。产区尚未真正建立起本土销售队伍，市场开拓能力不足。因此，荔枝量增价跌和量减价增的产销失衡常态化，使农户面临较高的市场风险。同时，荔枝销售过程中宣传内容、方式以及与之匹配的产品分级、包装等都尚待提升。

五、产业发展建议

绿色化、优质化、特色化、品牌化荔枝产业高质量可持续发展，必须从全产业链角度进行布局。

（一）构建荔枝产业气候监测与适应性种植策略

建立健全荔枝产区气候监测网络，利用大数据和人工智能技术提高气候预测的准确性，及时发布灾害预警信息，帮助果农提前做好防范措施，减少自然灾害对荔枝生产的影响。加大科研投入，选育和推广适应性强、抗病虫害、耐逆境（如高温干旱、低温冷害）的荔枝新品种，从源头上增强荔枝产业的稳定性。根据气候特点和资源条件，合理调整荔枝种植区域和品种结构，避免在自然灾害频发地区大规模种植，同时发展早熟、晚熟品种，延长市场供应期，减轻集中上市压力。

（二）强化财政扶持与政策引导，推动品种更新换代

加大财政投入和政策扶持，鼓励科研机构和果农合作，开展荔枝新品种的选育与推广工作。重点减少低效品种，如黑叶、怀枝等，引进和培育高产、优质、抗逆性强的新品种，提升整体种植效益。同时，建立品种改良示范区，展示新品种的种植效果，引导果农主动进行品种更新。组织专家团队深入果园，开展荔枝种植管理技术培训，提高果农的科学种植水平。推广先进的种植技术和管理模式，如矮化密植、生态栽培等，引导果农采用绿色、高效的生产方式。同时，建立荔枝生产技术服务体系，为果农提供全程技术指导和服务。针对坡度大、交通不便的果园，实施

土地整理与改造工程，改善果园立地条件。

（三）强化产业机械化与社会化服务分工

加大科技投入，研发和推广适用于荔枝产业的农业机械和智能设备，如自动化采摘机、智能喷药系统等，以减少对人工的依赖。通过机械化作业降低劳动强度，提高生产效率，从而吸引更多劳动力参与荔枝生产。加强农业职业教育和培训，培养懂技术、会管理的新型职业农民，提高荔枝产业的整体技术水平和管理能力。通过政策扶持和激励机制，鼓励年轻人回归农村从事农业生产，为荔枝产业注入新鲜血液。鼓励和支持农业社会化服务组织的发展，为荔枝产业提供专业化的服务，如病虫害防治、施肥管理、采摘运输等。通过社会化服务组织的力量，缓解果农在用工短缺和雇工难方面的问题，提高荔枝产业的整体竞争力。

（四）稳固荔枝供应链，驱动技术创新与产品多元化

通过建立稳定的原料供应基地，与果农签订长期合作协议，确保原料的稳定供应和质量。引入先进的栽培技术和管理模式，提高荔枝的产量和品质，降低单位原料成本。研发和应用先进的保鲜技术，延长荔枝鲜果的保鲜期，为加工企业提供更充裕的加工时间。加大科技投入，研发和推广适用于荔枝加工的新技术和新设备，如自动化生产线、智能控制系统等，提高加工效率和产品质量。开发多元化的加工产品，如荔枝汁、荔枝酒、荔枝糕点等精深加工产品，满足不同消费者的需求。加强品牌建设和市场营销，提升荔枝加工产品的知名度和美誉度，扩大市场份额。

（五）推动冷链物流技术创新，构建多元化销售渠道

针对荔枝冷链配套不足、成本高企及流通质量受影响的现状，建议加大冷库设施投资，完善外运配套与冷链物流网络，通过政策扶持降低建设成本并简化审批流程。同时，推广高效冷链技术以降低物流成本，减少断链现象，提升流通质量与消费者体验，促进荔枝产业健康发展。

鼓励和支持荔枝产区建立多元化的销售渠道，包括线上电商平台、直播带货、社区团购等新型销售模式，减少对单一外来客商的依赖。同时，加强与大型商超、连锁水果店的合作，拓宽销售网络。加大对本土销售队伍的培养和扶持力度，通过提供培训、资金、信息等支持，帮助他们提升市场开拓能力和营销技巧。鼓励农户参与销售队伍，建立紧密的利益联结机制，共同抵御市场风险。建立健全荔枝市场监测和预警机制，及时掌握市场动态和价格变化。在产销失衡严重时，通过政府收储、出口促进、价格补贴等手段进行市场调节，稳定市场价格和农户收益。

2023 年龙眼产业发展报告

2023 年世界龙眼种植面积略有增加，总产量和单产则略有减少，进出口贸易显著下降。龙眼贸易以鲜果出口为主，龙眼干、肉次之，罐头最少。中国龙眼种植面积略有减少，总产量和单产有所增加，中国龙眼贸易依然呈逆差状态，但进口有所减少、出口则有所增加。预计 2024 年，中国龙眼种植面积将稳中略降，总产量将稳中有升，市场对龙眼的需求将稳中有降。

一、世界龙眼产业概况

（一）生产情况

世界种植龙眼的国家和地区有中国、泰国、越南、老挝、缅甸、斯里兰卡、印度、菲律宾、马来西亚、印度尼西亚、马达加斯加、澳大利亚、美国等。世界龙眼生产主要集中在中国、泰国、越南 3 个主产国，合计种植面积和产量占世界的 90% 以上。

1. 种植面积

据主产国官方统计数据和相关文献测算，2023 年世界龙眼种植面积约为 826.3 万亩，同比增加 4.81%。其中，中国种植面积为 401.4 万亩，同比减少 2.67%；泰国为 302.6 万亩，同比增加 19.13%；越南为 122.3 万亩，同比增加 0.25%（图 1）。

2. 总产量

2023 年，世界龙眼总产量约 427.8 万吨，同比减少 1.18%。其中，中国龙眼产量约 220.3 万吨，同比增加 9.33%；泰国约 141.5 万吨，同比减少 16.12%；越南约 66.0 万吨，同比增长 5.26%（图 2）。

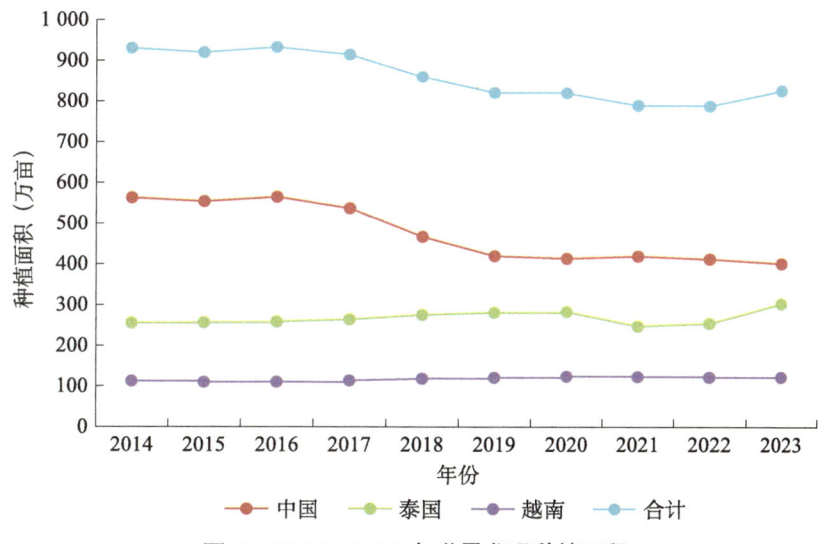

图 1　2014—2023 年世界龙眼种植面积

（数据来源：农业农村部农垦局、泰国农业经济办公室、越南统计年鉴）

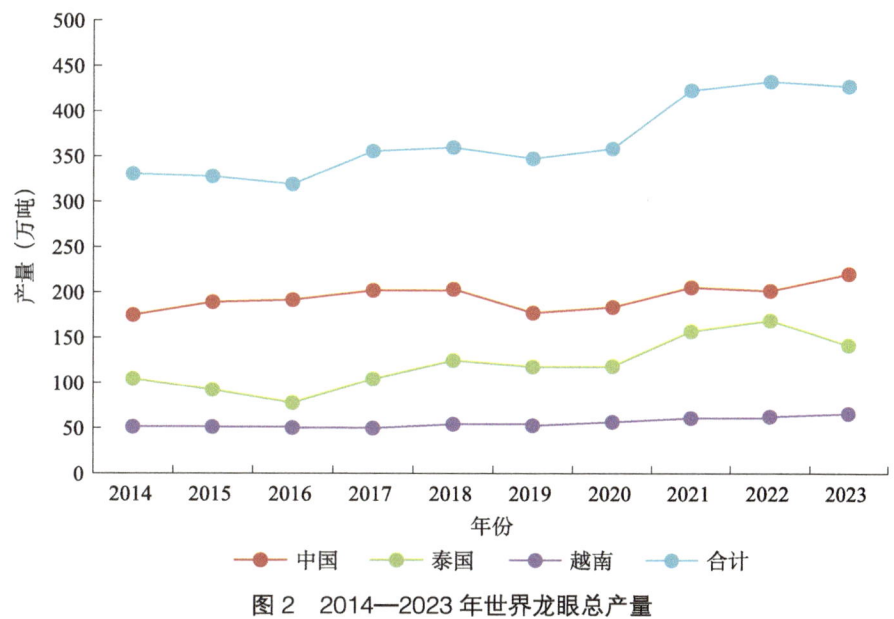

图 2　2014—2023 年世界龙眼总产量

（数据来源：农业农村部农垦局、泰国农业经济办公室、越南统计年鉴）

3. 单产

2023 年，世界龙眼单产约 517.8 千克/亩，同比减少 5.71%。其中，中国龙眼单产约 602.3 千克/亩，同比提高 11.23%；泰国约 467.6 千克/亩，同比降低 23.63%；越南约 539.9 千克/亩，同比提高 6.00%（图 3）。

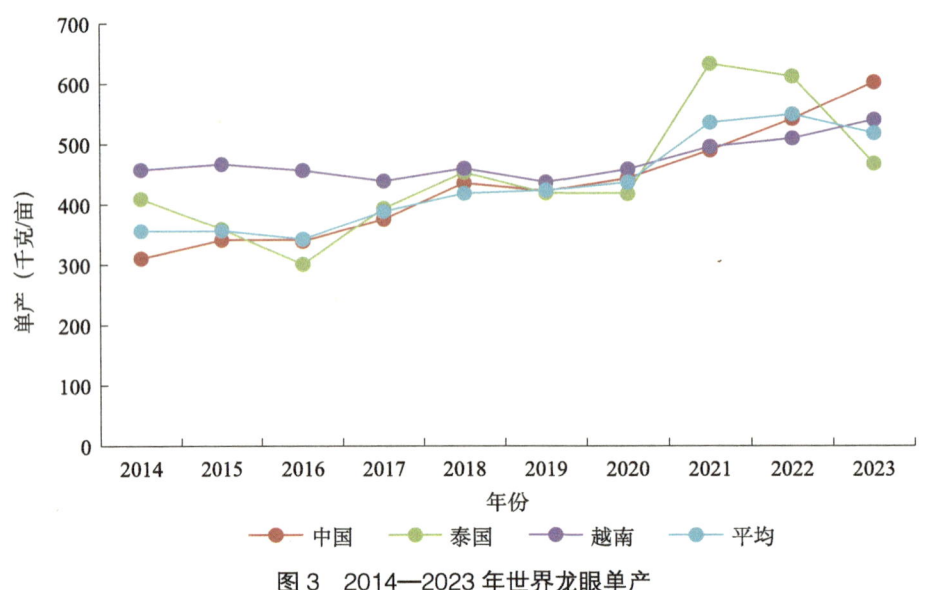

图 3　2014—2023 年世界龙眼单产

（数据来源：农业农村部农垦局、泰国农业经济办公室、越南统计年鉴）

（二）贸易情况

龙眼是特色热带水果，最大的出口国是泰国，越南、中国也有少量龙眼出口。进口国家和地区比较分散，以东南亚国家和地区为主，包括中国、越南、印度尼西亚、中国香港、马来西亚、菲律宾，此外，意大利、荷兰、葡萄牙、英国、法国、西班牙、美国、加拿大、澳大利亚也有少量进口。

根据主产国统计数据测算，2023 年世界龙眼出口贸易量约为 60 万吨，占总产量的比例不到 20%，以鲜果出口为主，龙眼干、肉次之，罐头最少。

泰国是世界龙眼第一出口大国。据泰国农业经济办公室统计数据，2023 年泰国龙眼出口量约 541 251.62 吨，出口金额 239.55 亿泰铢（折合人民币约 50.30 亿元）；进口数量约 307.69 吨，进口金额 0.16 亿泰铢（折合人民币约 0.03 亿元）（表 1）。

表 1　2020—2023 年泰国龙眼进出口情况

年份	项目	出口	进口
2020	数量（吨）	632 217.47	169.59
	价值（亿泰铢）	247.30	0.09
2021	数量（吨）	800 985.43	2 111.62
	价值（亿泰铢）	313.25	0.76
2022	数量（吨）	642 206.49	482.89
	价值（亿泰铢）	258.50	0.23

(续表)

年份	项目	出口	进口
2023	数量（吨）	541 251.62	307.69
	价值（亿泰铢）	239.55	0.16

数据来源：泰国农业经济办公室

越南海关总局表示，2023年越南龙眼出口额达1 400.0万美元，同比增加了1.5倍。《越共电子报》报道，龙眼是2023年出口增幅排名第二的水果，仅次于榴莲。其中，中国、澳大利亚、泰国及日本等国是最喜爱越南龙眼的国家。泰国最大的零售商中央零售公司（Central Retail Corporation）大力推动越南龙眼对泰国的出口活动，2023年该集团对泰国的龙眼出口量同比增加了40%。2023年，中国从越南进口龙眼鲜果497.0吨，同比增加163.2%，进口额为33.0万美元，同比增加271.0%。越南蔬菜和水果协会对龙眼出口潜力作出评价时称，中国是越南龙眼的最大消费市场，且需求潜力还非常大，因此，越南应提高出口标准，缩小越南龙眼在中国市场上与泰国龙眼的差距。

2022年末，柬埔寨开始按照官方配额向中国出口龙眼。柬埔寨农林渔业部的数据显示，2023年前8个月，柬埔寨向中国出口的新鲜龙眼超过8 100吨，其中仅8月就出口3 250吨。

（三）价格情况

1. 泰国龙眼价格有所上涨

泰国农民通过使用诱导开花的物质来刺激龙眼开花数量，使2023年非季节性龙眼产量增加。据泰北龙眼干生产者协会消息，由于泰国和中国的龙眼干库存减少，工厂已经准备好向农民收购龙眼，导致优质新鲜龙眼价格上涨到了30~35泰铢/千克，折合人民币6.2~7.3元/千克。预计龙眼价格可能会进一步提高，有望恢复到2019年38~40泰铢/千克的峰值水平。

2. 越南龙眼在日本、泰国高价出售，在中国则价格较低

2023年，越南新鲜龙眼在日本的零售价很高，约32万越盾/千克，折合人民币大约96.65元/千克。隆安省黄发水果有限公司在2023年初第一批10吨新鲜龙眼出口到日本后，每月通过海运和空运继续向日本出口70~100吨新鲜龙眼。火龙果、芒果、荔枝和龙眼是越南以正贸方式向日本出口的4种水果，龙眼是高价值出口产品，可以在日本以高价出售，为越南国内龙眼果农带来巨大机遇，但满足出口要求的种植面积也较少。进入日本市场很难，能在该市场上站稳脚跟更难。在越南龙眼成功进军日本市场后，仍然需要十分谨慎地确保产品质量。

越南龙眼在泰国超市畅销且价格较高。据《越共电子报》，泰国零售巨头中央集团（Central Retail）努力促进越南对泰国的龙眼出口，2023年对泰国的龙眼出口量与2022年同期相比增加了140%。预计有2~3吨来自越南九龙江三角洲地区的龙眼，以从129.5泰铢/千克（折合人民币约 27.2 元 / 千克）降至 84.5 泰铢 / 千克（折合人民币约 17.7 元 / 千克）的促销价，在泰国中央集团旗下的 Tops 和 Central Food Hall 超市销售。出口的龙眼达全球良好农业操作规范标准（GAP），并在获取出口泰国代码的种植专区采收。

随着中国自主种植和从柬埔寨等其他国家进口增加，越南龙眼在中国的市场份额和价格继续大幅下滑。2022 年，柬埔寨龙眼正式进口到中国后，越南年产 50 万吨的龙眼出现了供应过剩，只能持续低价销售。2023 年前 8 个月，柬埔寨向中国出口了 8 100 多吨新鲜龙眼，仅 8 月的出口量就达到了 3 250 吨。2022 年越南龙眼最低也能卖到 3.5 万～5 万越南盾 / 千克（折合人民币 10.5～14.9 元 / 千克），但是 2023 年的价格比 2022 年同期减少了一半。

（四）消费情况

1. 消费状况

世界鲜龙眼及其加工品的消费市场相对集中在亚洲国家和地区。中国是全球龙眼消费量最大的国家，年消费量 220 万吨左右，鲜食消费约占消费总量的 80%。泰国、柬埔寨和越南是全球主要的龙眼出口国，也是中国最主要的龙眼进口来源国。

2. 加工流通

龙眼加工产品以龙眼干、龙眼肉、龙眼罐头、龙眼果酒等为主。越南龙眼的 30%～35% 用于加工，泰国龙眼加工比例较高，达到 60%～70%，中国鲜龙眼的年加工量 30 万～40 万吨，占总产量的 20%～25%。与越南和泰国相比，中国龙眼加工所占比例较低。中国龙眼肉加工主要在广东高州、广西博白和岑溪、福建莆田和潭州，目前，高州已形成了龙眼肉加工镇、加工村和集散市场，龙眼加工、交易一年四季不断档，年交易量超 2 万吨；而龙眼干加工主要在福建省。

（五）主要国家产业扶持政策

1. 泰国

（1）泰国农业部加快泰国水果标准升级

开发整个供应链的可追溯系统，试点水果包含龙眼，要求提高泰国水果的标准，以保护出口市场。泰国农业部携手企业家们开发整个供应链的可追溯系统。龙眼出口中国，推广"泰国水果，优质水果"（Premium Thai Fruits）品牌。泰国农业部已准备好为农民提供良好农业操作规范（GAP）认证服务。包括将 GAP 认证代码更改为新格式，减少污染问题，电子植物检疫证书申请系统（ePhyto System）可以收集每个生产步骤的数据。泰国正在与中国进行电子数据交换的技术谈判。

（2）为农民 / 农民机构提供农业综合服务

农民 / 农民机构拥有自己的工具和机械，农业服务提供商，满足现代农业对技术和创新的需求，有利于提高龙眼产量。

（3）农业资源管理

利用BCG/碳信用开展环保农业（走向绿色），使农业能够减轻环境负担。合理施肥，减少秸秆焚烧，减少化肥农药使用量，促进安全优质的农产品生产，保证龙眼质量。

2. 越南

2023年越南通过正贸渠道向日本出口首批新鲜龙眼，这是继火龙果、芒果和荔枝之后，越南第四种成功进军日本市场的新鲜水果。2017年，越南和日本就日本开放越南新鲜龙眼市场的问题开始谈判。2022年11月23日，日方正式批准越南新鲜龙眼进入日本市场。越南龙眼进军日本市场后，越南驻日本商务处拟与出口商和越南职能机关协调配合，针对日本消费者和旅居日本的越南人举办促销活动，介绍越南的新鲜龙眼产品。

近年来，越南驻外商务代表处及时向国内各地方、企业和行业协会提供大量有关出口方面的信息，扎实做好贸促工作，大力支持国内企业扩大市场、促进产品多样化并推动出口，特别是荔枝、龙眼等季节性强的水果出口。在越南北部多地即将进入荔枝和龙眼收获季节的背景下，越南工贸部2023年5月31日举行了越南驻外商务代表处贸易促进交班会，主题为"加强荔枝龙眼贸促工作"。各地方和企业在交班会上提出了荔枝与龙眼出口活动中面临的困难，同时建议越南工贸部、企业协会、越南驻外商务代表处加大扶持力度，促进对接，将越南农产品推向世界。

（六）最新科技进展

1. 泰国

Riangwong（2023）通过基因分型测序（GBS）揭示了泰国龙眼种质的遗传多样性和种群结构。结果表明，总变异的74%和26%分别发生在种群间和种群内。观察到种群间遗传分化明显（F-ST = 0.25）。本研究结果可用于管理龙眼种质，并可能促进龙眼的遗传改良。

Tansuchat（2023）基于实地调查测量的证据对鲜食龙眼供应链中食物损失进行了分析。结果显示，整个供应链中的损失占比各不相同：国内消费的数量损失为14.07%，质量损失为11.02%；当季出口新鲜龙眼的数量损失为13.50%，质量损失为14.82%；淡季出口新鲜龙眼的数量损失为9.85%，质量损失为6.52%。该研究的贡献在于其全面指导性，强调通过实地调查测量形成量化和解决食物损失的重要工具，尤其是在热带水果领域。

2. 越南

Van Dang（2023）研究了越南湄公河三角洲果园高床年龄对土壤理化特性的影响。得出结论，长期耕种高床土壤会显著降低土壤交换性阳离子、地表和地下土壤的孔隙度和肥力。农民应在果园中采取土壤保护措施，例如作物覆盖、稻草覆盖和使用土壤改良剂，以减轻表层土壤退化。

二、中国龙眼产业基本情况

（一）生产情况

2014—2023年中国龙眼种植面积呈下降趋势。但龙眼产量呈现稳步上升趋势，由2013年的174.9万吨上升到2023年的200万吨以上。龙眼单产水平稳步上升，由2013年310.4千克/亩增加到2023年的600千克/亩以上。

1. 面积

据农业农村部农垦局统计，2023年龙眼主产区实有面积约为401.4万亩，同比减少2.65%；其中收获面积为365.8万亩，同比减少1.69%。广东、四川和贵州收获面积变动较大，分别增长7.41%、17.93%和50%。海南、福建生产面积均有所缩减，其中海南省、云南省收获面积有所下降，分别同比减少4.95%、4.55%。

2. 产量和单产

2023年龙眼产量约为220.3万吨，相较2022年产量上升9.33%。在所有主要产区中，只有云南的龙眼产量较2022年有所减少，同比下降12.61%；其他产区的产量较2022年增长，其中四川产量幅度最大，达17.89%；广东、广西、重庆、福建、贵州产量增长较小，较2022年分别增长10.60%、9.85%、8.25%、3.87%、1.37%；海南省龙眼产量增幅最小，为1.04%。

2023年全国龙眼单产约为602.3千克/亩，同比增加11.23%。其中，贵州的龙眼单产较2022年同比减少33.90%，其他主产区单产均有所增加。

3. 产值

2023年全年龙眼总产值为151.1亿元，较2022年同比增加11.8%。从主产区来看，除了贵州、云南和重庆外，福建、海南、四川、广西、广东等其他主产区的产值较2022年均有增长。

4. 区域布局

中国龙眼产区主要分布在广东、广西、福建、四川、海南、重庆、云南、贵州等省份。其中广东是各产区中产量最高的省份，2023年广东龙眼总产量占全国龙眼主产区总产量的48.21%，广东龙眼产区主要集中在茂名、阳江、惠州、广州等地区；排名第二、第三的省份分别是广西和福建，占全国龙眼主产区总产量的比值分别为31.18%和11.08%；广西龙眼主要分布在南宁、钦州、崇左、玉林、贵港和梧州，福建龙眼产区集中在福建沿海地区。

5. 主栽品种及其品种结构

市场销售的龙眼品种很多，但品种集中度非常高。2023年产量排名前六位的龙眼品种分别是储良、石硖、广眼、大乌圆、泸丰、福眼，其产量之和占所辖区域总产量的90.32%。

从各品种覆盖县区数目看，2023年只有福眼的覆盖县区增加，泸丰保持不变，其他品种均有所减少。

从生产面积看，2023年福眼的面积有所增加，泸丰保持不变，其他品种生产面积均有不同程度的减少，其中广眼减幅明显，为14.97%。

从产量上看，除泸丰、福眼减产外，其余品种均有不同幅度的增产，其中广眼和大乌圆增产幅度最明显，分别达到250.07%和130.45%，石硖增产幅度为97.74%，储良增产幅度为71.86%。

（二）贸易情况

从进出口量来看，2014—2023年中国龙眼及其制品进出口呈现有增有减的趋势，其中，2014—2017年，进出口量逐年增加；但是2018年进出口量出现大幅下降，由2017年的59.1万吨骤降至2018年的10.6万吨；2019年进出口量又骤增至52.4万吨；之后几年至今，进出口量大致呈现小幅度波动的状态。

从进出口额来看，2014—2016年进出口额的变动趋势则与进出口量相反，进出口额呈现出逐年下降的趋势；2017—2018年进出口额也出现了大幅度下降，由5.4亿美元骤降至1.0亿美元；从2018年至今，进出口额呈现小幅度稳步增长的趋势。

1. 贸易量

2023年，中国龙眼各类产品进口总量43.14万吨，同比减少16.96%。龙眼鲜果进口量最多，为34.4万吨，占总进口量的79.74%；龙眼干和龙眼肉进口量为8.7万吨，占总进口量的20.17%；龙眼罐头进口量最少，仅为395.3吨，占总进口量的0.09%。

中国龙眼出口总量6 388.8吨，同比增加25.37%。龙眼鲜果出口量为4 893.4吨，占总出口量的76.59%；龙眼干和龙眼肉出口量为755吨，占总出口量的11.82%；龙眼罐头出口740.4吨，占总出口量的11.59%（图4）。

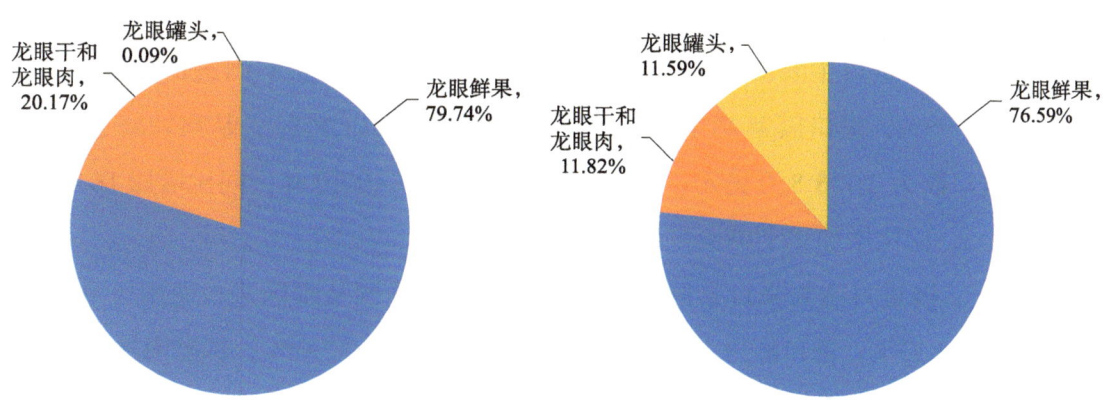

图4　2023年中国各类龙眼产品进口（左）和出口（右）数量占比

（数据来源：中国海关）

2023年，中国龙眼总体贸易格局尚未发生改变，依然是龙眼鲜果以及龙眼干和龙眼肉呈现净进口状况。龙眼罐头贸易仍然保持净出口状况，净出口量较2022年增加345.1吨。

2. 贸易额

2023年，中国龙眼进口总额58 258.9万美元，同比减少19.12%。龙眼鲜果进口额为45 490.1万美元，占总进口额的78.08%；龙眼干和龙眼肉进口额12 700.7万美元，占总进口额的21.80%；龙眼罐头进口额68.01万美元，占总进口额的0.12%。

龙眼出口总额为1 690.4万美元，同比增加14.02%。龙眼鲜果出口额1 118.81万美元，占总出口额的66.19%；龙眼干和龙眼肉出口额442.8万美元，占总出口额的26.19%；龙眼罐头出口额128.8万美元，占总出口额的7.62%（图5）。

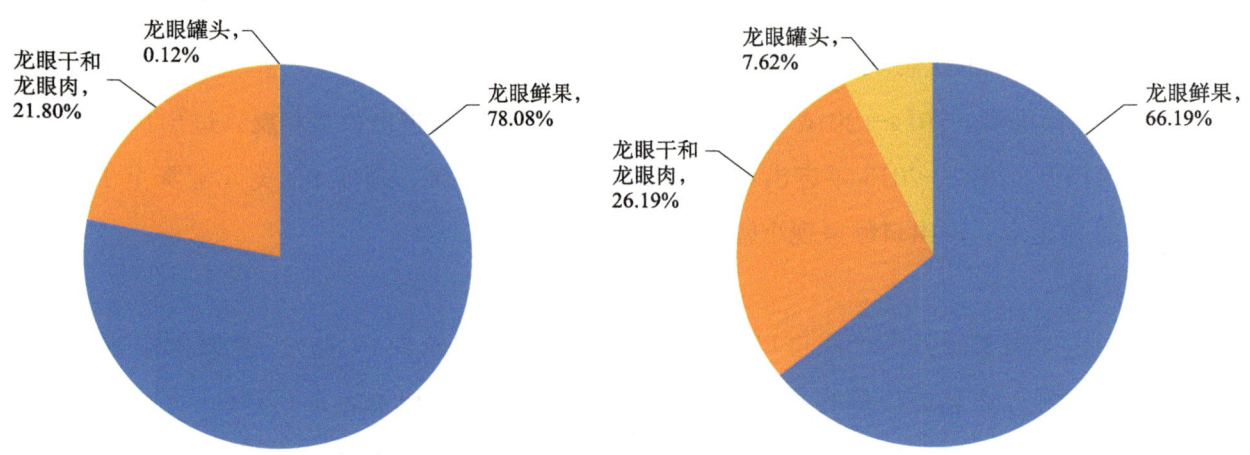

图5　2023年中国龙眼进口金额（左）和出口金额（右）占比

（数据来源：中国海关）

3. 主要进出口国家和地区

（1）主要进口国家和地区

根据中国海关数据显示，泰国、柬埔寨和越南3个国家拥有对中国出口龙眼的市场准入权。2023年中国龙眼鲜果进口主要来自泰国、柬埔寨和越南。其中，从泰国进口龙眼鲜果32.7万吨，同比减少13.95%，进口额为43 123.6万美元，同比减少18.77%；从柬埔寨进口龙眼鲜果16 723.1吨，进口额为2 326.8万美元；从越南进口龙眼鲜果497.0吨，同比增加163.2%，进口额为33.0万美元，同比增加271.0%。

中国龙眼干、肉进口主要来自泰国和越南。2023年，中国从泰国进口龙眼干和龙眼肉8.6万吨，同比减少37.23%，进口额为12 508.8万美元，同比减少32.0%；从越南进口龙眼干和龙眼肉771.2吨，同比下降33.7%；进口额为191.9万美元，同比下降25.94%。

中国龙眼罐头进口主要来自泰国，进口量为376.5吨，同比增加205.8%，进口额为64.8万美元，同比增加306.4%（表2）。

表2　2023年中国龙眼进口数量及金额

产品	贸易伙伴	进口数量（吨）	进口金额（万美元）
龙眼鲜果	泰国	327 191.3	43 123.6
	柬埔寨	16 723.1	2 326.8
	越南	497.0	33.0
龙眼干和龙眼肉	泰国	86 172.7	12 508.8
	越南	771.2	191.9
龙眼罐头	泰国	376.5	64.8
合计		431 731.8	58 248.9

数据来源：中国海关。

（2）主要出口国家和地区

2023年，中国龙眼鲜果主要出口至中国香港、中国澳门、美国、加拿大、俄罗斯，出口量分别占总出口量的72.77%、6.46%、14.92%、5.45%、0.40%，出口额分别占总出口额的72.30%、1.08%、19.05%、7.24%、0.33%（表3）。

表3　2023年中国龙眼鲜果主要出口市场及所占份额

贸易伙伴	金额（美元）	数量（千克）	金额所占市场份额（%）	数量所占市场份额（%）
中国香港	8 083 951	3 558 120	72.30	72.77
中国澳门	121 153	316 175	1.08	6.46
美国	2 130 865	730 135	19.05	14.92
加拿大	810 498	266 728	7.24	5.45
俄罗斯	36 129	19 676	0.33	0.40
合计	11 188 120	4 893 445		

数据来源：中国海关。

中国龙眼干、肉主要出口至中国香港、马来西亚、新加坡、美国、日本、加拿大、澳大利亚、韩国、意大利、荷兰、印度尼西亚，出口量分别占总出口量40.02%、14.56%、13.21%、9.27%、7.13%、5.75%、3.26%、1.92%、1.20%、1.15%、1.07%，出口额分别占总出口额的25.77%、16.66%、12.97%、13.20%、12.03%、7.10%、5.43%、1.11%、0.73%、0.95%、1.16%（表4）。

表4　2023年中国龙眼干和龙眼肉主要出口市场及所占份额

贸易伙伴	金额（美元）	数量（千克）	数量所占市场份额（%）	金额所占市场份额（%）
中国香港	1 140 769	302 167	40.02	25.77
马来西亚	737 805	109 901	14.56	16.66
新加坡	574 387	99 785	13.21	12.97
美国	584 531	70 107	9.27	13.20
日本	532 532	53 854	7.13	12.03
加拿大	314 640	43 411	5.75	7.10
澳大利亚	240 537	24 619	3.26	5.43
韩国	49 120	9 760	1.92	1.11
意大利	32 232	9 050	1.20	0.73
荷兰	41 833	8 693	1.15	0.95
印度尼西亚	51 226	8 082	1.07	1.16
英国	43 335	5 010	0.66	0.98
中国澳门	22 346	4 323	0.57	0.50
智利	12 709	1 560	0.21	0.29
法国	12 650	1 316	0.17	0.29
新西兰	14 392	1 208	0.16	0.33
秘鲁	6 900	600	0.08	0.16
朝鲜	2 800	500	0.07	0.06
德国	3 964	383	0.05	0.09
乌兹别克斯坦	489	180	0.02	0.01
瑞士	3 773	108	0.01	0.09
巴西	1 276	100	0.01	0.03
巴拿马	1 065	80	0.01	0.02
瑞典	887	75	0.01	0.02
比利时	863	71	0.01	0.02
波兰	459	31	0.004	0.01
合计	4 427 520	754 974	100.00	100.00

数据来源：中国海关。

中国龙眼罐头主要出口至马来西亚、文莱、印度尼西亚、意大利、法国、荷兰、澳大利亚、德国，出口量分别占总出口量的38.84%、26.72%、14.20%、5.90%、3.39%、3.11%、2.97%、1.89%，出口额分别占总出口额的37.46%、27.43%、14.89%、5.68%、3.41%、3.13%、

2.87%、1.88%（表5）。

表5　2023年中国龙眼罐头主要出口市场及所占份额

贸易伙伴	数量（千克）	金额（美元）	数量所占市场份额（%）	金额所占市场份额（%）
马来西亚	287 533	482 448	38.84	37.46
文莱	197 847	353 227	26.72	27.43
印度尼西亚	105 139	191 773	14.20	14.89
意大利	43 750	73 211	5.90	5.68
法国	25 120	43 976	3.39	3.41
荷兰	22 998	40 351	3.11	3.13
澳大利亚	21 986	36 926	2.97	2.87
德国	13 975	24 237	1.89	1.88
西班牙	4 083	7 554	0.55	0.59
菲律宾	4 068	7 432	0.55	0.58
秘鲁	4 015	7 550	0.54	0.59
葡萄牙	2 722	5 000	0.37	0.39
加拿大	2 712	5 140	0.37	0.40
法属波利尼西亚	1 688	3 645	0.23	0.28
毛里求斯	1 361	2 800	0.18	0.22
马尔代夫	680	1 300	0.09	0.10
巴西	680	1 305	0.10	0.10
合计	740 357	1 287 875	100%	100%

数据来源：中国海关。

（三）价格情况

1. 年度综合价格变动情况

中国龙眼市场价格监测与分析系统数据显示，2023年广东龙眼产地价格上涨明显，销地零售价有所上涨，批发价则下跌迅速。龙眼综合地头价为8.56元/千克，较2022年同比增长11.60%；综合收购价为10.11元/千克，较2022年同比下降0.39%；综合批发价为9.69元/千克，较2022年同比下降31.52%；综合零售价为42.29元/千克，较2022年同比增长4.73%（表6）。

表6　2022—2023年中国龙眼年度综合价格及变动情况

价格类别	2022年（元/千克）	2023年（元/千克）	变动情况（%）
综合地头价	7.67	8.56	11.60
综合收购价	10.15	10.11	−0.39
综合批发价	14.15	9.69	−31.52
综合零售价	40.38	42.29	4.73

数据来源：中国龙眼市场价格监测与分析系统数据。

2. 主栽品种价格变动情况

中国龙眼市场价格监测与分析系统数据显示，2023年储良的地头价和零售价出现上涨，涨幅分别为7.54%、43.00%，与此相反的是，收购价和批发价出现了较大幅度的下降，降幅分别达到32.30%、34.72%，这一趋势可能反映了市场对储良品种的需求变化以及供应链中的调整。另外，石硖的地头价、收购价和批发价也都出现了较大幅度的下降，分别下降了16.22%、18.24%、52.68%，零售价则出现较大幅度上涨，涨幅为54.00%。除了储良和石硖，福眼、大乌圆和古山二号等品种的地头价也都出现了大幅下降，福眼的地头价下降了27.33%，大乌圆下降了51.54%，古山二号下降了44.53%，这可能是由于市场供应过剩、消费者需求减少或者其他因素导致的（表7）。

表7　2022—2023年中国主栽龙眼品种市场价格年度同比变动情况

品种	地头价变动（%）	收购价变动（%）	批发价变动（%）	零售价变动（%）
储良	7.54	−32.30	−34.72	43.00
石硖	−16.22	−18.24	−52.68	54.00
福眼	−27.33	—	—	—
大乌圆	−51.54	—	—	—
广眼	—	—	—	—
古山二号	−44.53	—	—	—

数据来源：中国龙眼市场价格监测与分析系统数据。

3. 进出口价格变动情况

据中国海关统计数据测算，与2022年相比，2023年龙眼鲜果的进口价格出现了下降，龙眼干和龙眼肉以及龙眼罐头的进口价格出现了上升；2023年鲜龙眼出口价格出现了下降；龙眼干和龙眼肉以及龙眼罐头的出口价格则稍有上涨。2023年龙眼鲜果进口平均价格为1 320.6美元/吨，同比减少5.31%，出口平均价格为2 435.7美元/吨，同比下降1.70%；龙眼干和龙眼肉进口平均价格为 1 460.8 美元/吨，同比增加 7.82%，出口平均价格为 5 864.5 美元/吨，同比上升 11.28%；龙眼罐头进口平均价格为 1 720.4 美元/吨，同比增加 32.77%，出口平均价格为 1 739.5 美元/吨，同比增长 1.005%（图 6）。

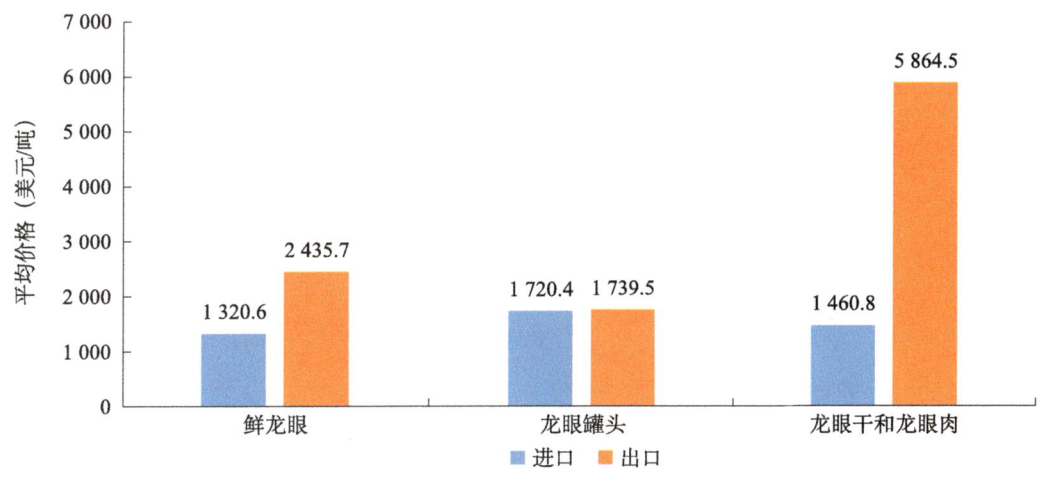

图 6　2023 年中国龙眼产品进出口价格对比

（数据来源：中国海关）

（四）消费及加工情况

我国是全球龙眼消费大国，消费以鲜食为主，约占世界消费总量的 80%。目前，国内的龙眼产量不能完全满足消费需求，部分依赖进口补充。我国龙眼主要进口自泰国和柬埔寨，2023 年我国自泰国和柬埔寨进口的龙眼所占的比例分别为 95.83% 和 3.87%，我国龙眼进出口贸易逆差极为明显，2023 年我国龙眼出口量为 0.64 万吨，约占我国龙眼进口量的 1.48%。

中国龙眼产业规模化、产品系列化正在形成，产品形式以鲜果、龙眼干、龙眼果汁、龙眼酒和龙眼肉干等产品为主。以前，龙眼加工剥壳去核主要是人工操作，人工费用高、出产时间慢，一些好的果肉被剔烂，产品质量得不到保证。茂名新一代龙眼剥壳去核机加工出的成品为灯笼形状果肉，减少了果肉变形、果汁损失，保持果肉高品质，达到了高端龙眼肉产品的要求；该机器使去核率达 98%，去皮率达 95%，果汁损失率小于 3%，鲜果加工速度约 60 千克/小时，相对于传统手工速度提高了约 10 倍。大大提升了生产加工效率和效益，对服务农产品深加工、提升龙眼加工产业链质量和效益起到了重要的引领作用。

传统的龙眼干加工主要以热风干燥为主，存在能耗高，成品色泽差等问题。新型的热泵干燥属于中低温干燥方式，干燥过程物料不变形、不变质、不氧化，干燥彻底，干燥后复水性好，营养成分损失少，储存期长，比传统干燥设备更有效地保护产品的色、香、味、个体形态和有效成分，接近自然干燥，产品质量等级高，无污染，更符合环保卫生要求。

广东茂名丰盛食品公司深耕荔枝与龙眼精深加工领域，开展多元化产品研发，荔枝黄酒、龙眼糕、荔枝糕等新产品已陆续上市。同时，该公司还与当地高校深化产学研合作，借助高校力量提升研发能力，打造"智能化烘干设备"，降低能耗约30%，节约成本约20%，龙眼干产业加工得以降本增效。广东高州市根子柏桥龙眼荔枝专业合作社的8户社员采用了该设备，起到了良好的示范作用。

（五）成本收益情况

2023年龙眼调查共获得储良、石硖、古山二号、大乌圆、广眼、草埔6个品种的投入产出数据。总体来看，2023年龙眼亩均株数为10~30株，其中，草埔的亩均产量、亩均收入、亩均利润在所有品种中最高。除了广眼的亩均产量相比2022年下降、均价相比2022年增长，调查区域其他龙眼品种亩均产量相比2022年均明显增长，均价都出现不同程度的下降。

从亩均产量来看，草埔亩均产量最高，为831.11千克；广眼亩均产量最低，为97.45千克，比2022年减少93.73千克，同比下降49.03%；储良的亩均产量为422.73千克，比2022年增长183.68千克，同比增长76.84%；石硖的亩均产量为273.94千克，比2022年增长24.69千克，同比增长14.50%；古山二号的亩均产量为342.88千克，比2022年增长208.48千克；大乌圆的亩均产量为464.4千克，比2022年增长102.12千克，同比增长62.92%；从亩均收入、亩均利润来看，各品种亩均收入都在1 500元以上，储良、古山二号的亩均收入和亩均利润与2022年相比都有增长，而石硖、大乌圆的亩均收入、亩均利润与2022年相比出现下降情况。具体而言，草埔的亩均收入和亩均利润最高，分别为3 986.44元和3 100.67元；储良的亩均收入和亩均利润位居第二，分别为2 913.29元和1 591.40元，比2022年的2 135.69元和706.59元，增长777.6元和884.81元，分别同比增长36.41%和125.22%。石硖亩均收入和亩均利润与2022年相比出现下降情况，亩均收入和亩均利润分别为1 541.76元和925.2元，相比2022年的2 248.91元和948.42元，分别下降了707.15元和23.22元，同比下降31.44%和2.45%；古山二号的亩均收入和亩均利润比2022年有所增长，分别为2 732.33元和1 417.63元，相比2022年的1 345.9元和1 844.48元，分别增长了1 386.43元和3 262.11元；大乌圆的亩均收入和亩均利润比2022年低，分别为1 629.72元和1 354.75元，与2022年相比分别减少142.71元和97.16元，分别同比下降8.05%和6.69%；广眼的亩均收入比2022年高，为1 788.38元，比2022年增长761.91元，同比增长75.00%，而其亩均利润出现负值，为-21.8元，比2022年减少360.62元。从均价来看，大乌圆均价最高，为6.16元/千克，相比2022年的4.76元/千克，上涨1.40元/千克；广眼的均价最低，为2.00元/千克，相比2022年的2.86元/千克，下降0.86元/千克；储良均价为5.74元/千克，比2022年下降约3.72元/千克；石硖均价为4.34元/千克，比2022年下降约2.64元/千克；草埔均价为4.80元/千克；古山二号为2.72元/千克，比2022年下降约7.10元/千克。

从品种商品率来看，2023年，石硖和大乌圆商品率和2022年差不多，储良、古山二号、广眼的商品率与2022年相比较低。其中，大乌圆的商品率最高，为98.66%；草埔的商品率其次，为99.60%；广眼的商品率最低，为44.12%（表8）。

表8 分品种龙眼投入产出情况

品种	亩均株数（株）	亩均产量（千克）	亩均收入（元）	亩均利润（元）	均价（元/千克）	商品率（%）
储良	16.10	422.73	2 913.29	1 591.4	5.74	51.00
石硖	18.19	273.94	1 541.76	952.2	4.34	95.16
古山二号	16.48	422.73	2 913.29	1 417.63	2.72	81.78
大乌圆	17.48	264.40	1 629.72	1 354.75	6.16	99.60
广眼	29.26	97.45	1 788.38	−21.8	2.00	44.12
草埔	18.41	831.11	3 986.44	3 100.67	4.80	98.66

数据来源：国家荔枝龙眼产业体系产经岗农户调研数据。

（六）各地产业扶持政策

1. 广东茂名：科技赋能、延伸产业链

2023年5月，中国国际热作产业大会暨第七届中国荔枝龙眼产业大会在广东茂名召开，大会以"热作发展好，世界会更好"为主题，旨在通过搭建国际交流平台，提升中国荔枝与龙眼产业的全球竞争力，使其成为全球市场的重要参与者。大会通过视频发布了十大热带作物重大技术成果和热作产业国际合作案例，展示了我国在推动热作产业高质量发展方面的做法和经验。同时，现场的"热作发展成就展"向世界展示了中国热作产业的新成果，强调科技赋能在强化和延伸产业链中的重要作用，推动了互利共赢的发展道路。

2. 广西平南：推动富硒石硖龙眼产业高质量发展

广西是全国龙眼第二大主产区，平南是"中国石硖龙眼之乡"，拥有全国最大的县级石硖龙眼生产基地和全国唯一的中国石硖龙眼母本园，平南石硖龙眼已取得国家农产品地理标志登记，并拥有广西首批农产品区域公用品牌和全国农产品区域公用品牌。平南县95%以上的龙眼实现了初级加工，其中精深加工比例超过31%，精深加工产品有龙眼肉、龙眼干、龙眼酒、龙眼饮料等。2023年"中国农民丰收节"活动在平南县开幕，同期还举办了招商推介、直播带货、特色农产品展示等活动，旨在以龙眼为媒，以对接会搭台，推动富硒石硖龙眼产业高质量发展，扩大"中国石硖龙眼之乡"的影响力和美誉度。活动吸引了来自全国各地的采购商和农业产业相关企业，拓宽了龙眼销路。

近年来，广西大力发展农村冷链、物流等基础设施。近 3 年在荔枝与龙眼等主产区新建地头冷库约 11.7 万米^3，县县有物流配送中心，行政村"快递天天送"。广西还创建了 3 个国家数字农业创新应用基地、40 个数字化产地仓，还开通了面向京津冀、长江三角洲、成渝地区双城经济圈的农产品冷链专列，生鲜农产品可以快速抵达这些主要消费市场。北部湾港航线基本实现了东盟国家及全国主要沿海港口的全覆盖，打通了柑橘、龙眼等优势大宗农产品出桂、出海的快速通道。

3. 海南乐东：发展"种植大户 + 技术 + 农户"模式

海南乐东汉小村紧紧牵住龙眼产业发展"牛鼻子"，因地制宜，多点发力，大力发展储良、石硖等品种，推动小龙眼种出大果园、小产业做出大文章，龙眼成为农民增收的"致富果"，汉小村因种植龙眼走上了一条"甜蜜"致富路。汉小村村民依托"种植大户 + 技术 + 农户"的发展模式，在龙眼产业上下功夫，从开花开始为龙眼种植大户提供技术支持和详尽的指导。村民还探索了有机种植、冷链物流等技术，提高龙眼品质，扩大了影响，打开了销路。

4. 四川泸州：推进龙眼良种高换，建设示范园区

泸州是我国荔枝与龙眼高纬度商品栽培最北缘地区，具有明显的晚熟优势。泸州已对 1.5 万亩龙眼进行良种高换，其中泸县改良面积最多。2019—2023 年，泸州已连续 5 年开展龙眼良种高换工作。近年龙眼良种高换的成效明显：一是采收期延长，通过早中晚熟品种搭配，龙眼成熟期可从 8 月延长到 11 月中下旬。二是价格提升，进行良种高换的宝石 1 号、翠香、秋香等龙眼新品种，2022 年每千克售价达 20 元以上，且供不应求。泸州还计划通过龙眼种质资源圃建设、品种结构调整、新技术推广示范、标准化示范园建设等，不断提升全市龙眼产业发展水平，打造一批品质优良、高产稳产、经济效益显著的龙眼品种改良示范园，实现农旅融合。

（七）科技成果及转化情况

1. 福建福清龙眼科技小院：科技成果转化实践

福清龙眼科技小院致力于打造"小院龙眼"品牌，推广包括松风本、九月乌、友谊106、立冬本、冬宝九号、宝石一号等优质龙眼品种。通过现代科技手段和标准化管理流程，小院指导果农种植高质量的龙眼，旨在提升产品标准和质量。随着示范区面积的扩大，龙眼产业得到升级，更多果农从中受益。科技小院模式整合了涉农院校、科研院所、企业等资源，实现了产学研政的紧密结合。福建农林大学的赖钟雄和林玉玲教授带领团队在小院开展 5 个研究课题，并申请了 2 项专利。福建梦田小镇农业科技公司为示范区果农提供了全流程支持，包括 1 万多件"小院龙眼"新包装盒，以及从采摘到销售的质量控制。2023 年，福清龙眼科技小院在全国科普日暨第一届科技龙眼节活动启动仪式上推出科技助农计划。联合物流、检测、生产加工、电商、金融、

保险等行业企业为果农提供从管理到销售的一站式服务，解决果农"优质增产不增收"的困境，带动果农致富，并把福清龙眼科技小院的助农模式推广至全国。同年，示范区的成员增至5个，涉及230户农户，5个示范区累计产出100万千克优质龙眼，果品质量超越以往，展现了科技小院模式在推动农业现代化和果农增收方面的显著成效。

2. 海南龙眼：科技助力增产提质

2023年度海南省科学技术奖提名公示中，优化催花方法和龙眼保果剂的研发成为突出的科技成果。这些技术的应用显著提升了龙眼的产量和品质，有效降低了采前落果现象。优化催花技术基于对龙眼生长周期和生理需求的深入研究，通过地面施用氯酸钾结合叶面喷施，并在首次施药后7~10天进行第二次施药，提高催花的整齐度和花芽比例。用40%乙烯利、15%多效唑等药剂喷施树冠可以有效挽救冲梢，提升花芽比例。一系列的栽培技术优化，提高了催花效率，降低了催花成本。同时，龙眼保果剂结合果树环剥技术，进一步减少了采前落果，保障了果实的稳定产出。筛选出对氯酸钾诱导较敏感的宝石1号品种，成为海南省农业的主推技术，并与农技推广部门合作进行推广，覆盖了近4万亩的种植面积，创造了近3 000万元的产值，显著提高了果农的经济收益，并确保了龙眼果实的高品质。

3. 龙眼退糖机制延长挂果时间

广东省农业科学院果树研究所在龙眼退糖机制研究方面取得新进展。该团队通过对不同发育时期龙眼果肉转录组、代谢组联合分析，发现糖酵解途径相关基因在果实开始成熟时表达量已经较高，并在糖含量维持和退糖阶段依然保持较高表达水平，而UDP-glucose呈减少趋势，向纤维素转化。同时，推测出叶片合成的糖在糖积累阶段通过糖转运蛋白转运到果肉中，在糖积累到一定程度后，形成负反馈调节，降低蔗糖转运蛋白相关基因表达，停止蔗糖继续转运到果肉，输入中断，但糖消耗依然持续保持在较高水平，从而导致蔗糖含量骤降，发生退糖现象。研究团队从蔗糖转运的角度探讨龙眼退糖现象的分子机制，为实现调控龙眼退糖，延长果实挂树时间提供理论依据。

4. 微生物制剂抑制龙眼病虫害

在现代农业生产中，微生物制剂的应用为龙眼种植带来了一系列生态友好且高效的解决方案。拮抗菌如枯草芽孢杆菌（*Bacillus subtilis*）的使用，能够有效预防和控制龙眼根部病害；在害虫防控方面，白僵菌（*Beauveria bassiana*）等真菌制剂能够针对性地消灭龙眼果实蝇、蚜虫等害虫，通过侵入害虫体内消耗其营养，最终使害虫死亡，从而减轻害虫对龙眼的威胁；针对叶部病害，铜绿微孢菌（*Metarhizium anisopliae*）等微生物制剂可以有效地控制叶斑病、霜霉病等，通过阻止病原菌的生长来保护植物叶片的健康；根际促生菌不仅能够抑制土传病害，还能促进植物生长，增强植物的整体健康和抵抗力；固氮菌可以显著改善土壤结构，增加土壤中的有机质含量，提高土壤肥力，为龙眼的健康生长创造了更加良好的土壤环境。这些微生物制剂的应用，有效提高了龙眼的产量和品质，推动农业生产向更加绿色和可持续的方向发展。

三、中国龙眼产业发展特点

（一）总产量、总产值均有所增长

2023年中国龙眼总产量为220.3万吨，同比增加9.3%。海南、贵州、福建、广西、广东、四川产区产量均上升显著，增幅分别为1.0%、1.4%、3.9%、9.9%、10.6%、17.9%；而云南产区产量则有所下降，降幅为12.6%。

2023年中国龙眼总产值为151.1亿元，同比增加11.8%。海南、广东、广西、福建、四川产区产值均显著上升，增幅分别为26.1%、9.7%、9.9%、55.8%、16.8%；而云南、贵州产区产值则有所下降，降幅分别为2.5%、2.3%。

（二）销地价格上涨幅度高于产地价格

中国龙眼市场价格监测与分析系统数据显示，2023年龙眼产地价格和销地零售价呈上涨趋势，而收购价和批发价略有下跌。龙眼综合地头价为8.56元/千克，同比增长11.60%；综合收购价为10.11元/千克，同比下降0.39%；综合批发价为9.69元/千克，同比减少31.52%；综合零售价为45.29元/千克，同比增长12.16%。综合来看，龙眼的价格在2023年较2022年在不同环节有所变化。综合地头价有所增长，但批发价和零售价则出现了不同程度的下降和增长。这些变化可能受到市场需求、供应量以及运输成本等多重因素的影响。

（三）进口远大于出口，但进口总额同比减少，出口总额同比增加

2023年中国龙眼进口总额58 258.9万美元，同比减少19.12%。龙眼鲜果进口额为45 490.2万美元，同比减少14.76%；龙眼干和龙眼肉进口额12 700.7万美元，同比减少31.91%；龙眼罐头进口额68.01万美元，同比增加325.06%。龙眼出口总额为1 690.4万美元，同比增加14.02%。龙眼鲜果1 118.8万美元，同比增加42.56%；龙眼干和龙眼肉出口额442.8万美元，同比减少18.47%；龙眼罐头出口额128.8万美元，同比减少20.11%。

四、中国龙眼产业存在的主要问题

（一）品种单一和品质不稳定

中国龙眼产业主要依赖几个传统品种，如储良、糯米糍等，这些品种虽然受到市场的欢迎，但单一的品种结构限制了市场的多样性需求。此外，由于种植技术和管理水平的差异，同一品种

在不同地区或不同管理方式下的果实品质存在较大波动，这影响了消费者的购买体验和龙眼产品的市场竞争力。

（二）产后处理和保鲜技术落后

龙眼是一种易腐烂的水果，对保鲜和运输要求较高。然而，当前中国龙眼产业在产后处理和保鲜技术方面相对落后，缺乏有效的保鲜处理方法和设施，导致龙眼在采后贮运过程中损耗较大，影响了产品的市场竞争力和果农的收益。

（三）市场开拓和品牌建设不足

尽管中国是世界上最大的龙眼生产国，但在国际市场上，中国龙眼的知名度和影响力相对较低。国内外市场对龙眼的认知度有限，品牌建设和市场开拓工作不足，限制了龙眼产品的市场扩张。

五、产业发展建议

（一）优化品种结构

国家荔枝龙眼产业技术体系近年来研发了很多新品种，如宝石1号、高宝、福晚8号、福晚9号、脆蜜等，获得果农的良好反响，正在通过高接换种等方式积极推广。发挥种业的关键作用，按照早熟更早、迟熟更迟、中熟更优和丰产稳产兼顾的原则，利用好国家种质资源圃的资源进行品种改良，提高优质品种率，拉长上市期限。

（二）强化科技支撑

坚持科技赋能，建设一批标准化果园，实现智能化、数字化管理；继续推进龙眼保鲜科研攻关工作，完善冷链物流网络体系；深入开展龙眼精深加工关键技术与装备研究，不断延伸产业链、提升价值链；突破果园作业装备的技术应用瓶颈，有效引导种植户转变生产经营方式、主动采用果园农机，推动产业发展能力提升；集成全链条保鲜技术方案，从品种与产地、生产管理与品质提升、采后保鲜新材料新装备和新技术等角度，为各类用户提供龙眼保鲜的科技支撑和技术服务。

（三）加强品牌建设

加强龙眼品牌建设，提升产品的市场认知度。积极参与国际食品展会，拓展国际市场，建立稳定的出口渠道。以龙眼区域公用品牌打造为抓手，推动构建龙眼精品品牌体系，开展形式多样的产销对接活动，增强产业市场竞争力，提升"土特产"的资源价值，实现多方共赢。以地理标志和区域公用品牌的打造为核心，塑造具有地域特色的龙眼品牌形象。通过注册地理标志产品，强化产地与品牌的关联，提高消费者对产地龙眼品质的认知和信赖。运用现代营销手段，如互联网、社交媒体、电子商务平台等，加大龙眼品牌的宣传力度，提高品牌的知名度和美誉度。举办各种形式的产销对接活动，如龙眼节、品鉴会、农产品交易会等，促进产地与销地的直接沟通和交流，缩短供应链，提高效率。推动龙眼产业链上下游企业的协同合作，从种植、加工到销售每一个环节都注重品质控制和品牌塑造，共同打造精品龙眼品牌体系，提升整个产业链的价值。

2023年香（大）蕉产业发展报告

香（大）蕉是世界上出口量最大的新鲜水果，产业经济价值上千亿美元，是世界上最重要的水果之一，还是发展中国家成千上万农村家庭的重要收入来源。2023年主要出口国哥伦比亚、菲律宾等受自然灾害（大雨、热带风暴等恶劣天气）和香蕉枯萎病持续蔓延双重影响，全球香（大）蕉出口供给不足，进口市场需求强劲。国内香（大）蕉种植面积基本稳定，产量小幅下滑。预计2024年香（大）蕉有可能出现供小于求，价格将较2023年小幅上涨。建议通过选用抗性品种、减施化肥农药、加强基础设施建设等途径来稳定及提升种植效益。

一、世界香（大）蕉产业概况

（一）生产情况

据联合国粮食及农业组织（FAO）统计，2022年，全球香（大）蕉收获面积为1.9亿亩，同比增长4.40%。其中，前五位主产国的收获面积分别为：乌干达3 526.5万亩，刚果（金）1 952.1万亩，印度1 444.5万亩，坦桑尼亚974.9万亩，科特迪瓦842.0万亩，分别占世界总量的18.56%、10.27%、7.60%、5.13%、4.43%。

2022年，全球香（大）蕉总产量为1.79亿吨，同比增长5.29%。其中，印度产量3 452.8万吨、中国1 177.7万吨、乌干达1 044.1万吨、印度尼西亚924.5万吨、菲律宾901.3万吨，分别占世界总产量的19.29%、6.58%、5.83%、5.16%和5.04%（图1）。世界香（大）蕉平均单产942.1千克/亩，其中，香蕉平均单产1 516.4千克/亩，同比减少2.87%，大蕉平均单产437.1千克/亩，同比减少1.73%。世界香蕉单产最高的国家为土耳其，达4 681千克/亩，大蕉单产最高的国家为圣文森特和格林纳丁斯，达2 514千克/亩。

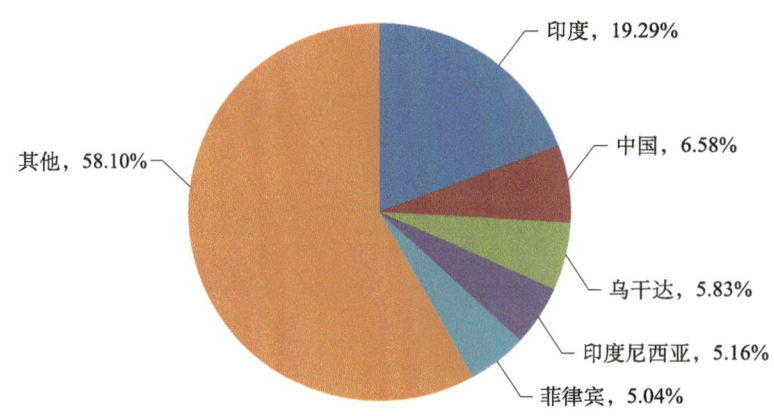

图1　2023年世界香（大）蕉主产国产量占比情况

（二）贸易情况

1. 进出口贸易量

据联合国商品贸易统计数据库（Un Comtrade）统计，2014—2023年全球香（大）蕉进出口量总体呈现先升后降的发展趋势，并于2018年达到峰值。2023年自然灾害、香蕉枯萎病蔓延以及地缘政治危机，导致香（大）蕉供小于求且贸易成本增加，进出口量大幅下降（图2）。

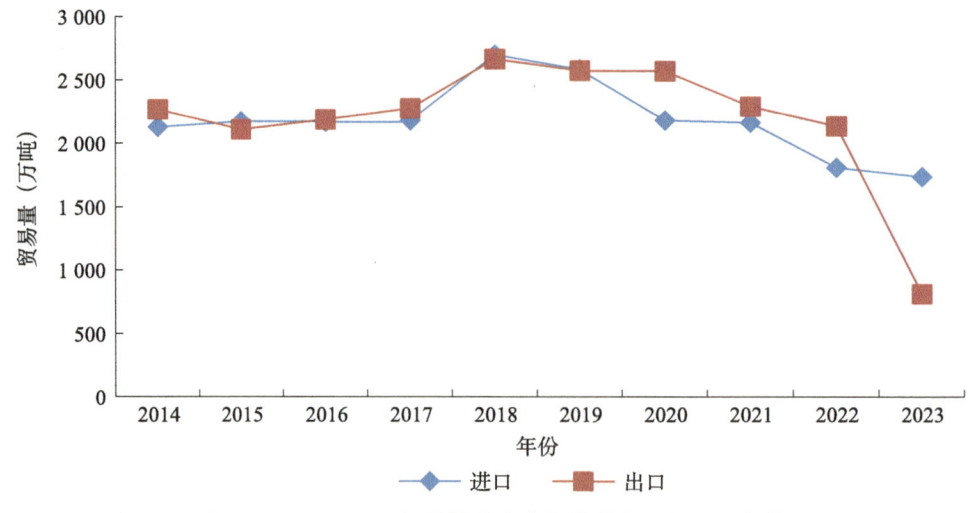

图2　2014—2023年世界香（大）蕉进出口贸易量走势

（数据来源：Un Comtrade数据库）

2. 出口情况

据联合国商品贸易统计数据库（Un Comtrade）统计，2023年，世界香（大）蕉出口总量为811.6万吨、出口总额52.2亿美元，同比分别减少62.00%和54.65%。其中，危地马拉280.9万吨、菲律宾139.8万吨、荷兰86.8万吨、美国58.8万吨、墨西哥40.0万吨，分别占34.61%、17.23%、10.69%、7.24%和4.93%，合计占世界出口总量的74.70%（图3）。

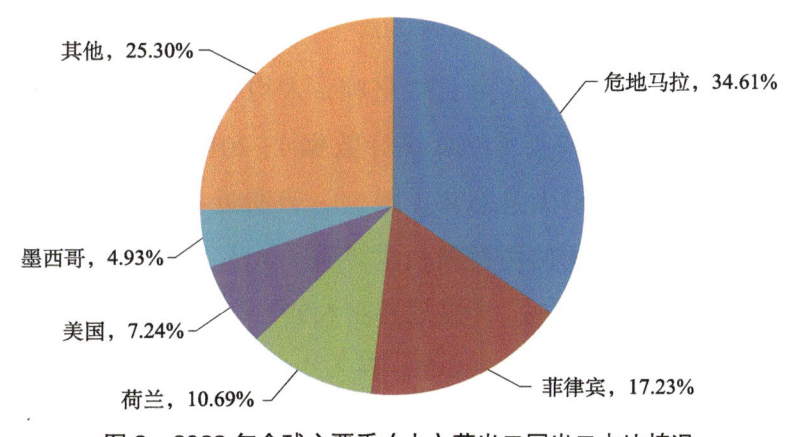

图 3　2023 年全球主要香（大）蕉出口国出口占比情况

（数据来源：Un Comtrade）

3. 进口情况

据 Un Comtrade 统计，2023 年，世界香（大）蕉进口总量为 1 414 万吨，同比减少 18.61%。进口总额为 113.4 亿美元，同比下降 12.77%。其中，主要进口国分别为美国、中国、德国、荷兰和日本，进口量分别为 465.3 万吨、176.8 万吨、136.0 万吨、105.4 万吨、103.3 万吨，分别占世界进口总量的 32.91%、12.5%、9.62%、7.45% 和 7.31%，合计占世界进口总量的 56.80%（图 4）。

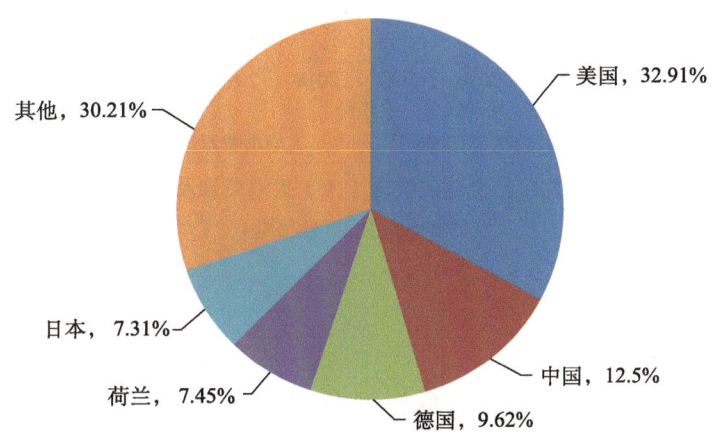

图 4　2023 年全球主要香（大）蕉进口国进口占比情况

（数据来源：Un Comtrade）

（三）价格情况

2023 年，全球香（大）蕉出口平均价格为 643.2 美元 / 吨，同比上涨 19.35%，进口平均价格为 802.0 美元 / 吨，同比增长 7.19%。主要由于自然灾害及香蕉枯萎病蔓延导致香（大）蕉供给量下降，价格上涨。

（四）消费情况

2022年，世界香（大）蕉消费总量为1.33亿吨，人均香（大）蕉消费量为16.7千克，较2021年（15.6千克/人）有小幅增长（FAO统计数据）；2013—2022年，全球香（大）蕉消费总量与人均消费量均呈先下降后上升态势（图5），表明近年来香（大）蕉整体需求反弹并强劲增长。主要香（大）蕉消费国的消费量占世界香（大）蕉消费总量的比例依次为：印度25.67%、中国10.19%、乌干达7.84%、印度尼西亚6.93%、巴西5.09%、菲律宾5.04%、安哥拉3.43%、美国3.30%，共计占总量的67.49%。在人均消费量方面，卢旺达（231.2千克/人）、乌干达（227.6千克/人）、安哥拉（132.7千克/人）、坦桑尼亚（65.0千克/人）等以香（大）蕉为主粮的非洲国家仍位居世界前列。

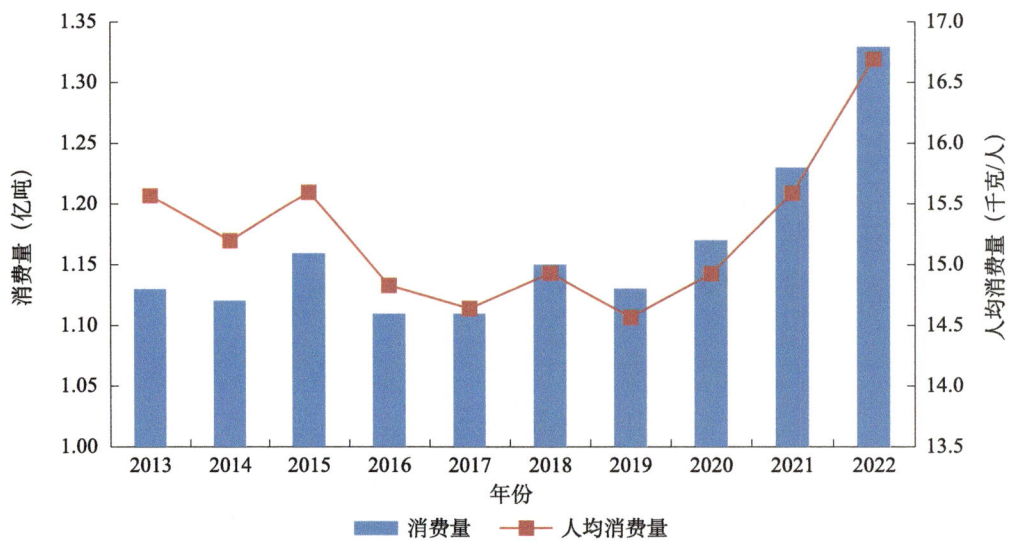

图5 2013—2022年全球主要香（大）蕉消费量及人均消费量情况

（数据来源：FAO数据库）

（五）成本收益情况

2023年，由于通货膨胀及地缘政治危机对货运的影响导致全球农业生产资料价格一定程度上涨（如2023年国际化肥参考价格上涨13%），全球香（大）蕉的生产成本随之小幅上涨。具体来讲，印度作为最大生产国，其香蕉单产高（在五大主产国中仅次于印度尼西亚，达2.39吨/亩），土地、人工、生产资料等生产成本低，约3 700元/亩，主要在国内消费，少量出口到国外，经济效益高于中国。由于气候适宜，印度香（大）蕉一年四季均可栽培，境内河流众多，且土壤有机质含量丰富，单产较中国高。人工成本较低，每人每月工资500～1 000元；肥料等生产资料价格低廉，其农药、化肥成本约为中国的50%。作为第三大香（大）蕉生产国，乌干达人工成本低（每人每月工资200～500元），加上气候适宜香（大）蕉生长，生产成本低于中国。乌干达香（大）蕉均为小农户在自家土地上种植，无地租，不用缴纳农业税，人工成本远低于中国，病虫害防治成本和肥料成本也较低，因此销售价格低于中国。据估计，乌干达香（大）蕉的平均投入成本是中国的1/3左右。第四、第五大香（大）蕉生产国印度尼西亚、菲律宾的人工成本、地租等投入也较中国低，其香（大）蕉生产成本为中国的1/3~1/2。

（六）主要国家产业扶持政策

1. 印度

印度农业和加工食品出口发展局（APEDA）制定了海上协议，旨在简化出口流程，确保香蕉等新鲜农产品高效运输到目标市场，并最大限度地降低物流成本，从而增强印度在全球市场的影响力。此外，印度农业和加工食品出口发展局推行了一区一产品（ODOP）、地理标志产品（GI）、非传统领域助推出口等计划，致力于将其出口产品（如香蕉等）拓展至203个国家和地区，并积极实现出口农产品多元化。

2. 菲律宾

菲律宾与韩国签署了自由贸易协定，其出口到韩国的香蕉关税被免除。2023年，中国与菲律宾政府合作推动一项香蕉产业扶贫项目，该项目由中方倡议并提供支持，与达沃市政府和第三方商户合作，由中方向100家偏远地区农户免费提供香蕉苗、肥料和农药等，并协调当地政府派遣农业技术人员提供指导，合作商户统一收购，通过既有渠道把香蕉加工产品出口到中国市场，帮助农户实现脱贫。

3. 厄瓜多尔

厄瓜多尔香蕉出口商协会（AEBE）于2023年10月举行了Banana Time 2023（第二十届）国际大会。大会主题重点关注可持续发展、安全、植物检疫保护、国际市场生产和消费趋势、劳资关系以及2024年业务预期业绩，研讨了厄尔尼诺和拉尼娜气候现象对厄瓜多尔香蕉产业的影响，以及减少香蕉生产中碳足迹和用水量的举措，旨在通过会议促进香蕉产品出口销售。

4. 澳大利亚

为控制香蕉枯萎病在澳大利亚和新西兰的蔓延，由昆士兰科技大学牵头提出允许销售和开发转基因香蕉QCAV-4加工食品的倡议，已获得澳大利亚—新西兰食品标准局（FSANZ）的批准。该转基因香蕉获得商业批准，将为全球防控香蕉枯萎病营造更加良好的政策环境。

（七）最新科技进展

在种质资源和品种选育方面，科学家对香蕉栽培品种A基因组的起源和演化研究取得新进展，最新系统进化和系统地理学的研究结果认为，Burmannica亚种首先分化出来，然后通过马来半岛扩散至爪哇岛，接着扩散至新几内亚岛，最后又回到印度—马来地区（Indo-Malayan region）的南部；有学者对几个代表性的AAA和AAB品种进行了全基因组测序和精确组装，结果显示，亚基因组 A 经历了极其复杂的杂交过程，而亚基因组 B 是几乎同质的；对于 Plantain 品种类型，Banksii 对 A 基因组的贡献度高达 85.54%，Malaccensis 和 Zebrina 分别为 5.07% 和 3.11%；对于 Silk 品种类型，Malaccensis 对 A 基因组的贡献最多、达到 59.86%，Banksii 和 Zebrina 分别贡献 29.22% 和 9.55%，AAA 品种类型（香牙蕉和大蜜舍）的基因组组装结果明确了 3 个亚基因组 *Ban*、*Dh* 和 *Ze* 主要来源于 Banksii、Malaccensis 和 Zebrina。此外，还发现 AAA 栽培种在香蕉果实成熟调控和抗病基因分布等方面呈现一定程度的亚基因组优势，品质等性状与 *Ban* 关联性较大，*Ze* 亚基因组分布更多抗病基因，可能贡献了较多的抗性；科学家还研究发现，不同的 A 与 B 亚基因组的多次同源交换事件（至少 9 次）可能是造成香蕉 ABB 品种类型多样性的重要原因；在印度马哈拉施特拉邦，Rise n' Shine Biotech Private Limited 利用组织培养技术选育出了命名为异域蓝爪（Blue Java）香蕉植株，并将于 2024 年采收，据预测将有较好的市场前景。该香蕉品种起源于东南亚，也因味道类似香草冰激凌而被称为香草香蕉。该香蕉品种具有促进肌肉再生、调节血糖水平、促进减肥、减少失眠、帮助消化、预防癌症和保护心脏健康等功能。

在病虫害防控方面，A Banana Company（A-BC）正在与瓦赫宁根大学研究中心（WUR）合作研发了一个香蕉枯萎病综合防控方案，该方案提出以基质种植香蕉可保护香蕉根部不受病害侵害；同时，运用大数据和人工智能驱动的灌溉系统进行精准浇水和养分管理、控制。运用该方案，'卡文迪什'等香蕉品种在发病重灾区能够恢复正常生长，且能够节约 70% 用水量，减少 90% 化学品用量，还能够提高 30% 的平均产量。

在副产物开发利用方面，巴西圣玛丽亚联邦大学研究揭示，将香蕉皮（BP）和甘薯藤（SPV）混合物作为兔子饲料，将比传统饲料（如玉米和苜蓿干草）更加便宜，可使养兔成本降低 57%，每只兔子的利润率增加 32.55%，而且不影响兔子的销售价格，同时，使用香蕉皮等农业副产品作为动物饲料可以降低成本和改善生态环境。厄瓜多尔科学家成功利用香蕉叶生产出细菌纳米纤维素。研究人员还利用香蕉、米糠油、椰子油、葵花油成功制备香蕉淀粉—脂质复合物，这些淀粉颗粒与醇类、脂类、酚类物质等形成的络合物，将为改性淀粉的应用开辟新的途径。

二、中国香（大）蕉产业基本情况

（一）生产情况

中国香（大）蕉产业在 2023 年受整体消费需求持续推动、价格上涨影响，种植面积小幅回升，而产量受 2022 年种植面积减少的影响有小幅下滑。据农业农村部农垦局统计，2023 年，中国香（大）蕉种植面积为481.1万亩，同比减少1.90%。其中，广东种植面积159.5万亩、广西119.2万亩、云南113.8万亩、海南52.8万亩、福建18.8万亩，分别占全国总面积的33.15%、24.78%、23.65%、10.97%和3.91%，贵州、四川、西藏也有少量种植，分别为13.9万亩、2.9万亩、0.1万亩（图6）。

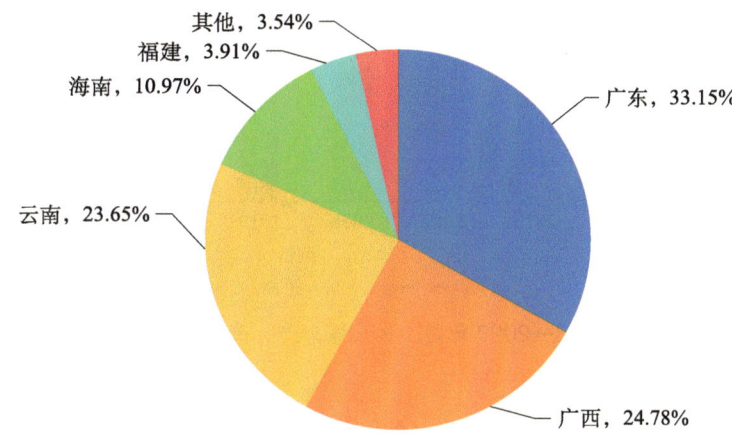

图6　2023年中国各主产区香（大）蕉种植面积在全国占比情况

（数据来源：农业农村部统计资料）

2023年，全国香（大）蕉总产量为1 170.3万吨，同比减少0.60%（图7）。其中，广东产量478.3万吨、广西302.0万吨、云南208.5万吨、海南117.7万吨、福建50.8万吨，分别占全国总产量的40.87%、26.42%、17.26%、9.88%和3.99%，贵州、四川、西藏也有少量生产，分别为9.1万吨、3.6万吨、0.1万吨。

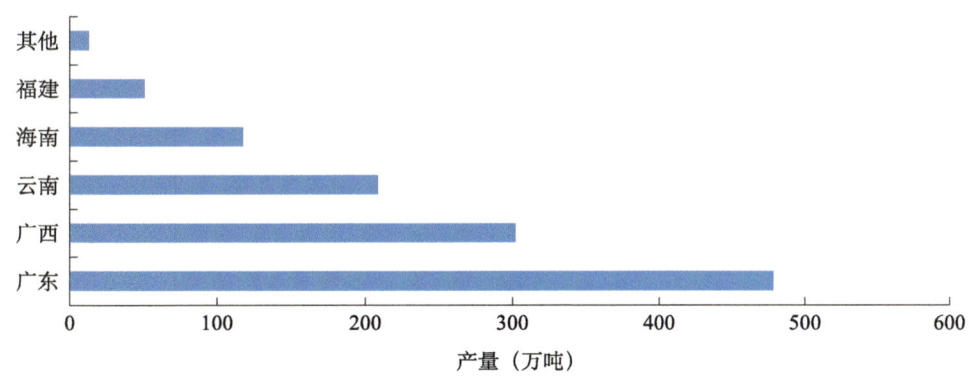

图7　2023年中国各产区香（大）蕉产量情况

（数据来源：农业农村部统计资料）

在科技进步和产业政策协同促进下，我国香（大）蕉产业单产呈稳定上升态势，产值总体呈波动性上升（图8）。2023年，全国平均单产2 826.9千克/亩，同比增长7.95%，主要是除海南外其他产区单产均增长所致。其中，广东单产为3 462.4千克/亩，广西为2 772.0千克/亩，福建为2 748.0千克/亩，海南为2 441.2千克/亩，云南为2 399.8千克/亩，四川为2 749.3千克/亩，贵州为 765.4 千克 / 亩，西藏为 633.2 千克 / 亩。

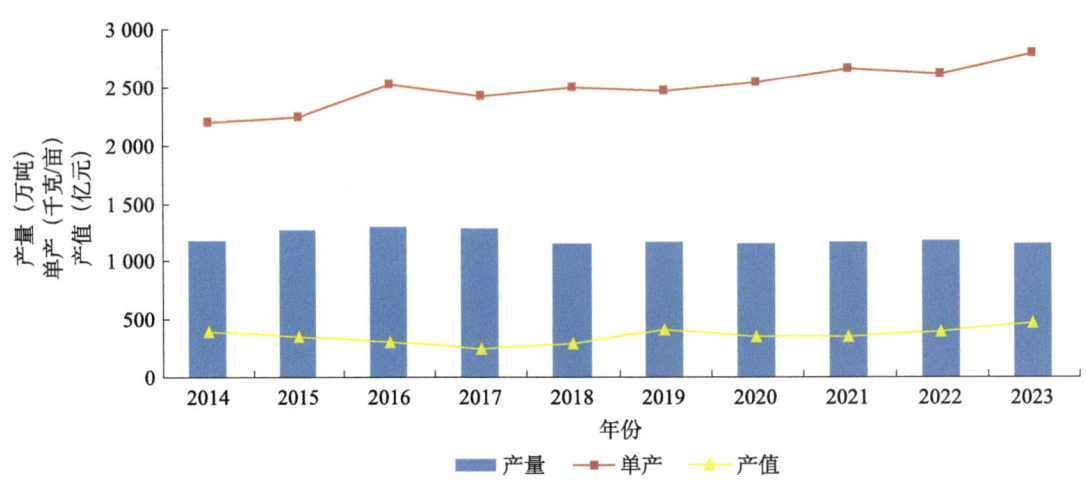

图 8　2013—2023 年香（大）蕉单产、产量及产值走势

（二）贸易情况

据海关统计，近年来中国均为香（大）蕉贸易净进口国。2023 年，中国国产香蕉产量与质量均有所提升，国内外市场对国产香蕉认可度提升，中国对国外香蕉进口量有小幅减少，出口量同比有大幅度的增长。

2023 年，中国香蕉进口量 176.8 万吨、进口额 75.7 亿元，分别同比减少 2.32%、下降 1.2%；大蕉进口量 40.5 吨、进口额 26.5 万元。香蕉出口量 2.6 万吨、出口额 2.0 亿元，分别同比增长 18.18%、17.65%，无大蕉出口。2023 年进口量、进口额以 3 月最高，这是由于国产蕉还未能大量上市，促进了香（大）蕉进口。出口量、出口额均以 12 月为最高，50% 是从广东口岸出口（图 9 和图 10）。

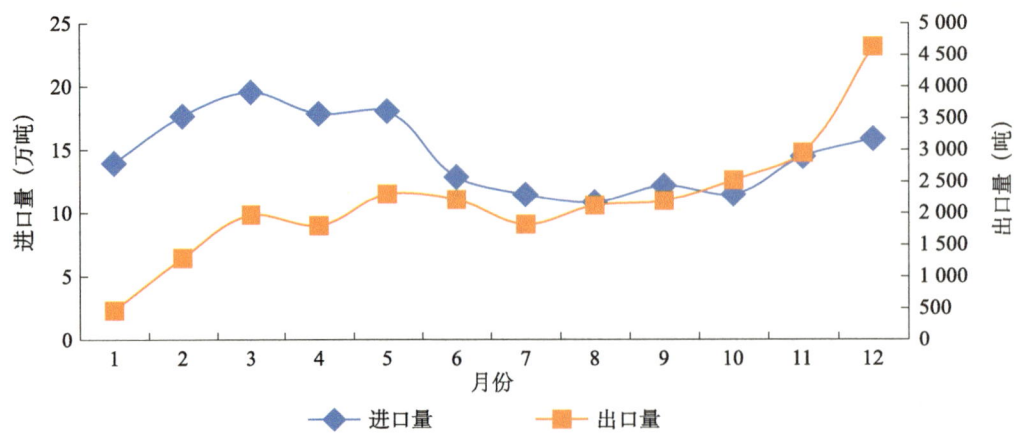

图 9　2023 年中国 1—12 月香（大）蕉进出口量变化趋势

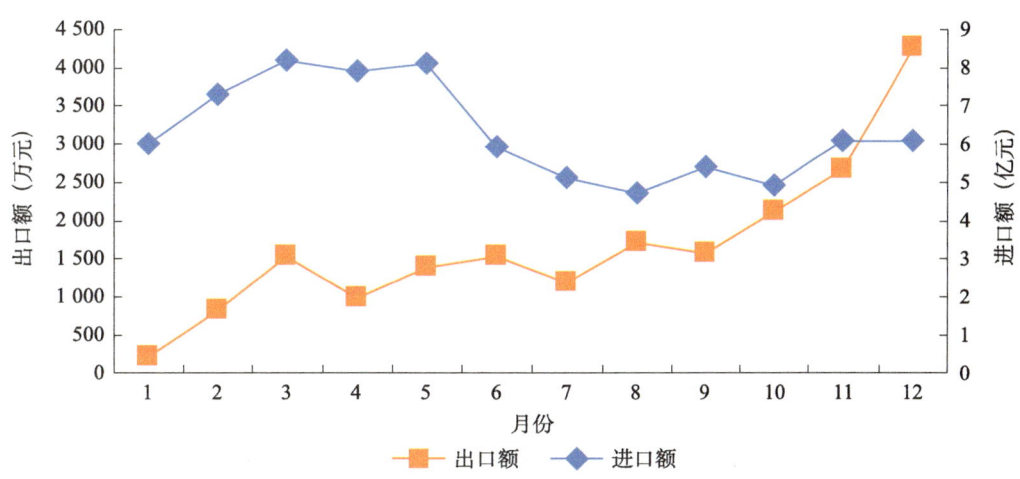

图10 2023年中国1—12月香（大）蕉进出口额变化趋势

2023年，中国香（大）蕉主要进口国为菲律宾、越南、厄瓜多尔、柬埔寨和老挝，进口量分别为68.6万吨、50.6万吨、26.6万吨、26.3万吨、3.4万吨。中国与厄瓜多尔于2023年签署了自由贸易协定，香蕉输华实现零关税，预计从厄瓜多尔进口的香（大）蕉数量将大增，而菲律宾香蕉则因香蕉枯萎病减产、成本上涨等因素导致价格攀升，进而致使其出口到中国的数量减少；中国香（大）蕉出口国家和地区从2022年的18个增加到2023年的25个，主要出口国是蒙古国、俄罗斯、朝鲜，出口量分别为5 645.5吨、2 884.8吨、1 226.5吨，主要出口地区是中国香港（1.3万吨）、中国澳门（3 094.3吨）。

（三）价格情况

受2023年香（大）蕉种植面积减少的影响，中国香（大）蕉主产区产量小幅下滑，再加上国外香（大）蕉主产国和主要出口国（如厄瓜多尔、菲律宾）受厄尔尼诺等极端天气和香蕉枯萎病等影响出口量下降，国内香（大）蕉需大于供，批发市场价格走高。全国农产品批发市场平均价格6.3元/千克，同比上涨6.78%。各产区因气候有利于香（大）蕉生长，再加上物流改善，果品质量有所提高，产地综合平均价格达2.7元/千克，同比上涨3.85%。从月度价格看，国内香（大）蕉销区市场平均价格波动较为平缓，7月价格最高，达6.8元/千克，12月价格最低，为5.8元/千克。主产区香（大）蕉综合平均价格上半年明显比下半年高，2月为全年平均价格最高点，达3.4元/千克，随后下降，在8月达到全年最低点，为1.8元/千克，之后开始缓慢回升到10月的2.7元/千克，随后又开始下滑到12月的2.1元/千克，这与下半年香（大）蕉大量上市、供大于求有关（图11和图12）。

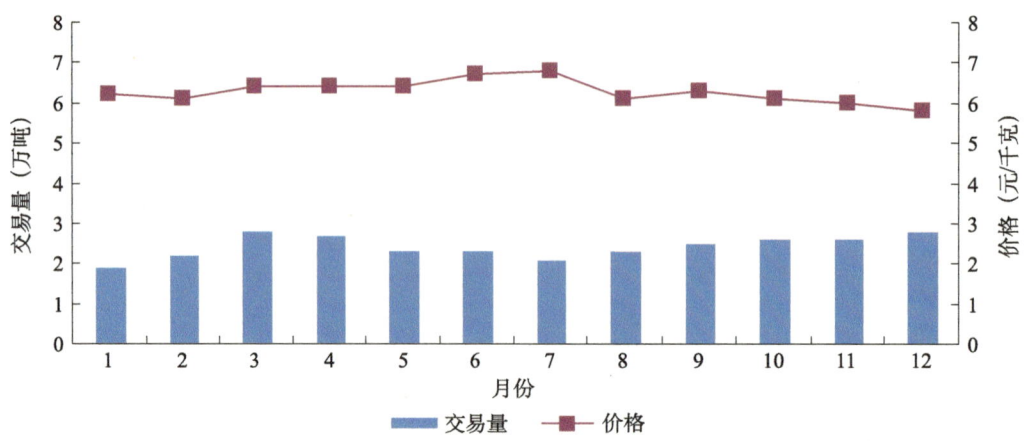

图 11　2023 年中国香（大）蕉批发市场 1—12 月平均价格及月交易量走势
（数据来源：农业农村部网站）

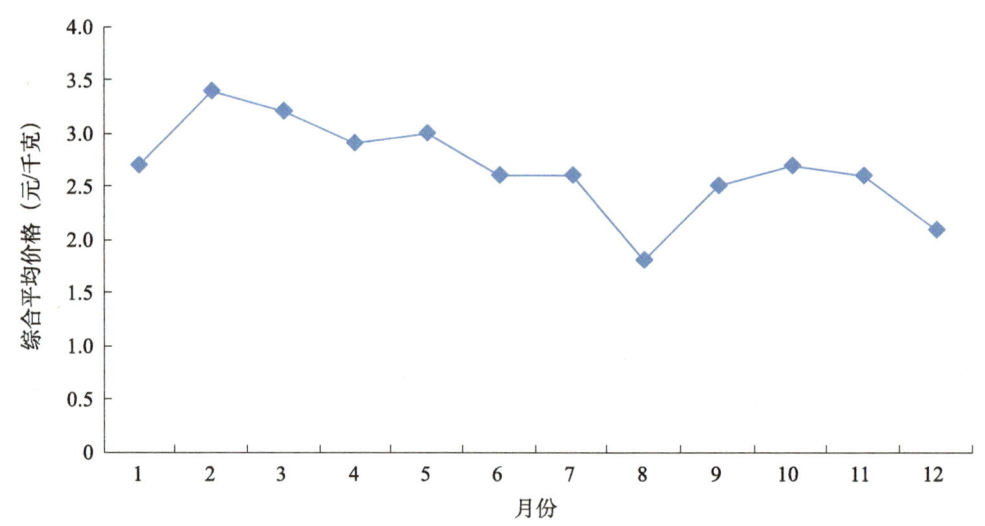

图 12　2023 年中国香（大）蕉主产区 1—12 月产地综合平均价格走势
（数据来源：农业农村部网站）

上述分析显示，香（大）蕉产地价格与销地价格均出现上涨，且销地价格上涨的幅度高于产地价格上涨的幅度。2023 年，香（大）蕉的全国农产品批发市场平均价格同比上涨了 6.78%，产地综合平均价格同比上涨了 3.85%，表现出市场对国产香蕉仍有较大需求。

（四）消费及加工情况

目前，全球香蕉仍以鲜食为主，大蕉主要作为粮食，而且在加工产品中主要以初加工产品为主，深加工产品较少。2023 年，中国香（大）蕉消费总量为 1 344.5 万吨，人均香（大）蕉消费量为 9.5 千克（2023 年中国总人口 14.1 亿人），较 2022 年（9.6 千克/人）略有减少。

在香（大）蕉销售环节，小农户仍以地头交易为主，新农民则以电商、直播带货、农超对接等形式销售产品；上规模的香蕉企业，主要是将其产品直供给百果园、都乐、上海佳农等下游果商，通过与国内知名果商合作打造本土品牌。

（五）成本收益情况

总体来看，2023年通货膨胀及地缘政治冲突对香（大）蕉产业造成较大的影响，化肥农药等价格有较大幅度的上涨，导致主产区种植成本有所上升，但因批发市场价格及产地价格均较大幅度上涨，香（大）蕉产业效益较2022年有所提升。分品种来看，以香芽蕉的亩均成本为最高，而其亩均效益也是最高的，但较2022年有所下降；粉蕉亩均成本较低，而其亩均效益也相对较低，较2022年有所上涨。以广东省为例，据广东省农业信息监测体系数据，2023年粉蕉亩均效益整体向好，香芽蕉亩均效益下跌。香芽蕉亩均产值为14 562元，亩均效益为7 087元，同比下跌12.40%；粉蕉亩均产值为10 905元，亩均效益为5 533元，同比上涨16.2%。

（六）各地产业扶持政策

1. 强化顶层设计

云南、贵州等地发布了香蕉等热带水果高质量发展行动计划，通过加快香蕉等热带水果绿色标准体系建设、推进高标准生产基地建设、强化质量管控、加强行业自律、强化科技支撑、培育特色品牌、加强市场营销、壮大经营主体、促进三产融合、强化基础设施、抓实"一县一业"示范创建、积极争取省级高原特色农业现代化发展专项资金等措施，加快香蕉等热带水果产业高质量发展。

2. 保障产销渠道畅通

中国交通运输部办公厅等多部门联合发出《关于进一步提升鲜活农产品运输"绿色通道"政策服务水平的通知》，通过严格执行鲜活农产品品种目录、统一规范"鲜活""深加工"判断标准、统一规范"整车合法装载"查验标准、统一规范计重设备合理误差认定标准、加强查验方式探索优化、加强通行服务保障、加强配套政策落实等措施，大力推进香蕉等鲜活农产品运输"绿色通道"建设，全面落实整车合法装载运输鲜活农产品车辆免收通行费政策。

3. 利用保险工具支持产业发展

广东省中山市发布了《关于明确〈中山市政策性香蕉、荔枝、龙眼、露地蔬菜保险天气指数赔付标准（2022—2023年）〉相关内容的通知》，通过保险工具对香蕉在低温等恶劣天气下的损失进行赔付。

（七）科技成果及其转化情况

1. 科技成果

（1）成果奖励

神农中华农业科技奖 中国热带农业科学院研究员李积华牵头完成的"主要热带果树化肥农药减施关键技术示范与应用"成果获得2022—2023年度神农中华农业科技奖科学研究类成果

一等奖，该成果针对香蕉、荔枝和芒果病虫害多发重发、肥料流失严重、过量施用化肥农药等问题，依托国家重点研发计划等专项，自主研发了"土壤地力培育及化肥有机替代""高效施肥技术与新型肥料""化学农药高效施用"和"化学农药绿色替代"4项核心技术，并通过"核心技术＋个性技术"的集成，构建了"五位一体"香蕉枯萎病综合防控、"两增两精"香蕉化肥农药减施增效、"三控两增一减"早熟荔枝化肥农药减施增效、"两保一调双协同"中晚熟荔枝化肥农药减施增效、"一线多点"早熟芒果化肥农药减施增效和"水肥协同、生态防控"中晚熟芒果化肥农药减施增效6套技术模式。中国热带农业科学院谢江辉等牵头的"中国热带农业科学院香蕉产业技术创新团队"获2022—2023年度神农中华农业科技奖优秀创新团队奖。

省级奖励 云南省昭通市农业科学院等完成的"香蕉良种繁育与推广应用"成果获云南省科技进步奖三等奖。中国热带农业科学院的胡伟等完成的"香蕉响应非生物胁迫的重要功能基因及其分子调控机制"获2022年度海南省科学技术奖二等奖，邹冬梅等完成的"香蕉质量安全关键生产技术创新与标准化应用"获2022年度海南省科学技术进步奖三等奖。

（2）品种审（认）定与推广

在品种选育与推广方面，农业农村部发布公告，公布了'育粉'系列新品种、'南角'系列新品种、'大珠1号'等香蕉新品种获授权。

（3）引进收集评价种质资源

国家香蕉产业技术体系组装了三倍体香蕉种（AAB）两个栽培类型Plantain和Silk的单倍型基因组。同时对这两个AAB品种的起源进化进行了深入分析，分析了亚基因组不对称进化。这是国际上首次报道的异源三倍体染色体基因组，该研究发表于 *Cell* 旗下植物学顶刊 *Plant Communications*。

（4）种植技术

中国热带农业科学院开展了全周期间作模式橡胶园间作香蕉技术集成示范，测产时发现，全周期间作模式不仅促进了橡胶苗的生长，茎粗和株高比常规橡胶园分别提高4.7%～34.4%和15.7%～21.7%，间作的香蕉单位面积产量也增加了6.1%～26.5%。

（5）生理生化

中国热带农业科学院在香蕉株高发育调控研究方面取得新进展。通过转录组和基因共表达网络分析鉴定参与香蕉株高发育的差异表达基因及信号通路，明确了不同发育时期株高生长趋势及相关基因的差异表达，研究结果可为香蕉株高发育机制和矮化育种提供重要的基因资源。

（6）病虫害防控

在病虫害防控方面，福建农林大学高辉等针对299株Foc菌株采用全基因组重测序方法，运用全基因组关联分析，深入挖掘其致病基因。根据生理小种、营养亲和群等特性将测得的致病力表型数据进行分组，分别依据数量性状与质量性状，使用Gemma软件基于混合线性模型进行全基因组关联分析，研究结果为进一步阐明病原菌的致病机制、香蕉抗枯萎品种选育以及新药物靶标的开发奠定基础。广西民族大学罗明涛提出了一种多源数据融合的病害香蕉树监测方法，对香蕉病害进行多方面的检测，针对多源数据实现了高空正射影像识别、地面侧影识别、果实识别和摄像头实时识别等功能。

（7）副产物综合开发利用方面

唐华君将香蕉秸秆生物炭应用于含磷废水的吸附处理和吸附—生物耦合气化除磷，研究了载镁香蕉秸秆生物炭对废水中磷的吸附性能和吸附—生物耦合气化除磷机制。

（8）发布标准

山西出入境检验检疫局发布了中华人民共和国出入境检验检疫行业标准《香蕉肾盾蚧检疫鉴定方法》。

广西科学院推出了团体标准《复合微生物菌剂对香蕉枯萎病防控技术规程》；福建省平和县特产协会推出了团体标准《平和坂仔香蕉》。

（9）知识产权

2023年，香（大）蕉领域获批国内发明专利和实用新型专利345项；申报国内专利307项。专利涉及香蕉生产加工的各个环节，如种植环节的"一种调节香蕉根系生长的微生物生长调节剂及其应用"，植保环节的"用于香蕉枯萎病菌4号生理小种LAMP-LFD检测的引物探针组合、试剂盒和方法"，果实套袋和采摘环节的"一种香蕉生长保护袋""一种用于香蕉的高空采摘装置""种带树干切割功能的香蕉收割装置"，贮运保鲜环节的"一种香蕉催熟转运箱"，加工环节的"一种香蕉果汁、香蕉果泥酱"，副产物开发利用环节的"一种果皮生物炭及其制备方法和在强化剩余污泥产甲烷中的应用"。

2. 成果转化

在品种推广及培训方面，国家香蕉产业技术体系在云南红河河口县老范寨乡召开"抗枯萎病香蕉新品种中蕉8号现场观摩及技术培训会"。会议邀请了全国农业技术推广服务中心李荣德处长到会指导。参加本次活动的有来自国家香蕉良种重大科研联合攻关联合体成员单位、国家香蕉产业技术体系各岗位及试验站、各省（区）香蕉产业技术体系和香蕉协会等20余家单位的50多名专家、学者，以及河口、马关、金平等当地或周边县域慕名而来的香蕉育苗户和种植户180多人参会。经现场专家测产和鉴评，中蕉8号高抗香蕉枯萎病，平均单株产量35.2千克，折合亩产3 872千克，果肉香甜软糯。专家组一致认为该品种具有良好的推广前景。中蕉8号已在广东、云南、广西等省（区）的香蕉主产区累计推广12 000余亩。同时，中蕉8号为我国解决香蕉枯萎病提供了突破性的品种。该次会议开展了现场测产、果实品鉴和栽培技术培训等活动。

在配套技术形成及推广方面，2020年，广西农业科学院生物技术研究所科研团队创新集成多项桂蕉9号配套栽培技术，最终形成了以桂蕉9号为核心、以土壤调理为主线的广西香蕉枯萎病综合防控技术体系。桂蕉9号的推广应用取得显著的社会经济效益，2019—2023年，桂蕉9号已在广西、云南、广东、海南及东盟国家迅速推广应用，累计应用面积达104万亩，占全国抗病品种种植面积的1/3以上。

三、中国香（大）蕉产业发展特点

（一）抗性品种及特色蕉不断涌现且面积逐步扩大

随着香蕉枯萎病的蔓延以及特色蕉（粉蕉、贡蕉、大蕉、加工蕉等）市场前景看好，香蕉抗枯萎性品种及特色蕉品种不断涌现。在抗枯萎病品种方面，选育出了中蕉系列、南天系列、桂蕉系列、农科系列等香蕉抗性品种，随着"五位一体"香蕉枯萎病综合防控技术体系的大面积推广种植，香蕉枯萎病的蔓延得到有效遏制，在其发病区已逐渐恢复生产；在特色蕉方面，"十三五"期间，国家香蕉产业技术体系选育出了金粉1号、矮粉1号、粤蕉1号、粤蕉2号、美食蕉1号、美食蕉2号、桂鸡蕉1号、桂红蕉1号、热贡1号、桂大蕉1号、桂早蕉1号11个特色蕉品种，由于特色蕉较香（芽）蕉价格高且稳定，其种植面积占香蕉总种植面积的比值已从2014年的5%增长至2023年的20%以上。

（二）产业呈现规模化和企业化经营

由于香蕉生长周期短，投资回报快，商业资本进入程度较高，产业较其他热带水果更具有规模化和企业化经营特征，组织化程度较高，企业往往通过承包土地、聘用技术人员等方式从事香蕉生产，一般通过既有的营销体系和营销渠道进行销售，产销对接较为顺畅。并且企业能够通过品牌营销增加其香蕉产品的销量，提高利润，从而提高了产业整体市场化程度。北京新发地批发市场等国内主要批发市场数据显示，香蕉是我国最受欢迎的平价水果。

（三）进口区域进一步向东南亚地区集中，出口目的地向亚洲地区集中

在进口方面，中国海关数据显示，2015年中国从东南亚地区和拉丁美洲地区进口的香蕉数量分别为78.8万吨和28.6万吨，分别占该年中国香蕉进口总量的73.38%和26.61%；2023年，中国从东南亚地区和拉丁美洲地区进口的香蕉数量分别为149.7万吨和26.6万吨，分别占该年中国香蕉进口总量的84.67%和15.05%，源自东南亚地区的进口比例进一步增加。在出口方面，亚洲国家和地区一直是中国香蕉的主要出口目的地，2015年中国出口到亚洲国家和地区的香蕉数量达6 251.5吨，占2015年中国香蕉出口总量的82.62%；2023年，中国出口到亚洲国家和地区的香蕉数量达23 424.7吨，占2023年中国香蕉出口总量的88.83%，出口目

的地进一步集中于亚洲地区，并且从 2015 年的 21 个国家和地区扩大到 2023 年的 25 个国家和地区。

四、中国香（大）蕉产业存在的主要问题

目前，香（大）蕉产业除香蕉枯萎病严重、部分山地产区基础设施仍有待完善等问题外，仍存在以下几点不利因素。

（一）品种结构调整较为缓慢

由于我国本土香蕉种质资源相对较少，引进收集的种质资源较少且种质类型单一，收集种质的生态区域范围不广，无法有效选育出产业急需的抗病、抗寒、抗旱、耐贮运等抗逆性强品种，虽然目前已种植部分抗逆性品种，但因其栽培管理和采后保鲜贮运等配套技术不完善，推广种植比例有待进一步提高。目前，在我国香（大）蕉种植中，仍以香芽蕉为主（占总面积的 80%），品种趋同性高，不但无法满足不同生态条件的需要，也不能满足国内国外不同市场选择及不同类型产品选择的需要。

（二）深加工产品少且副产物综合利用不足

产业的后端如产品加工、物流及批发交易是产业的主要利润环节。而我国香（大）蕉产业主要集中在种植环节，初加工、观光旅游环节也有涉及，但深加工率不到 5%（厄瓜多尔、菲律宾等香蕉主产国香蕉产品深加工率达 20% 以上），主要仍以鲜果形式销售。同时，香蕉采收后产生大量的香蕉茎秆、香蕉叶等副产物，香蕉茎叶废弃物与香蕉产量的重量比约为 2.4∶1，这些副产物的传统处理方式主要是堆放在田边空闲地或者当废料抛弃，香蕉副产物的饲料化、肥料化等利用严重不足。

（三）全产业链发展支撑不足

一是在技术支撑上，我国在香蕉生产前端技术较为完善，单产较高、品质过硬，在预冷、保鲜、催熟等后端生产技术环节与国外仍有较大差距。二是在品牌建设上，一方面先后培育了一些区域品牌、企业品牌和产品品牌，但绝大部分品牌仅被建立品牌的产业链节点和下一节点的经营主体所认识和了解，在全产业链和消费者中几乎没有影响力；另一方面，香蕉种植技术人员相对充足，但香蕉品牌经营及管理人才严重不足，互联网、大数据等新兴技能人才相对匮乏。三是在政策支撑上，我国对香蕉产业的政策支持主要体现在种植端灾害保险补偿和运输端绿色通道方面，缺乏对全产业链关键点（如基础设施建设等）的综合政策支持。

五、中国香（大）蕉产业发展展望

（一）生产预测

1. 种植面积稳中有增

近年来，我国香（大）蕉种植面积波动幅度较小。受 2023 年产量下滑、价格上涨的影响，2024 年，种植面积仍将小幅增长，广东、广西、福建主产区种植面积将保持相对稳定，云南、海南主产区种植面积因产品价格上涨而略有增长。

2. 产量可能小幅增长

结合全年气候趋势预测分析，预计 2024 年农业年景仍为平丰年。影响香（大）蕉生产的灾害主要是春季倒春寒、夏季阶段性干旱、夏季局地暴雨和内涝、秋季局部地区早霜冻等，台风、风雹、低温冷冻害等气象灾害损失均偏轻，有利于香（大）蕉生长和果实成熟，产量可能小幅增长。

3. 香蕉枯萎病抗性品种将得到进一步推广

随着国家香蕉产业技术体系及各农业科研机构所选育的多个香蕉枯萎病抗性品种通过品种审定，以及其配套技术的日益完善，香蕉枯萎病抗性品种种植面积将进一步扩大。

（二）市场前景分析

1. 消费量将小幅增长

就表观消费情况而言，目前香（大）蕉已成为中国最为常见的水果之一，整体需求已趋近饱和，市场空间增长有限。数据显示，2020 年受新冠疫情影响，物流受阻，加之国内消费水平下降，香（大）蕉表观消费量小幅下降，随着疫情防控策略的改变，2021 年、2022 年、2023 年需求小幅回升，预计 2024 年消费量将继续增长。

2. 进出口量温和上涨

受国际贸易门槛降低和市场价格刺激，我国香（大）蕉进口量有可能小幅增长，主要进口来源地仍为东南亚和中南美产区，第一进口来源国有可能为越南；预计 2024 年，中国香（大）蕉出口贸易将持续保持增长，但增幅不大，出口目的地有可能仍与 2023 年保持一致。

3. 市场价格有可能下滑

由于 2022—2023 年香蕉行情较好，国内产区及主要进口来源国越南、柬埔寨、老挝等纷纷扩大规模种植，越南、老挝、缅甸及我国云南和海南大量产品集中上市，以及中国—厄瓜多尔自由贸易协定生效推动厄瓜多尔香蕉出口至中国数量的增长，2024 年进口蕉和国产蕉价格有可能较 2023 年下降。

（三）发展趋势

1. 品种区域布局调整持续进行

随着抗逆性品种选育技术的提升和优质新品种收益的增加，香蕉标准化示范园示范效果逐步显现，将驱动香蕉抗逆性品种的推广，加快香蕉品种结构调整的步伐。同时，随着热区对农业产业顶层设计的日益重视，规划了香蕉产业优势区域及重点工程，为香蕉产业高质量发展提供了指导。

2. 科技发展将助推香蕉全产业链发展

随着国家香蕉产业技术体系持续发力，以及各香蕉主产区设立相应的科研项目和工程，研发力量和研发投入力度增强，全面推进了香蕉全产业链的科技进步，改善了产品产量和品质，并为香蕉产品的贮运、市场营销等提供了更多的保障。

3. 产品分销渠道多元化发展

香蕉产品行业的分销渠道在2024年即将面临重塑，线下免费体验区、超市购物车等方式将帮助香蕉品牌在消费者心中建立起更多的认知度，有效提升香蕉产品的曝光率，拓宽消费市场。同时，网络营销也将抢占市场份额，已有不少香蕉品牌都在平台上搭建了自己的线上购物中心，为消费者提供了安全、可信、贴心及高品质的服务体验，发挥着至关重要的作用。

4. 产品需求多样化发展

2024年，香蕉产品加工行业会因为消费者的个性化需求而更加多彩，如低糖、超新鲜、极品口感等，这些需求是传统产品无法满足的，成为香蕉新产品开发的催化剂。以此为背景，多样化的香蕉加工产品将会大量涌现，不仅能满足消费者更多元的口味和健康需求，同时也会拉动香蕉产品行业的发展。

六、产业发展建议

（一）优化顶层设计，营造适合全产业链发展的制度环境

产区各级政府应以市场为导向，结合产业发展实际，对各品种在不同生产区域上市期的合理性、差异性和承接性，以及全产业链中品种结构的功能性分布进行统筹考虑，优化目前香蕉产业区域的品种布局和品种结构，避免新品种格局下的同质化竞争，加大种质资源引进、收集、开发力度，加快全产业链关键技术研发与推广，扶持发展壮大产业经营主体，制定政策性保险制度，健全产业流通体系建设，理顺产业发展的制度架构，为香蕉全产业链发展提供良好的制度环境。

（二）延长产业链条，提高产业附加值

引进、选育适宜的加工品种，为香蕉加工业提供适合的加工原料，同时，强化香蕉深加工设

备和技术的引进和研制，对香蕉深加工企业加大政策扶持力度。此外，加大香蕉秸秆、香蕉叶等香蕉副产物的综合开发利用，提高香蕉副产物饲料化利用率和肥料化利用率。

（三）建立服务体系，完善产业支撑

以新型经营主体为主体，加快培育专业化施肥、喷药、套袋、采摘的社会化专业服务队伍，加快培育安全、经济、快捷的物流服务专业队伍、营销咨询专业团队、金融服务商以及在经营管理中提供专项指导的咨询团队。

2023 年木薯产业发展报告

2023 年，全球木薯收获面积较为平稳，产量小幅增长；木薯干进出口量显著增加，木薯淀粉出口量有所下降，进口量大幅增长；木薯品种审定、木薯饲粮化和病虫害防控等方面的科技创新取得明显进展。展望 2024 年，全球木薯收获面积将基本维持现状，产量或将小幅上扬，进出口贸易相对较为活跃，病虫害防控、防生理腐烂等领域的科技创新将会取得重要进展。

一、世界木薯产业概况

（一）生产情况

2013—2022 年，全球木薯种植面积变化较为平稳，非洲收获面积最大，为 38 539.5 万亩，占全世界的 80.18%，尼日利亚依旧是全球最大的木薯主产国，收获面积 15 044.8 万亩，同比增长 0.51%。总体来看，全球木薯生产情况呈上升趋势。

1. 种植面积

据联合国粮食及农业组织（FAO）统计，2022 年世界木薯收获面积为 48 064.6 万亩，同比增长 1.85%；其中，非洲木薯收获面积占世界总收获面积占 80.18%，亚洲占 13.52%，美洲占 6.28%；收获面积居全球前五位的国家有尼日利亚、刚果（金）、泰国、巴西、科特迪瓦，收获面积分别占世界的 31.30%、18.67%、4.95%、3.69%、3.53%，总计占 62.14%（表 1 和表 2）。

表1　2013—2022年世界及各洲木薯收获面积

地区	收获面积（万亩）									
	2013年	2014年	2015年	2016年	2017年	2018年	2019年	2020年	2021年	2022年
世界	38 814.7	39 269.0	41 190.3	39 940.4	40 378.4	41 080.6	44 966.6	45 977.5	47 192.0	48 064.6
非洲	28 871.7	29 168.4	30 878.5	29 888.1	30 908.3	31 890.8	35 760.3	36 857.8	37 554.0	38 539.5
亚洲	6 310.0	6 431.7	6 547.8	6 487.3	6 274.1	6 047.1	6 117.1	6 063.8	6 562.1	6 496.6
美洲	3 596.6	3 631.6	3 733.6	3 534.8	3 165.2	3 111.5	3 057.6	3 023.4	3 042.3	3 019.6

表2　2013—2022年木薯主产国收获面积

国家	收获面积（万亩）									
	2013年	2014年	2015年	2016年	2017年	2018年	2019年	2020年	2021年	2022年
尼日利亚	10 112.0	10 644.5	11 850.9	10 003.5	10 142.0	10 424.1	14 665.0	14 421.3	14 969.0	15 044.8
刚果（金）	6 257.8	6 430.4	6 439.0	6 542.7	6 945.5	7 159.2	7 371.5	7 876.3	8 408.1	8 975.9
泰国	2 077.7	2 023.5	2 150.7	2 123.0	2 091.5	1 998.6	2 080.0	2 140.4	2 497.5	2 381.1
巴西	2 288.9	2 352.4	2 269.0	2 094.3	1 899.7	1 824.0	1 792.4	1 820.8	1 823.7	1 772.2
科特迪瓦	559.4	982.4	1 197.3	1 090.2	1 318.3	1 419.5	1 603.0	1 547.5	1 657.8	1 695.9

2. 产量

2022年，世界木薯产量为33 040.9万吨，同比增长1.35%。其中，非洲木薯产量约占世界总产量的63.14%，亚洲约占28.97%，美洲约占7.80%；世界木薯主产国分别为尼日利亚、刚果（金）、泰国、加纳和柬埔寨等，产量分别占世界的18.41%、14.76%、10.31%、7.75%、5.36%，总计占56.59%（表3和表4）。

表3　2013—2022年世界木薯产量

地区	产量（万吨）									
	2013年	2014年	2015年	2016年	2017年	2018年	2019年	2020年	2021年	2022年
世界	27 911.2	28 949.2	29 341.3	29 705.3	29 456.7	30 862.8	30 460.1	30 834.7	32 601.6	33 040.9
非洲	16 014.5	16 344.7	16 712.3	17 428.4	17 854.4	19 693.9	19 082.6	19 423.9	20 144.8	20 862.7
亚洲	8 823.3	9 345.2	9 333.6	9 174.8	8 862.6	8 482.6	8 713.1	8 708.7	9 737.8	9 571.9
美洲	3 048.7	3 234.2	3 270.3	3 078.0	2 714.9	2 661.1	2 638.7	2 676.7	2 692.2	2 578.5

表4　2013—2022年木薯主产国产量

国家	产量（万吨）									
	2013年	2014年	2015年	2016年	2017年	2018年	2019年	2020年	2021年	2022年
尼日利亚	4 740.7	5 432.5	5 740.5	6 053.0	6 135.0	6 535.1	5 696.9	5 556.6	5 823.8	6 083.6
刚果（金）	3 391.8	3 486.8	3 493.1	3 671.7	3 770.0	3 887.3	4 005.0	4 276.9	4 567.3	4 877.5
泰国	3 022.8	3 002.2	3 235.8	3 116.1	3 049.5	2 936.8	3 108.0	2 899.9	3 509.4	3 406.8
加纳	1 599.0	1 779.8	1 721.3	1 779.8	1 900.9	2 084.6	2 275.0	2 436.8	2 499.7	2 559.2
柬埔寨	793.3	1 194.3	1 329.8	1 417.6	1 381.7	1 375.0	1 351.3	1 375.7	1 704.9	1 769.9

3. 单产

2013—2022年，世界木薯平均单产水平基本保持稳定。2022年，世界木薯平均单产为687.4千克/亩，同比下降0.49%；非洲平均单产541.3千克/亩，同比增长0.91%；美洲平均单产853.9千克/亩，同比下降3.50%；亚洲平均单产1 479.5千克/亩，同比下降0.30%。2013—2022年世界及各洲木薯单产变化情况如图1所示。

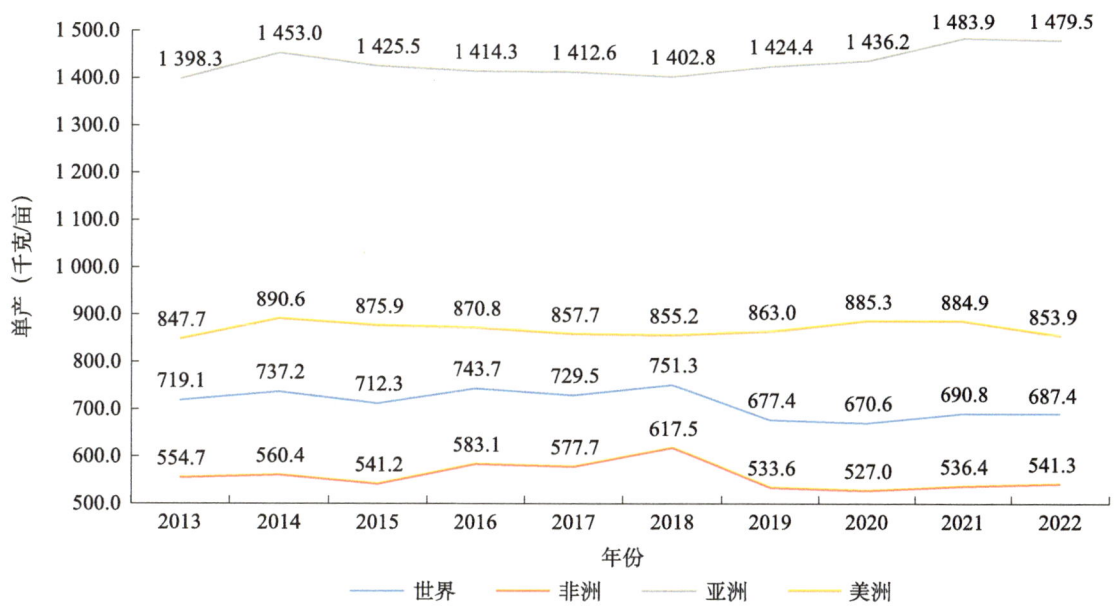

图1　2013—2022年世界及各洲木薯单位面积产量

世界五大木薯主产国（按单产排名）前五位的国家依次是圭亚那、印度、圣文森特和格林纳丁斯、苏里南和印度尼西亚，其单产分别是2 763.6千克/亩、2 408.1千克/亩、2 335.2千克/亩、1 848.3千克/亩和1 813.1千克/亩。单产水平均高于世界平均水平，2013—2022年世界木薯主产国单产变化情况如图2所示。

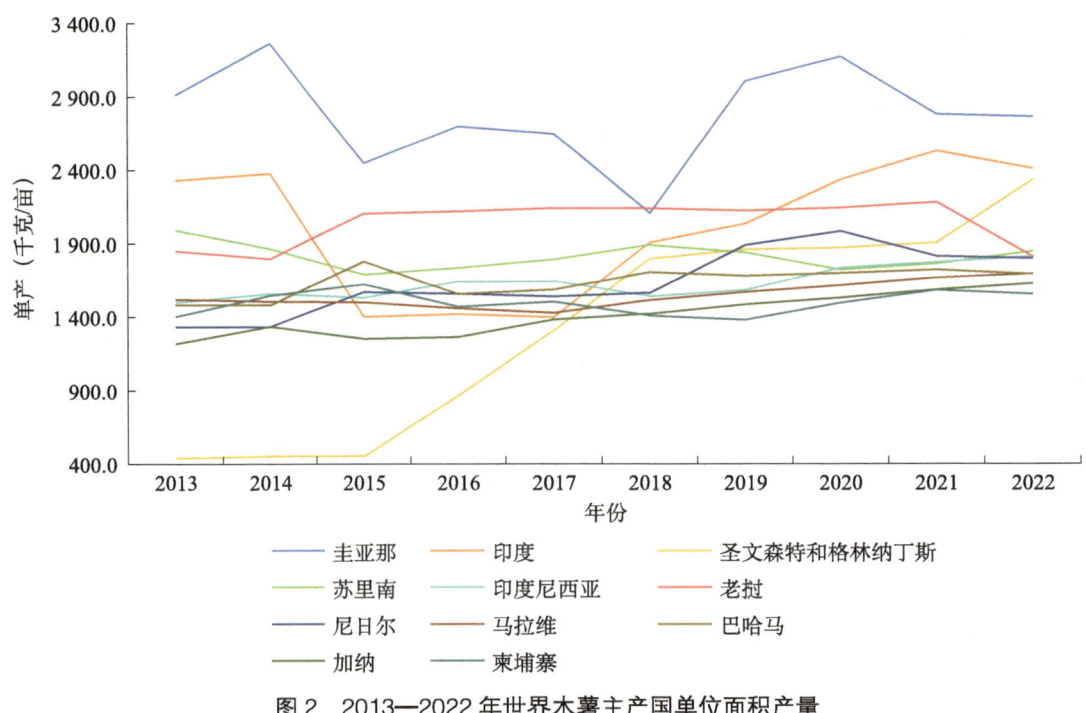

图 2　2013—2022 年世界木薯主产国单位面积产量

4. 生产布局

2013—2022 年，全球木薯生产布局相对稳定，非洲是全球木薯生产最集中的区域，种植面积占全球的八成以上，产量占全球的六成以上。亚洲的种植面积 2017 年起达 3 亿亩以上并逐年增长，在东南亚，木薯生产主要集中在泰国、巴西、柬埔寨等国家。此外，拉丁美洲和南太平洋岛国有少量种植。

（二）贸易情况

2013—2022 年，世界木薯进口贸易的主要品类是木薯干和木薯淀粉。受国际干片市场价格上涨的影响，木薯干进出口量在 2018—2019 年出现大幅下跌，2019 年，木薯干出口量跌至近 10 年最低的 289.6 万吨。2021 年起，世界木薯干进口量已恢复至 10 年前的水平。木薯淀粉贸易从 2022 年起恢复增势。

1. 木薯干

2013—2022 年，受木薯干主要出口国产量的波动影响，世界木薯干进出口量波动较大。2022 年，世界木薯干进口量 1 283.1 万吨，同比增加 39.02%，进口额为 41.2 亿美元，同比增加 46.69%。其中，中国、泰国、越南、韩国为主要进口国，分别占世界进口总量的 55.41%、33.28%、6.30% 和 2.43%，总计占 97.42%。木薯干出口量为 886.7 万吨，同比增长 39.11%，出口额为 21.4 亿美元，同比增长 28.65%。其中，泰国、老挝和越南为主要出口国，出口量分别占世界的 66.89%、21.44% 和 8.05%，总计占 96.38%（图 3 和图 4）。

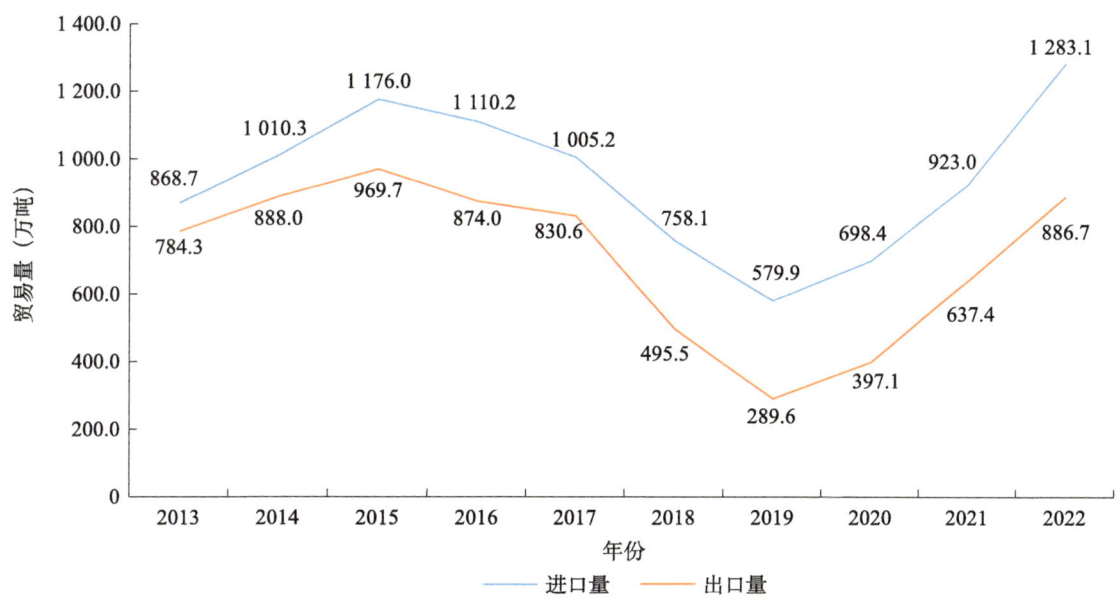

图 3　2013—2022 年世界木薯干进出口变化趋势

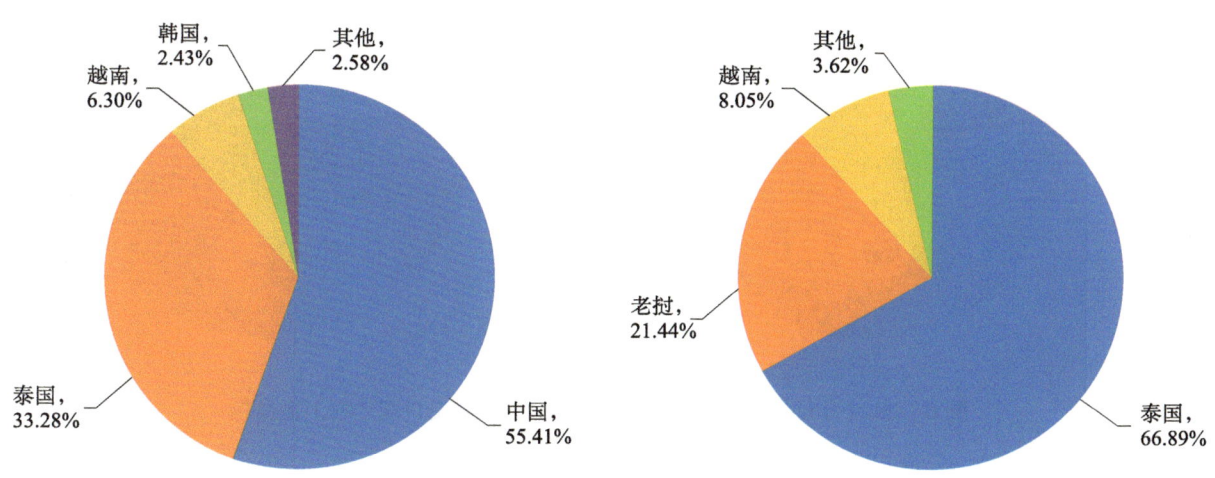

图 4　2022 年世界木薯干主要进口国（左）和出口国（右）情况

2. 木薯淀粉

2013—2022 年，世界木薯淀粉进出口量有增有减。2022 年，世界木薯淀粉进口量为 600.4 万吨，同比增加 26.74%，进口额为 32.5 亿美元，同比增加 34.97%。其中，中国、印度尼西亚、马来西亚、菲律宾、美国是主要进口国，进口量分别占世界进口总量的 77.42%、4.83%、3.85%、2.55% 和 2.44%，总计占 91.09%。2022 年，世界木薯淀粉出口量为 575.7 万吨，同比降低 6.78%，出口额为 27.8 亿美元，同比降低 2.91%。其中，泰国、越南和老挝为主要出口国，出口量分别占世界出口总量的 63.07%、29.76% 和 3.45%，总计占 96.28%（图 5 和图 6）。

图 5　2013—2022 年世界木薯淀粉进出口变化趋势

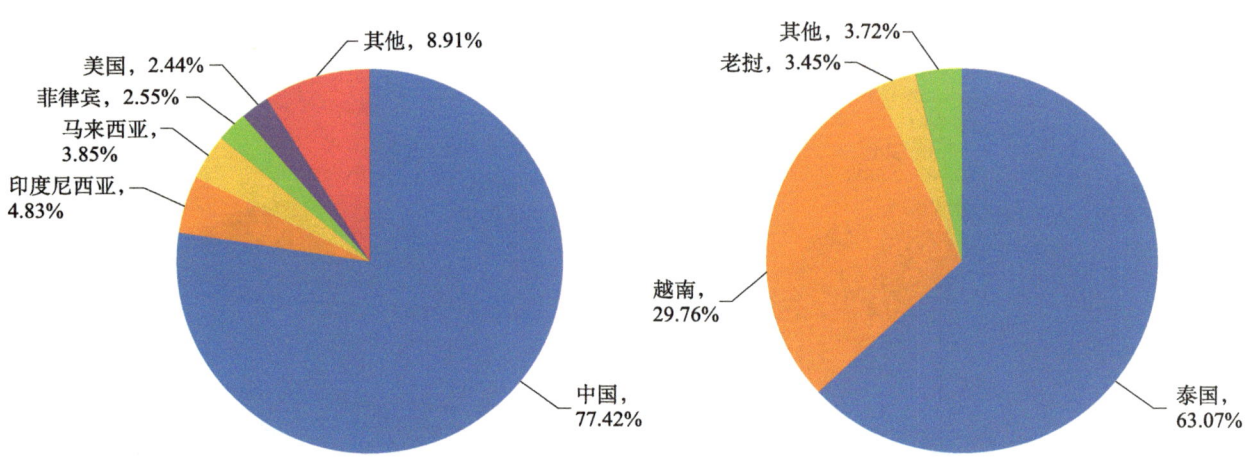

图 6　2022 年世界木薯淀粉主要进出国（左）和出口国（右）情况

（数据来源：FAO）

（三）价格情况

2019—2023 年，中国木薯干平均价格（市场价）为 2 082 元/吨，整体呈上升趋势；泰国木薯干平均价格（离岸价）整体表现为逐步攀升，2019—2023 年平均价格为 1 809 元/吨；越南木薯干平均价格（到岸价）有涨有跌，2019—2023 年平均价格为 1 972 元/吨。

2023 年，中国木薯干平均价格（市场价）为 2 316 元/吨，据海关统计，泰国（离岸价）为 1 968 元/吨，越南（到岸价）为 2 068 元/吨；中国木薯干平均价格比泰国高 17.72%，比越南高 12.04%。中国木薯干平均价格同比上涨 1.82%，泰国同比上涨 2.19%，越南同比下跌 5.26%。从月度来看，2023 年中国木薯干平均价格均高于泰国和越南。泰国木薯干价格在 6 月呈小幅下跌，7 月后进入上涨期，11 月价格再次回落。越南木薯干价格波动较大，全年价格出现 5 次下跌，进入 8 月价格开始出现回升。中国木薯干最高价为 1 月的 2 340 元/吨，2 月开始价格一路下跌，直至 8 月开始回升，全年均价为 2 300 元 / 吨左右（图 7）。

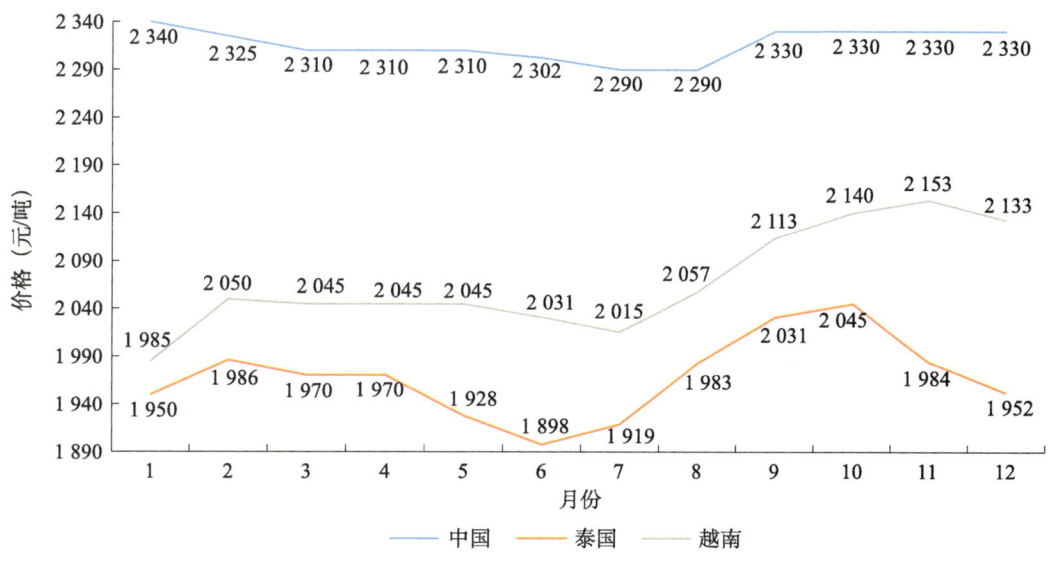

图 7　2022 年中国、泰国和越南木薯干月度价格变化趋势
（数据来源：海关统计数据在线查询平台、卓创咨询）

2023 年，中国木薯淀粉平均价格为 4 344 元 / 吨，泰国为 3 890 元 / 吨，越南为 3 745 元 / 吨；中国木薯淀粉平均价格比泰国高 11.67%，比越南高 15.99%。中国木薯淀粉平均价格同比上涨 8.55%，泰国上涨 11.66%，越南上涨 4.53%；从整体来看，2023 年中国木薯淀粉价格均高于泰国和越南，泰国价格均高于越南（图 8）。从月度来看，中国木薯淀粉价格整体呈上升趋势；泰国木薯淀粉价格 7 月达到峰值后有小幅回落；越南木薯淀粉价格自 8 月起小幅跌落，最高价为 10 月的 3 973 元 / 吨。

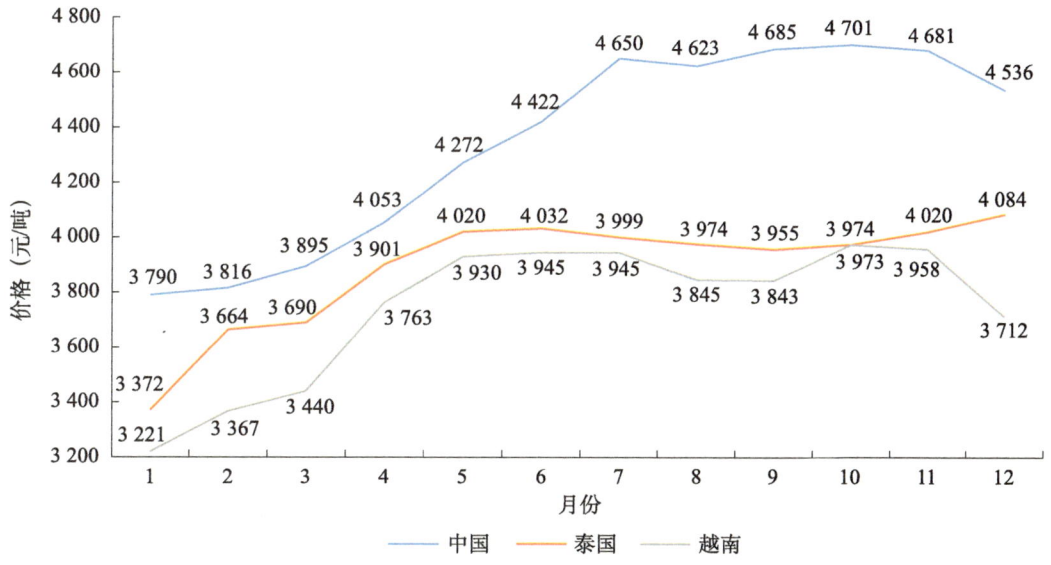

图 8　2023 年中国、泰国和越南木薯淀粉月度价格变化趋势
（数据来源：海关统计数据在线查询平台、卓创咨询）

（四）主要国家产业扶持政策

柬埔寨　2023年以来，因大面积干旱，柬埔寨木薯种植面积减少20%~30%，木薯种茎价格大幅上涨。2023年中国—东盟博览会期间，2家柬埔寨企业与1家中国企业正式签署木薯战略合作谅解备忘录，以应对当前木薯产业所面临的市场与价格挑战，计划在未来8年内分3个阶段扩大柬埔寨木薯干对华出口规模，推动该国木薯产业发展。

泰国　为应对木薯收入保障计划即将到期，泰国商务部内贸厅已制订木薯生产和价格管理计划，具体包括：当木薯市场供给过剩时，延迟木薯销售时间；为薯农及其他私营部门提供信贷支持；促进木薯出口以及为薯农拓宽营销渠道等。由于木薯市场价格高于保障价格，泰国内阁尚未批准木薯政策委员会关于延长薯农收入保障计划的申请。

自2023年8月9日起，在泰国武里喃府境内执行有效期为1年的木薯和木薯种茎运输管制令，旨在有效预防并控制当地木薯花叶病的传播扩散，降低其对木薯产量和木薯加工业生产的影响。该限令规定从武里喃府运输超100千克的木薯和木薯种茎须经过武里喃府委员会主席、商业局或一级农业办的批准，否则均为违令行径。违反者将被处以10万泰铢（约合人民币2万元）以下罚款或5年以下有期徒刑，或两罚同施的处罚。

瑞典　为帮助利比里亚解决木薯种植缺乏资金、技术和设备等问题，并提升木薯产业附加值，以保障粮食安全，瑞典向利比里亚提供720万美元资金，用以推动当地包括木薯产业在内的可持续农业价值链发展。该项目为期5年，将结合当地市场发展规律及特点，灵活应对木薯价值链发展过程中的问题与挑战，推动当地木薯等农产品多元化发展以满足市场需求。

德国　为满足利比里亚国内市场对木薯和木薯产品不断增长的需求，以及病虫害防治不善导致的木薯生产水平较低等问题，德国救济世界饥饿组织（WHH）为利比里亚提供定位（GPS）技术援助，此外，WHH还将当地7个县的1 278名木薯种植户和14家中小农业企业联合起来，共同修建了55个木薯储存设施（SFS）和5个木薯加工厂（CPUS），以减少木薯收获后的损失，提高木薯产业经济效益。

乌干达　为解决乌干达木薯生产存在缺乏优质种茎和肥料，灌溉等基础设施不足，极易受气候变化和病虫害的威胁等问题，全国农业合作社联盟（NAAC）表示，乌干达小额信贷支持中心（MSC）将通过农业合作社向各地的木薯小农提供利率为8%的小额信贷，该利率远低于乌干达大多数商业银行贷款利率（25%~30%）。

尼日利亚　尼日利亚奥约州伊多市政府向当地80个木薯种植户提供了农业投入品，每户获得20捆木薯种茎、2袋氮磷钾肥料以及1升除草剂。当地政府还设立了农民学校，为当地薯农免费提供关于农业创新和机械化种植等方面的培训。

多哥　多哥农业、畜牧业和农村发展部（RTC）联合根茎作物产业跨专业委员会（CIF）共同制定了 2024—2028 年根茎作物产业发展投资计划，主要包括三个方面：一是提高产业的生产力水平和产品质量，计划投资 7.55 亿西非法郎（约合 126.69 万美元）；二是增强产业的营销水平，计划投资 7.26 亿西非法郎（约合 121.82 万美元）；三是健全行业的治理和融资机制，计划投入 8.65 亿西非法郎（约合 145.15 万美元）。

几内亚共和国 受俄乌冲突和黑海粮食协议到期引发的全球粮食安全担忧影响，几内亚共和国贸易部已暂停木薯等 15 种农产品的出口（木薯与木薯粉、玉米粉、大米、洋葱、马铃薯、干辣椒、鲜辣椒、茄子、秋葵、番茄、芋头、玉米、山药、甘薯、棕榈油），以保障国内粮食安全和社会稳定。该禁令将持续 6 个月，违反者将被处以罚款，甚至受到刑事诉讼。

（五）最新科技进展

饲粮化方面 广西南宁市武鸣区部分养殖场利用木薯秸秆养殖禽畜，在处理木薯秸秆时（或者连同生木薯一起处理），采用先进的酶菌结合生物发酵技术，经过粉碎、添加发酵剂等简单的操作即可完成发酵。木薯秸秆发酵过程中分解了木薯秸秆中的亚麻苦苷和百脉根苷，因而得以安全饲用。发酵后的木薯秸秆可按照 15% 以上的比例投入畜禽饲料。经观察和测试，该发酵饲料不仅对畜禽生长发育有良好的促进作用，还有利于减少农业废弃物的丢弃。

环保创新方面 澳大利亚木薯袋公司（Cassava Bags Australia）提取木薯成分制成了一种可 100% 生物降解的袋子。该木薯袋具有多种用途，且坚固耐用，至少可承受 25 千克的重量。此外，该木薯袋不含棕榈油且完全无毒，并已通过国际认可的实验室测试。作为 100% 无塑料且可生物降解也可堆肥的产品，它在土壤中仅需 3~6 个月便可被生物降解，在海洋中只需几天便可被溶解，在热水中溶解则只需要 3 分钟，且溶剂不含微塑料。

数字种植方面 尼日利亚为应对木薯种植园面临的病虫害管理和极端天气等多重挑战，成功部署智能农场管理软件提供商 FarmERP 的技术平台，以延长作物寿命，并将木薯种植园的除草率提升到 40% 以上。该技术平台涵盖人工智能、机器学习、计算机视觉和深度学习等多项高新科技，还利用卫星对木薯种植的自然环境进行监测评估，能对威胁木薯种植的外部因素做出迅速反应，还能在木薯种植早期阶段检测死亡率并重新规划种植。

病虫害方面 加纳科学和工业研究委员会（CSIR）下属作物研究所（CRI）主持的中西部非洲病毒与流行病学项目（WAVE）在加纳东部的 Asesewa 对其改良的木薯品种进行了示范，并成功证实改良木薯品种不仅能有效提升当地木薯产量，还具有抗病虫害、节约灌溉用水、缩短成熟期的特征，口感和味道也与当地木薯无异。

二、中国木薯产业基本情况

(一) 生产情况

中国木薯主产区包括广西、广东、海南、云南、福建5省（区）。2023年，我国木薯的种植面积呈增长态势，产量、单产以及总产值均有所下降。

1. 种植面积

据农业农村部农垦局监测，2023年，全国木薯种植面积为351.9万亩，同比增长1.91%。其中，广西木薯种植面积为234.2万亩，同比增长0.40%；广东为95.8万亩，同比增长4.73%；海南为11.2万亩，同比增长12.00%；云南为3.4万亩，同比下降2.86%；福建为6.5万亩，同比增长3.34%；湖南为0.8万亩，同比增长2.67%。

2. 投产面积

据农业农村部农垦局监测，2023年，全国木薯定植面积为335.80万亩，同比增长33.80%。其中，广西木薯定植面积为233.3万亩，同比无变化；广东为84.8万亩；海南为10.5万亩，同比增长16.67%；福建为6.5万亩，同比增长3.17%；湖南为0.8万亩，同比下降3.75%。

3. 总产量

据农业农村部农垦局监测，2023年，全国木薯总产量为219.4万吨，同比下降6.34%。其中，广西木薯总产量为161.8万吨，同比增长2.64%；广东为47.3万吨，同比下降28.83%；海南为4.0万吨，同比增长3.62%；云南为2.1万吨，同比下降4.55%；福建为2.9万吨，同比增长2.81%；湖南为1.2万吨，同比增长2.65%。

4. 单产

据农业农村部农垦局监测，2023年，全国木薯单位面积产量为4 367.9千克/亩，同比下降4.49%。其中，广西木薯总产量为690.8千克/亩，同比增长2.22%；广东为497.0千克/亩，同比下降24.49%；海南为384.9千克/亩，同比下降11.17%；云南为840.0千克/亩，同比下降0.73%；福建为446.2千克/亩，同比下降1.52%；湖南为1 509.0千克/亩，同比增长0.15%。

5. 总产值

据农业农村部农垦局监测，2023年，全国木薯总产值为46.3亿元，同比下降15.10%。其中，广西木薯总产值为28.6亿元，同比下降24.48%；广东为15.1亿元，同比增长5.85%；海南为1.2亿元，同比增长21.12%；云南为0.4亿元，同比下降4.55%；福建为0.7亿元，同比增长2.81%；湖南为0.3亿元，同比无变化。

（二）贸易情况

1. 木薯干

据中国海关统计，2014—2023年，中国木薯干进出口量波动较大。2023年，中国进口量为560.8万吨，同比降低21.13%，进口额为15.5亿美元，同比降低23.48%。其中，从泰国进口486.2万吨，占总进口量的86.71%；从越南进口72.0万吨，占总进口量的12.84%。2022年和2023年均无木薯干出口，生产的木薯干均在国内市场消费（图9）。

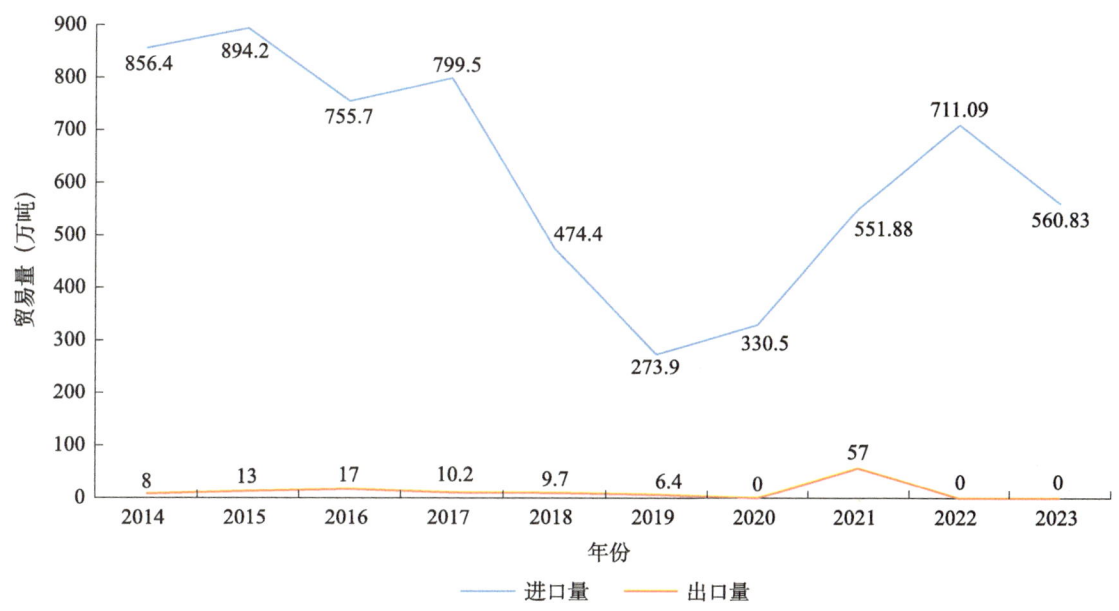

图9　2014—2023年中国木薯干进出口变化趋势
（数据来源：海关统计数据在线查询平台）

2. 木薯淀粉

据中国海关统计，2014—2023年，中国木薯淀粉进出口量波动较大，进口量呈波动增加趋势。2023年，中国木薯淀粉进口量为331.5万吨，同比下降23.09%，进口额为17.1亿美元，同比下降22.71%（图10）。其中，从泰国进口191.9万吨，占总进口量的57.88%，从越南进口104.2万吨，占总进口量的31.43%。木薯淀粉出口量532.5吨，出口额44.5万美元，分别同比降低41.75%和34.03%，主要出口到中国台湾、中国香港等地区。

（三）价格情况

2014—2023年，鲜木薯收购价格、木薯干片和木薯淀粉市场价格均维持上涨趋势，但是增长幅度不大。

2023年收获季，主产区鲜薯收购价略有下降，同比下降9.72%，均价650元/吨。其中，广西北海630～670元/吨，广西南宁640～660元/吨，广西崇左600～700元/吨，广东云浮市

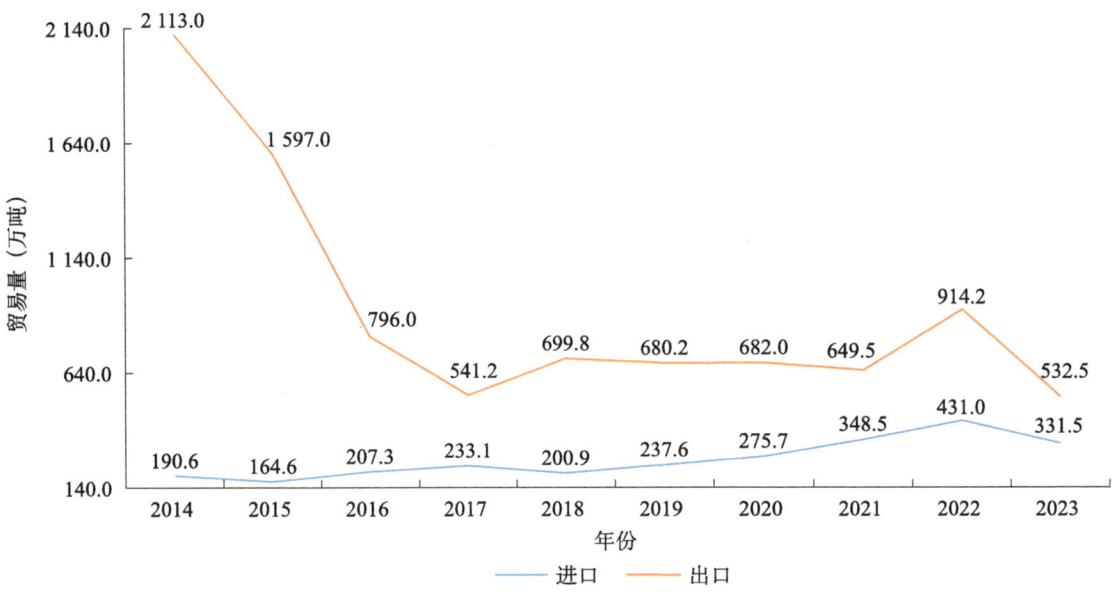

图 10　2014—2023 年中国木薯淀粉进出口变化趋势

620~680 元 / 吨,海南 650 元 / 吨,云南 600~700 元 / 吨,福建 650 元 / 吨,湖南、江西 650 元 / 吨。

2023 年,中国木薯干平均价格(市场价)为 2 316 元 / 吨,同比上涨 1.87%,中国木薯干最高价为 1 月的 2 340 元 / 吨,2 月开始价格一路下跌,直至 8 月开始回升。

木薯淀粉的平均价格起伏较大,以广西国家标准一级木薯淀粉为例,全年平均价格(市场价)为 4 075 元 / 吨,同比上涨 2.39%,其中,平均价格最低为 1 月的 3 430 元 / 吨,最高为 10 月的 4 590 元 / 吨(图 11)。

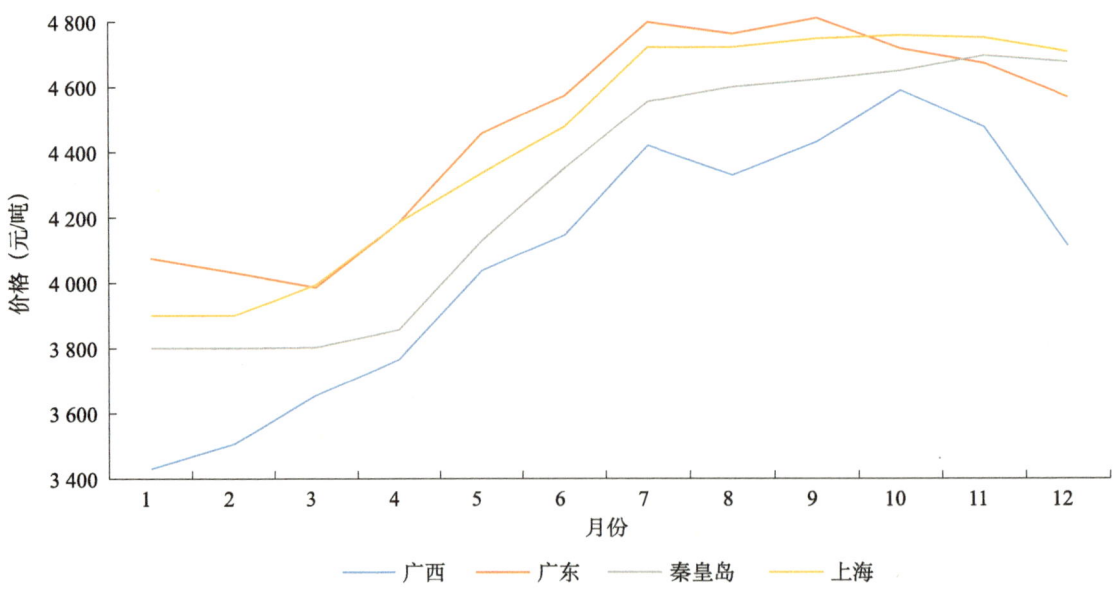

图 11　2023 年中国木薯淀粉市场价格变化趋势

(数据来源:卓创资讯)

（四）产业政策

广西 中共广西壮族自治区委员会、广西壮族自治区人民政府印发了《关于做好 2023 年全面推进乡村振兴重点工作的实施意见》，要求深入实施饲用豆粕减量替代行动，开发利用糖蜜等地源性饲料资源，推动木薯等非粮饲料资源高效利用，推广低蛋白日粮技术。

中国淀粉工业协会 2023 年 8 月，中国淀粉工业协会发布《中国淀粉工业碳达峰实施方案》，鼓励龙头企业联合上下游企业、行业间企业开展协同降碳行动，构建企业首尾相连、互为供需、互联互通的产业链。培育一批绿色工厂、绿色设计产品、绿色园区和绿色供应链企业。推进制造业数字化智能化迭代升级，推动淀粉加工业和现代服务业深度融合发展，推广协同制造、服务型制造、智慧制造、个性化定制等"互联网＋制造"新模式，深入推进淀粉行业供给侧结构性改革。

（五）科技成果及其转化情况

成果转化方面 广西壮族自治区农业科学院经济作物研究所、中国热带农业科学院热带生物技术研究所及广西南亚热带农业科学研究所团队共同实施了"桂木薯 9 号等食用木薯新品种选育与推广"项目。桂木薯 9 号为多年生直立灌木，株高 2.5~4.0 米，丰产性和适应性强。历年生产性试验结果表明，鲜薯平均产量 40.84 吨/公顷，薯肉平均淀粉率 25.20%，氢苷含量 35.1 毫克/千克，β-胡萝卜素含量 4.54 微克/克，综合品质优良，可食用，适宜蒸煮食用及制作木薯汁等。创新发明了矮化成花、花粉保存等关键技术，综合利用基地选择、土壤调理、胚挽救等技术，精准鉴定评价新选 048 自交分离群体 799 份材料，发现薯肉颜色、氢氰酸含量、淀粉含量等重要性状发生分离，采用单倍型 T2T 基因组组装技术揭示了该自交群体广泛分离的奥秘，并挖掘了高 β-胡萝卜素含量种质等一大批优异资源。开发了鉴定木薯薯肉颜色的 CAPS 分子标记和 SNAP 分子标记，采用分子标记辅助选育种技术，从自交分离群体材料中选育出特色优异食用木薯新品种，其中桂木薯 9 号的 β-胡萝卜素含量是国内现有品种中最高的；开发了木薯薯片、木薯羹等系列食用木薯新产品标准工艺，显著提升了木薯产品附加值。

中国热带农业科学院环境与植物保护研究所、中国热带农业科学院热带作物品种资源研究所以及广西壮族自治区亚热带作物研究所研究和制定"木薯花叶病毒病疫情调查与监测技术"技术标准，在海南、广西、江西、云南和贵州建立病害长期监测站点，实施了为期 4 年的木薯花叶病毒病应急处置、中期管控和长期监测预警及管控模式，实施和推广应用"种茎调运监控＋病害检测监测＋虫媒控制"技术方案，有效控制了该病在国内木薯主产区的扩散与蔓延，保障相关产业健康与可持续发展。

品种审定方面 2022 年 12 月 26 日，全国热带作物品种审定委员会组织鉴评专家组在广西壮族自治区北海市合浦县石湾镇清水村基地，对广西壮族自治区亚热带作物研究所、国家木薯产业技术体系贵港综合试验站申报的桂热 13 号木薯新品种进行了现场评鉴。桂热 13 号系广西壮族自治区亚热带作物研究所以新选 048 为母本，南植 199 为父本，通过原创的木薯开花调控技术诱导开花并进行杂交，然后按照规定的育种程序选育而成，完成了实生苗单株评比观察试验、单排试验、品种比较试验、区域性试验和生产性试验。该品种株型直立，具有早熟、高产、高淀粉、低氢氰酸、适应性广等优良特性，适合间套作，加工和食用均可。经现场测产，桂热 13 号适宜在我国广西、江西、云南和其他相似生态区域的木薯种植区域推广应用。2023 年 10 月，桂热 13 号木薯新品种通过全国热作品审委审定。

三、中国木薯产业发展特点

（一）良种良法逐步推广，种植区域逐渐集中

木薯因其耐酸性土壤、耐贫瘠干旱、管理粗放、种植成本低等特点日益成为新型可再生、清洁生物能源的代表，在生物燃料产业中得到了广泛应用，其种植技术和生产规模逐渐提升，良种良法推广力度也在逐步加大。随着加工技术的成熟和完善，木薯加工产业化水平不断提高，种植区域逐渐集中。

（二）国际竞争力有待提升，木薯持续发展有待推动

受劳动成本、土地租金上涨以及其他经济作物的成本效益提高等因素的影响，且大量质优价廉的木薯干、木薯淀粉从东南亚进口，我国木薯种植积极性受到影响，种植面积和产量出现递减的趋势。整体木薯行业需求不旺，价格缺乏竞争力，国产木薯淀粉销售困难，价格低迷，导致国内木薯产业规模化和现代化进程受到制约。

四、中国木薯产业存在的主要问题

（一）经营分散、产业效益较低

我国木薯的种植模式相对分散，管理粗放，导致木薯种植效率不高，单位产量排名居世界第二十二，略高于全球平均水平，但远低于印度、越南、泰国等国家。这种分散经营模式限制了木薯产业规模化发展，阻碍了先进的耕种收机械化技术的推广，难以提高产业效益。

（二）加工业原料外贸依存度高

木薯加工厂缺乏鲜薯原料，且高度依赖进口。国内鲜薯收获期主要集中在 11 月至翌年 3 月，加工厂一年中有近 8 个月的时间面临鲜薯原料短缺问题，只能大量进口国外鲜木薯或者木薯干片进行加工，加工厂设备闲置时间较长，或进口原料增加，直接影响木薯产业加工效益。

(三) 专用型品种缺乏

国内木薯主要用作加工淀粉，现有品种中缺乏高淀粉含量且抗生理腐烂的专有品种。现有木薯加工企业混用品种且缺乏专用型品种，导致加工工艺难以控制，产品质量不稳定，降低了加工利用效率和经济效益，也增加了污染处理成本。

(四) 加工附加值有待提升

木薯加工产业规模小、效益低，综合利用效率有待提高。我国大多数木薯加工企业规模较小，设施和技术需要改进。例如，与泰国相比，我国木薯综合加工技术仍有差距，副产物综合利用水平不高。同时，企业在循环经济意识和综合利用方面存在不足，废弃物多、能耗高、水耗大、污染重，易给周边环境造成不良影响。

五、中国木薯产业发展展望

(一) 生产预期

预计2024年，我国木薯种植面积将进一步下降，导致木薯干片产量也会减少。由于科技的加持，木薯的单产有可能增加。

(二) 市场前景分析

预计2024年，国内木薯干片的价格将保持稳定并有所上升，维持在 2 200～2 350 元/吨。木薯淀粉市场价格预计也将上涨，产区市场平均价格预计为 3 900～4 800 元/吨，销区价格预计为 3 600～4 800 元/吨。

(三) 发展趋势

1. 木薯生产

2024年，预计我国木薯种植面积将减少至300万亩左右，干薯产量预计降至约240万吨。这种变化主要源自2022—2023年榨季木薯收购价格下降，与此同时，劳动成本、土地租金以及其他经济作物的相对利润提高，使种植木薯的经济效益下降，而木薯下游产业，如淀粉、乙醇（酒精）产业，仍处于低迷状态，对木薯产业的发展拉动有限。

2. 木薯类产品的进出口

2024年，由于国内木薯供应减少，泰国、越南等国家的木薯原料优势将更加明显。根据近年来木薯产品进出口情况，预计我国将继续增加鲜、冷、冻或干木薯以及木薯淀粉的进口量，总量约为 2 000 万吨。进口价格预计将保持稳定，平均价格约为 300 美元/吨。同时，木薯产品的出口量将继续减少，出口价格相对上涨。

六、产业发展建议

1. 加强科技集成与推广

针对专用品种缺乏、抗生理腐烂能力不强、病虫害精准防控水平较弱等制约木薯产业发展的关键问题，鼓励科研院所、高等院校和企业之间开展技术交流和合作，联合攻关，加强技术创新和技术引进，提高木薯产业的科技含量和竞争力。强化木薯全产业链技术集成与推广，大力发展产业社会化服务，提高组织化程度。

2. 加强木薯安全生产管理

加强木薯安全生产管理，建立健全木薯产业的质量监管体系，严格执行各项质量标准和安全生产标准，加强对农药、化肥等投入品的监管，确保生产过程安全可控、产品质量安全可靠。加强对木薯食品加工过程中卫生、安全和质量的监督检查，做好食品安全风险防控工作，提高消费者对木薯产品的信任度和满意度。

3. 加强市场营销和品牌建设

加快木薯优势区域布局，利用撂荒地发展木薯产业。同时加强木薯产品的市场营销和品牌建设，通过市场调研了解消费需求，研发不同类型、不同规格的木薯加工产品，制定符合市场需求的产品规格和包装标准，提高产品质量和品牌形象。建立完善的市场信息系统，加强与国内外大型超市、食品加工企业和餐饮行业的合作，拓展销售渠道，打开新的市场。鼓励和支持木薯企业参加国内外大型展会和贸易活动，提高产品知名度和竞争力。

4. 加快良种选育

国内外对高淀粉含量、高抗木薯花叶病、高抗采后生理腐烂、高抗细菌性枯萎病等的木薯品种需求迫切，应通过基因型数据、表现型数据等的对比挖掘，加快木薯优良品种的选育并推广，服务全球粮食安全。

5. 加强政策支持

加强对木薯产业发展的政策引导和支持，加大财政扶持力度，提供资金支持和税收优惠政策，为木薯产业的发展提供有力的政府支持和服务保障。同时，加强木薯产业的市场监管，打击假冒伪劣产品和不良竞争行为，维护木薯产业的良好秩序。

2023年芒果产业发展报告

芒果素有"热带果王"之美誉，在热带亚热带气候区域广为种植。世界五大洲都有芒果种植，其中亚洲为主要种植区，其次是非洲和美洲，大洋洲和欧洲仅有少量种植。2022年全球芒果收获面积、产量有小幅度的上升。中国为世界芒果收获面积第三大生产国，产量第二大国家。通过不同气候区域品种合理搭配、不同生态区域不同栽培模式探索、产期调节等关键技术的实施，我国已经实现了芒果鲜果的周年供应。

一、世界芒果产业概况

（一）生产情况

世界上生产芒果的国家或地区有100多个，主要集中在亚洲、非洲和美洲。亚洲主要种植区域为南亚、东南亚和东亚区域；非洲主要集中在东非、西非和北非等区域；美洲主要集中在南美洲、中美洲和加勒比区域；大洋洲和欧洲也有少量种植。

1. 面积

2022年，全球芒果收获面积9 014.6万亩，同比增加5.90%，为世界第二大热带水果。根据联合国粮食及农业组织（FAO）监测，按照收获面积排名，世界芒果生产大国依次是印度（4 056.0万亩）、印度尼西亚（455.1万亩）、中国（444.1万亩）、科特迪瓦（424.8万亩）、墨西哥（332.8万亩）、巴基斯坦（320.5万亩）、菲律宾（288.8万亩）、泰国（217.2万亩）、孟加拉国（208.7万亩）、尼日利亚（196.8万亩），分别占世界种植总面积的44.99%、5.05%、4.93%、4.71%、3.69%、3.55%、3.20%、2.41%、2.32%、2.18%（图1和图2）。全世界收获面积超过15万亩的国家或地区有35个，其中印度一家独大，约占世界总收获面积的2/5。

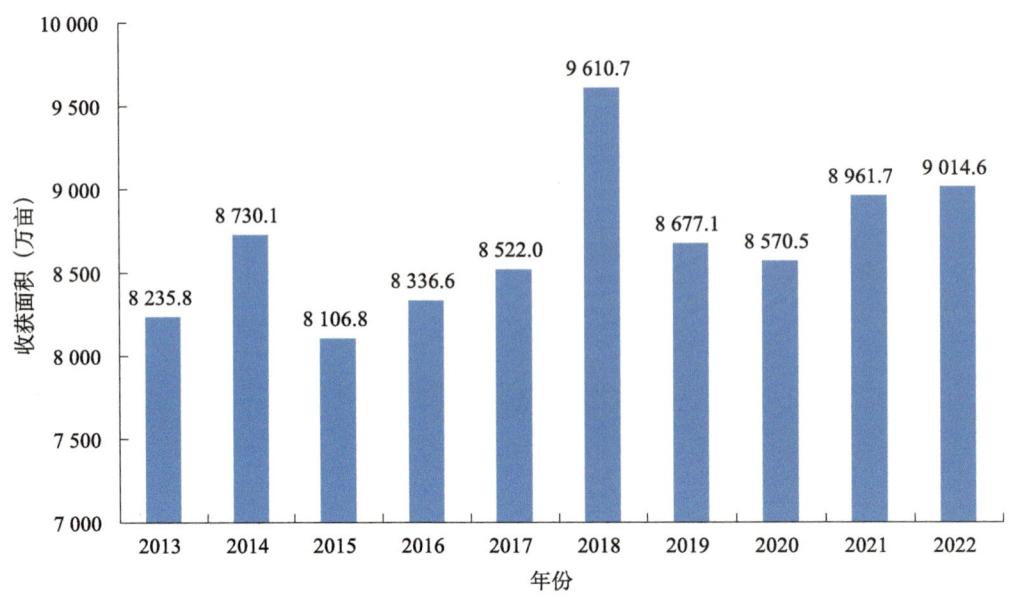

图 1　2013—2022 年世界芒果收获面积变化趋势

（数据来源：FAO）

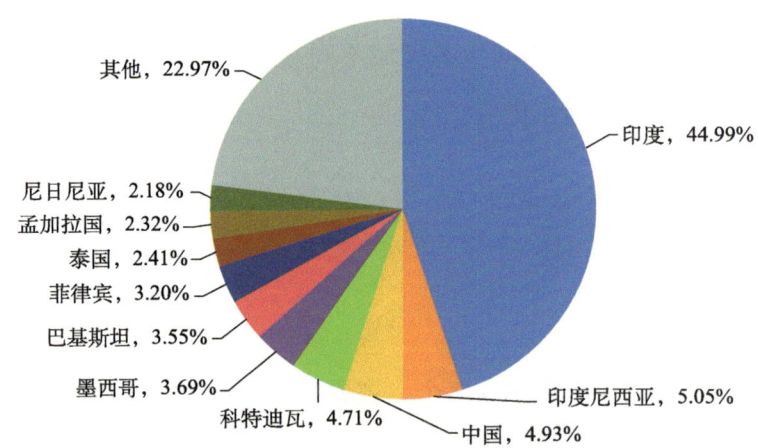

图 2　2022 年芒果主产国收获面积占比情况

（数据来源：FAO、中国农业农村部农垦局）

2. 产量

据 FAO 监测，2022 年，世界芒果产量为 5 915.2 万吨，同比增加 3.75%（图 3）。其中，印度 2 629.9 万吨、中国 431.7 万吨、印度尼西亚 412.5 万吨、巴基斯坦 278.3 万吨、墨西哥 248.6 万吨、巴西 211.1 万吨、马拉维 191.7 万吨、孟加拉国 145.2 万吨、越南 144.4 万吨、泰国 139.9 万吨，分别占世界的 44.46%、7.30%、6.97%、4.70%、4.20%、3.57%、3.24%、2.46%、2.44%、2.36%（图 4）。

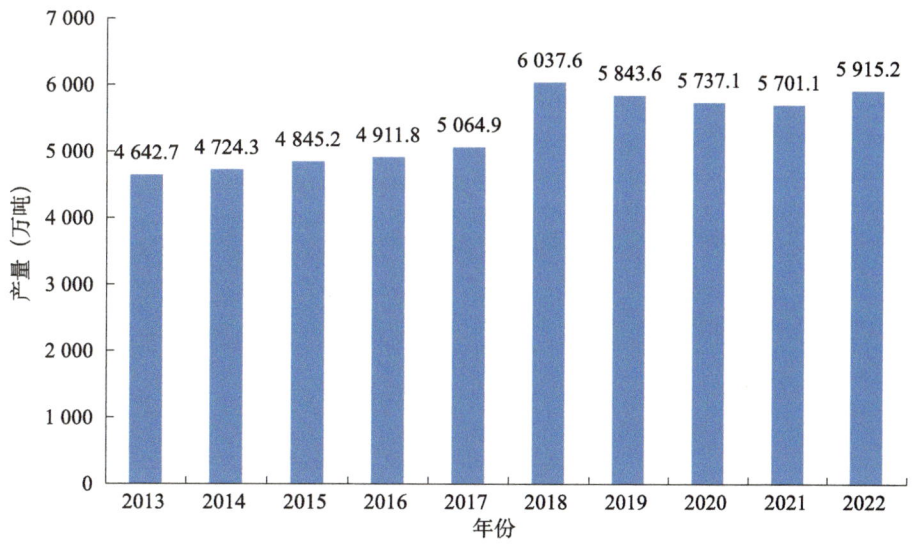

图3　2013—2022年世界芒果产量变化趋势

（数据来源：FAO、农业农村部农垦局）

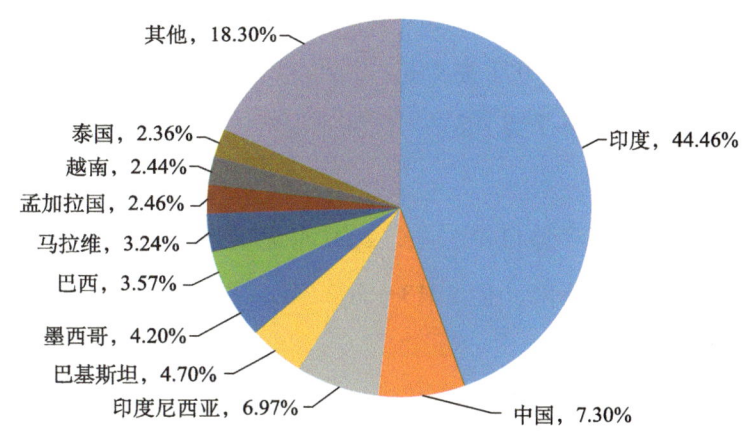

图4　2022年芒果主产国产量的占比情况

（数据来源：FAO、农业农村部农垦局）

全世界芒果产量超过10万吨的国家或地区有37个，其中排名前十生产国的情况见表1。

表1　2022年世界芒果产量排名前十生产国的生产情况

排名	主产国	产量（吨）	收获面积（万亩）
1	印度	26 299 000	4 056.0
2	中国	4 316 800	444.1
3	印度尼西亚	4 125 244	455.1
4	巴基斯坦	2 782 809	320.5

（续表）

排名	主产国	产量（吨）	收获面积（万亩）
5	墨西哥	2 485 546	332.8
6	巴西	2 111 139	151.0
7	马拉维	1 916 502	85.0
8	孟加拉国	1 452 303	308.7
9	越南	1 443 572	178.4
10	泰国	1 398 902	217.2
	世界	59 151 823	9 014.6

（数据来源：FAO、农业农村部农垦局）

3. 单产

2022年，世界芒果单产为656.2千克/亩，同比增加3.14%，其中，印度648.4千克/亩、印度尼西亚906.4千克/亩、中国972.0千克/亩、墨西哥746.9千克/亩、巴基斯坦868.4千克/亩、美国1 432.6千克/亩、马拉维2 254.0千克/亩、巴西1 398.2千克/亩、泰国644.2千克/亩、埃及537.9千克/亩、孟加拉国695.9千克/亩。

（二）贸易情况

世界芒果主产国贸易基本以产地自销为主，2022年芒果出口量约占世界总产量的4%，虽然2022年国际贸易较2021年同比下降，但2013—2022年，国际贸易量总体上呈增加趋势，并以鲜果贸易为主（图5）。

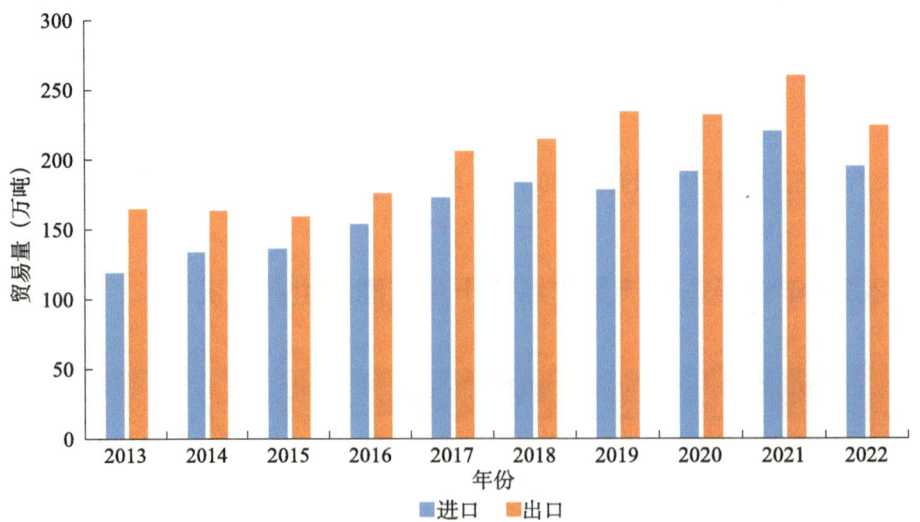

图5　2013—2022年世界芒果进出口量的变化趋势

（数据来源：FAO）

1. 进口

2022年,世界有100多个国家或地区进口芒果,主要进口国为美国、荷兰、阿联酋、德国等。2022年全球芒果进口额为276 307.0万美元,同比下降10.53%,进口量为195.2万吨,同比下降11.43%,其中美国、荷兰、阿联酋位居前三,分别进口57.5万吨、27.8万吨、8.9万吨,分别占全球总量的29.45%、14.25%、5.58%(表2)。

表2 2022年芒果进口量前十位国家

排名	国家	进口量(万吨)	进口额(万美元)
1	美国	57.5	67 523.5
2	荷兰	27.8	37 654.6
3	阿联酋	8.9	9 465.0
4	德国	8.7	19 761.7
5	英国	7.9	20 256.5
6	西班牙	7.3	12 889.1
7	法国	6.7	14 235.8
8	马来西亚	5.8	2 147.3
9	伊朗	4.3	3 134.7
10	沙特阿拉伯	3.8	4 830.0

数据来源:FAO。

2. 出口

2022年世界芒果出口额为29.90亿美元,同比下降18.70%,出口量为224.0万吨,同比下降13.76%。墨西哥是最大的出口国,其次是泰国和秘鲁,出口量分别为44.8万吨、33.7万吨、24.1万吨,分别占世界总量的19.98%、15.05%、10.77%。荷兰是欧洲的芒果交易中心,欧洲约77%的芒果经荷兰中转出口(表3)。

表3 2022年芒果出口量前十位的国家

排名	国家	出口量(万吨)	出口额(万美元)
1	墨西哥	44.8	55 510.9
2	泰国	33.7	51 527.8
3	秘鲁	24.1	29 117.2
4	巴西	23.2	20 685.3
5	荷兰	21.4	39 991.1
6	印度	17.2	22 019.8
7	巴基斯坦	11.2	11 112.4

(续表)

排名	国家	出口量（万吨）	出口额（万美元）
8	厄瓜多尔	6.4	5 140.8
9	西班牙	6.2	11 638.5
10	科特迪瓦	5.5	3 006.2

数据来源：FAO。

（三）价格情况

2022年，全球芒果进口平均价格为1 415.7美元/吨，同比增加1.02%，出口平均价格为1 344.6美元/吨，同比降低5.04%。进口额前十位国家中，进口单价前三位是英国、德国、法国，分别是2 566.5美元/吨、2 261.1美元/吨、2 110.5美元/吨（图6）；出口额前十位国家中，出口单价前三位是荷兰、西班牙、泰国，分别是1 868.2美元/吨、1 867.1美元/吨、1 527.8美元/吨（图7）。

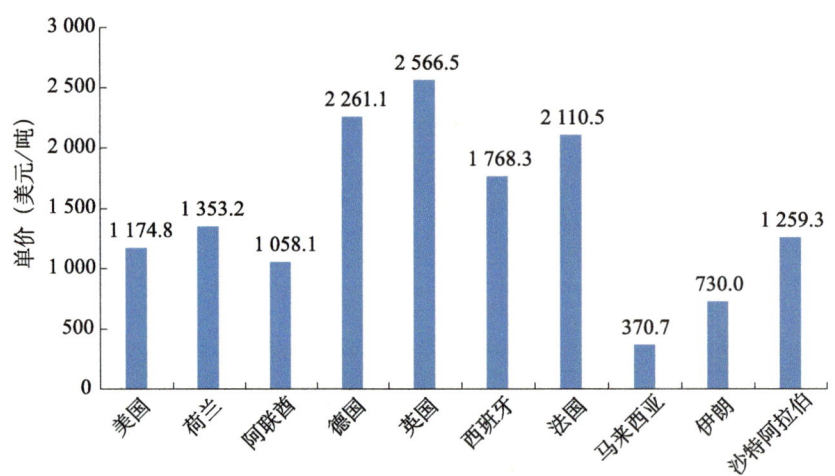

图6 2022年芒果进口额前十位国家的进口单价

（数据来源：FAO）

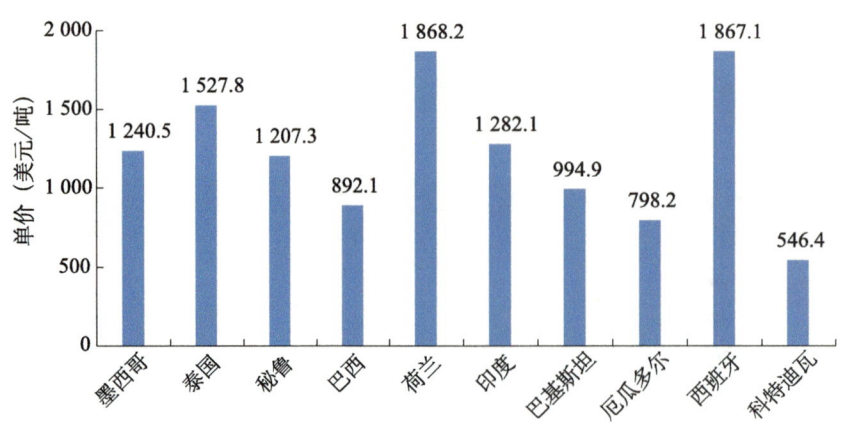

图7 2022年芒果出口额前十位国家的出口单价

（数据来源：FAO）

(四)最新科技进展

1. 育种

印度农业研究所使用 Mallika、Amrapali、Dashehari、Pusa Arunima 和 Pusa Surya 5 个品种嫁接在 Olour、Kurukkan 和 K-5 共 3 种砧木上，研究了接穗和砧木的相互作用。研究了 5 个嫁接品种的 25 个物理化学参数，即果实重量、产量效率、单株果实数、果肉百分比、可溶性固形物含量、酸度、生理失重、果皮厚度、呼吸速率等，发现这些参数会通过接穗与砧木的相互作用而改变。对于研究中的 5 个芒果品种，Olour 砧木被证明是通过嫁接方法提高果实质量和保质期的最佳品种。

2. 逆境生理

沙特国王大学食品科学与农业学院植物生产系的研究人员研究了硒（Se）、钛（Ti）和硅（Si）纳米颗粒对干旱胁迫下芒果的应用效果，结果表明，喷施这些微量元素纳米颗粒通过减小不良胁迫条件的影响，改善了芒果的生长特性、产量和果实质量。与其他处理浓度相比，150 毫克/升硅、60 毫克/升钛和 20 毫克/升硒处理对芽数、长度、厚度、叶面积和叶绿素的增加效果最好；喷施硒、钛和硅纳米颗粒可帮助芒果应对不良条件胁迫，促进生长发育和果实品质提升。

埃及爱紫哈尔大学农学院研究了雾化系统和一氧化氮对霜冻胁迫下'Naomi'芒果生长发育和产量的影响，结果表明，雾化喷雾系统和一氧化氮的应用可以减轻霜冻胁迫条件对'Naomi'芒果的影响，从而提高产量和果实品质。

3. 节水技术

埃及灌溉研究所国家水研究中心的研究表明，部分根区干燥法是一项有效的灌溉节水技术。该研究中心分别在 2020/2021 年度和 2021/2022 年度进行了两次田间试验和建模研究，使用 4 种亏缺灌溉策略，其中，FI（100% 全灌溉）、DI1（0.75FI）、DI2（0.5FI）向芒果树两侧供水，DI3（部分根区干燥，0.5FI）以交替方式向每棵树的一侧供水。这 4 种灌溉方法被指定为研究的主地块。然后，为了添加堆肥，将每个主地块划分为 4 个较小的地块 NC（无堆肥）、C12（12 吨/公顷堆肥）、C18（18 吨/公顷堆肥）和 C24（24 吨/公顷堆肥），以研究这些处理对提高水分生产率、产量和芒果果实质量的影响。结果表明，采用部分根区干燥灌溉方式添加堆肥可以降低整个根区的水分胁迫，提高产量、水分生产率和果实质量。与其他处理相比，添加 24 吨/公顷堆肥并采取部分根区干燥法灌溉增加了土壤有机质含量和微生物活性。此外，添加 24 吨/公顷堆肥在全灌溉和部分根区干燥处理下都提高了芒果的品质，与全灌溉相比，部分根区干燥技术在 2020/2021 年度和 2021/2022 年度分别提高了 3.8% 和 7.3% 的果实产量和 51.6% 和 53.8% 的水分生产率，同时均减少了 50% 的灌溉用水。与其他灌溉策略相比，部分根区干燥策略在提高芒果产量、水分生产率和产量质量方面表现出了优越的效果。利用堆肥作为有机肥料，部分根区干燥法被证明是一种有效的节水和提高生产力的双重技术。

4. 采后保鲜

埃及开罗大学农学院研究了褪黑素（MT）和黄蓍胶（TRG）复合食用涂层对采后芒果的保鲜效果，结果表明，200微摩/升MT+1%TRG处理显著提高了果实品质，从而在贮藏期间保持了果实外观、果肉颜色、硬度、可溶性固形物含量、酚类物质含量，以及果胶甲酯酶、多酚氧化酶和过氧化物酶活性，建议将其作为一种安全的采后处理方法，以减缓芒果变质并保持果实品质。科特迪瓦阿比让费利克斯·胡福埃·博伊尼大学生物科学系食品生物技术研究所针对该国芒果采后炭疽病导致果实损失高达20%的现状，从发酵芒果中分离出乳酸菌用于防治炭疽病，58%的分离株表现出抗真菌活性，其中23%的分离株显示出大于60%的抑制作用。马来西亚佩利斯大学化学工程与技术学院研究发现掺入互叶白干层精油的薄膜或直接应用精油可以控制芒果采后病害的环保替代品。

5. 食品与健康

圣地亚哥州立大学运动与营养科学学院研究食用新鲜芒果对超重/肥胖个体肠道微生物组、肠道通透性蛋白和排便习惯的影响。结果表明芒果的摄入增加了斑点普雷沃氏菌、*pyruviciproducens*棒状杆菌和*timidum*莫吉杆菌的丰度，而降低了粪普雷沃氏菌的丰度。食用芒果可能会对肠道健康产生积极影响。

二、中国芒果产业基本情况

（一）生产情况

1. 种植面积情况

中国（不包括中国台湾地区）芒果种植区域主要分布于云南、广西、四川、海南、广东、贵州和福建7个省（区）的100多个市（县），是世界上首个实现鲜果周年生产供应的国家。据农业农村部农垦局统计，2023年中国（不包括中国台湾地区）种植面积593.2万亩，同比增长0.1%（图8）；收获面积467.2万亩，同比增长5.2%。其中，云南种植面积191.4万亩、收获面积127.0万亩，分别占全国总面积的32.3%和27.2%；广西种植面积149.8万亩、收获面积140.1万亩，分别占全国总面积的25.3%和30.0%；四川种植面积113.6万亩、收获面积83.4万亩，分别占全国总面积的19.2%和17.8%；海南种植面积98.1万亩、收获面积91.6万亩，分别占全国总面积的16.5%和19.6%；广东种植面积20.0万亩、收获面积17.5万亩，分别占全国总面积的3.4%和3.7%；贵州种植面积19.7万亩、收获面积7.0万亩，分别占全国总面积的 3.3% 和 1.5%；福建种植面积 0.6 万亩、收获面积 0.6 万亩，分别占全国总面积的 0.1% 和 0.1%（图 9）。

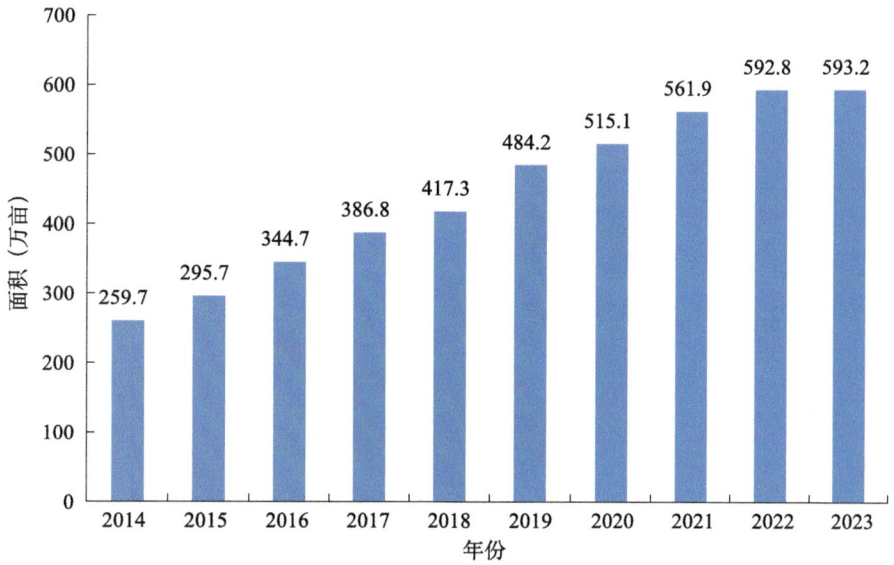

图 8　2014—2023 年中国（不包括中国台湾地区）芒果种植面积变化趋势
（数据来源：农业农村部农垦局）

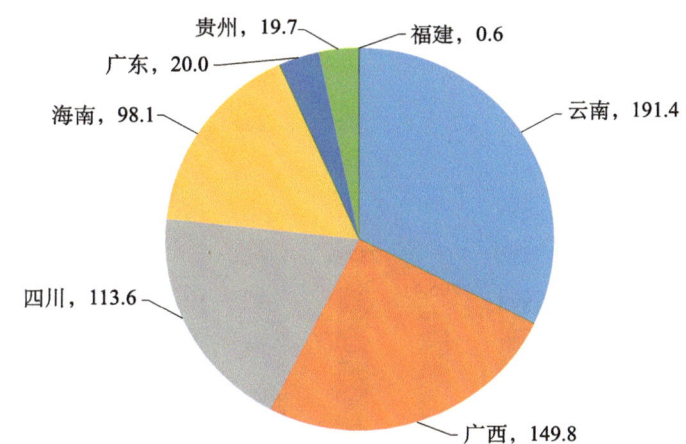

图 9　2023 年中国（不包括中国台湾地区）芒果种植面积（单位：万亩）
（数据来源：农业农村部农垦局）

2. 总产量、年产值和单产水平

2023 年，中国（不包括中国台湾地区）总产量为 490.0 万吨，同比增长 13.5%。其中，云南 164.0 万吨，占全国产量的 33.5%；广西 139.5 万吨，占 28.5%；海南 91.0 万吨，占 18.6%；四川 67.6 万吨，占 13.8%；广东 18.6 万吨，占 3.8%；贵州 8.4 万吨，占 1.7%；福建 0.9 万吨，占 0.2%（图 10）。2014—2023 年中国（不包括中国台湾地区）芒果总产量变化趋势见图 11。全国平均单产 1 049.0 千克 / 亩，同比增长 7.9%，其中福建平均单产 1 481.5 千克 / 亩，云南1 291.3千克/亩，贵州1 202.9千克/亩，广东1 065.7千克/亩，广西995.7千克/亩，海南993.8千克/亩，四川810.4千克/亩（图12）。中国（不包括中国台湾地区）总产值263.0亿元，同比增长11.8%。

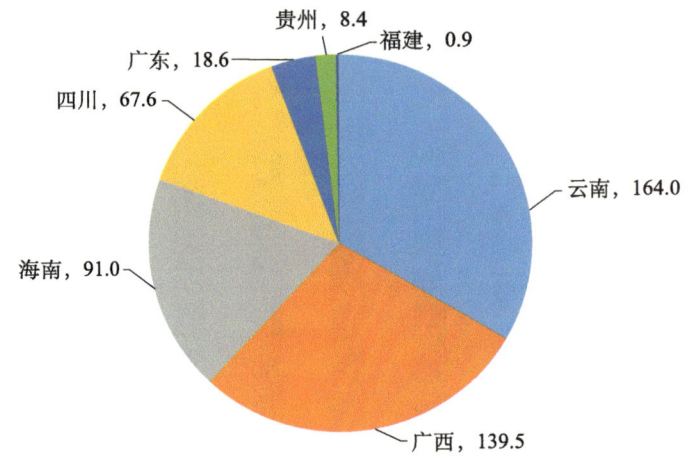

图10　2023年中国（不包括中国台湾地区）芒果产量情况（单位：万吨）

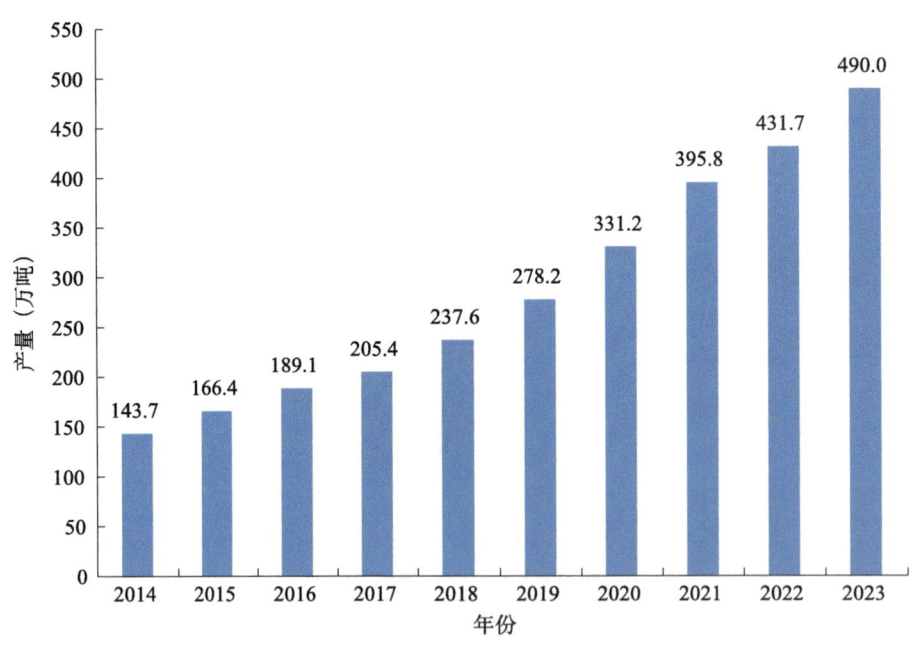

图11　2014—2023年中国（不包括中国台湾地区）芒果总产量变化趋势
（数据来源：农业农村部农垦局）

3. 主栽品种

中国大陆地区芒果产业在发展初期主要是依靠引进国外和中国台湾地区的优良品种发展起来的，目前种植的品种有40多个，引进种植的品种所占比例依然高达80%左右，主要为鲜食品种，大宗栽培品种包括台农1号、金煌、凯特、贵妃、桂热82号、帕拉英达和热农1号等，

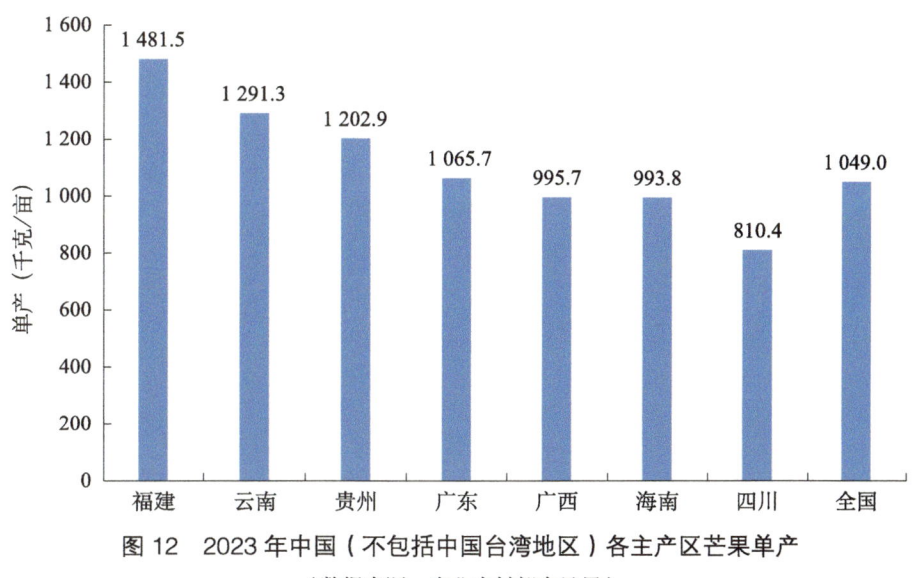

图 12 2023年中国（不包括中国台湾地区）各主产区芒果单产

（数据来源：农业农村部农垦局）

圣心、桂热 10 号、白象牙、红象牙、椰香、景东晚芒、热品 4 号、热品 16 号、桂热芒 3 号、玉文和爱文等品种也占有一定比例。

（二）贸易情况

1. 进口情况

据中国海关统计，2023 年中国进口鲜芒果 11 121.0 吨，同比下降 86.49%，进口额 1 073.8 万美元，同比下降 81.12%。其中，从泰国进口 3 717.8 吨，进口额 450.0 万美元；从越南进口 3 300.2 吨，进口额 138.0 万美元；从缅甸进口 2 037.0 吨，进口额 31.7 万美元；从中国台湾地区进口 1 041.3 吨，进口额 199.5 万美元；从柬埔寨进口 692.3 吨，进口额 28.7 万美元；从秘鲁进口 148.5 吨，进口额 116.9 万美元；从澳大利亚进口 110.9 吨，进口额 67.1 万美元；从巴基斯坦进口 43.3 吨，进口额 7.6 万美元；从菲律宾进口 29.6 吨，进口额 34.0 万美元。我国 2023 年各月份进出口鲜芒果数量见图 13。

2022 年我国芒果汁进口量为 1 453.8 吨，同比上升 72.24%，进口金额为 307.4 万美元，同比上升 106.90%。主要进口国家为菲律宾（968.1 吨）、以色列（343.8 吨）、印度（70.4 吨）、越南（37.1 吨）、泰国（17.7 吨）、埃及（11.4 吨），分别占进口总量的 66.57%、23.64%、4.84%、2.55%、1.08%、0.78%。

2. 出口情况

2023 年中国共出口芒果 46 190.9 吨，同比上升 20.75%，出口额 6 011.7 万美元，同比上升 1.7%。其中，出口到越南 19 390.2 吨，出口额 1 702.7 万美元；出口到中国香港地区 12 249.2 吨，出口额 2 094.1 万美元；出口到俄罗斯 9 296.3 吨，出口额 1 390.1 万美元；出口到中国澳

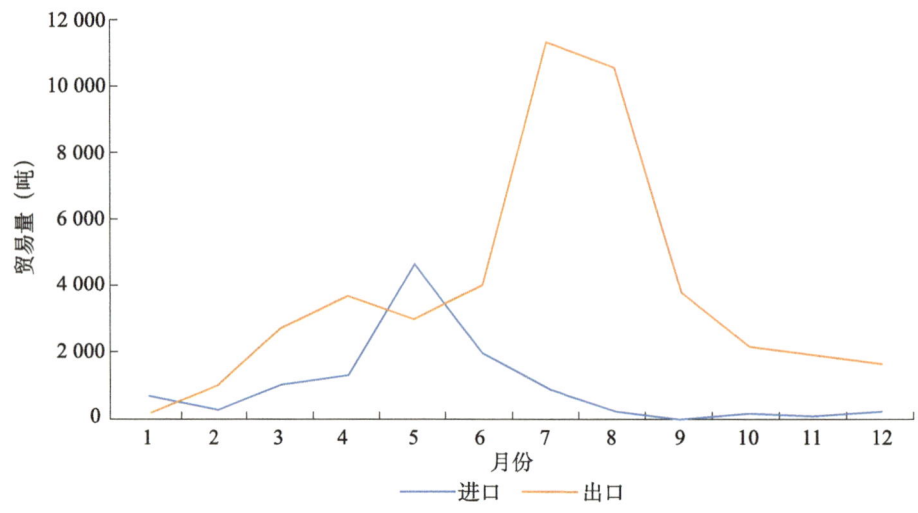

图 13　2023 年 1—12 月中国鲜芒果进出口数量情况
（数据来源：中国海关）

门地区 1 898.1 吨，出口额 72.5 万美元；出口到马来西亚 908.6 吨，出口额 112.2 万美元；出口到尼泊尔 816.9 吨，出口额 66.5 万美元；出口到新加坡 648.5 吨，出口额 88.5 万美元；出口到泰国 71.2 吨，出口额 10.7 万美元；出口到美国 69.5 吨，出口额 206.9 万美元；出口到蒙古国 66.1 吨，出口额 3.3 万美元。

2023 年，中国芒果汁出口量为 387.4 吨，同比下降 33.48%，出口额为 68.4 万美元，同比下降 30.76%；出口国家和地区为马来西亚（98.7 吨）、韩国（45.5 吨）、新加坡（44.4 吨）、中国香港地区（44.1 吨）、朝鲜（41.2 吨）、美国（39.3 吨）、埃塞俄比亚（24.0 吨）、澳大利亚（11.3 吨），分别占出口总量的 25.48%、11.74%、11.46%、11.38%、10.63%、10.14%、6.19%、2.93%。

（三）价格情况

1. 进出口价格情况

进出口产品价格因产品的规格等级和质量不同，存在价格差距。据中国海关统计，2023 年中国进口鲜芒果的价格为 0.41~11.49 美元/千克，平均价格为 0.97 美元/千克，同比上升 39.93%；进口果汁的价格为 0.55~3.27 美元/千克，平均价格为 2.18 美元/千克，同比上涨 23.72%。

2023 年中国出口鲜芒果价格为 0.38~32.70 美元/千克，平均价格为 1.30 美元/千克，同比下跌 15.75%；出口芒果汁的价格为 0.48~2.69 美元/千克，平均价格为 1.77 美元/千克，同比上升 3.89%。

2. 国内市场价格情况

（1）地头收购价

2023年芒果地头收购价在3月前最高，早熟区金煌和贵妃的价格高达13元/千克，然后价格开始下跌，一直到8—9月才开始回升。中国各产区芒果地头收购平均价格见表4。

表4　2023年中国各产区芒果地头收购平均价格

优势区	产区平均价格
早熟区（海南南部—西南部）	金煌5.5元/千克、台农1号4.8元/千克、贵妃5.5元/千克、椰香5.5元/千克、红玉4.5元/千克
中熟区（广东雷州半岛、广西右江河谷、云南怒江—澜沧江—红河流域）	广西右江河谷产区桂热芒82号5.5元/千克、台农1号4.5元/千克、贵妃4.5元/千克、金煌4.5元/千克；广东雷州半岛产区椰香15.0元/千克、台农1号5.5元/千克；云南怒江—澜沧江—红河流域产区金煌5.0元/千克、台农1号7.0元/千克、贵妃5.5元/千克、圣心4.5元/千克、热农1号5.0元/千克、帕拉英达5.5元/千克
晚熟区（四川与云南金沙江干热河谷流域、贵州西南部、福建南部）	四川与云南金沙江干热河谷流域产区凯特4.5元/千克、金煌5.0元/千克、金百花5.5元/千克、椰香5.5元/千克；贵州西南部产区金煌5.0元/千克、台农1号4.5元/千克；福建南产区贵妃8.5元/千克、金煌8.5元/千克

（2）批发市场价格

2023年全国农产品批发市场的芒果均价12.2元/千克。其中，2月（13.6元/千克）最高，10月（11.0元/千克）最低（图14）。主要原因是冬季新鲜水果供应较少，加上节假日（春节）消费旺盛，从而拉高芒果批发价格；而5—9月有大量新鲜水果上市，尤其是荔枝、龙眼大量上市，消费者选择增多，拉低了芒果批发价格。

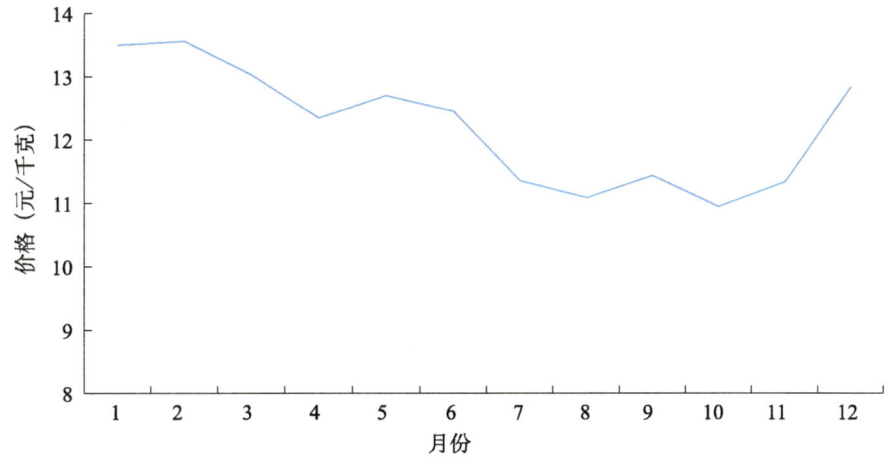

图14　2023年1—12月批发市场芒果均价趋势

2023年全国农产品批发市场，金煌均价为9.9元/千克，其中以4月（13.7元/千克）最高，8月（6.4元/千克）最低；台农1号均价为12.5元/千克，其中以2月（14.9元/千克）最高，7月（10.2元/千克）最低（图15）。

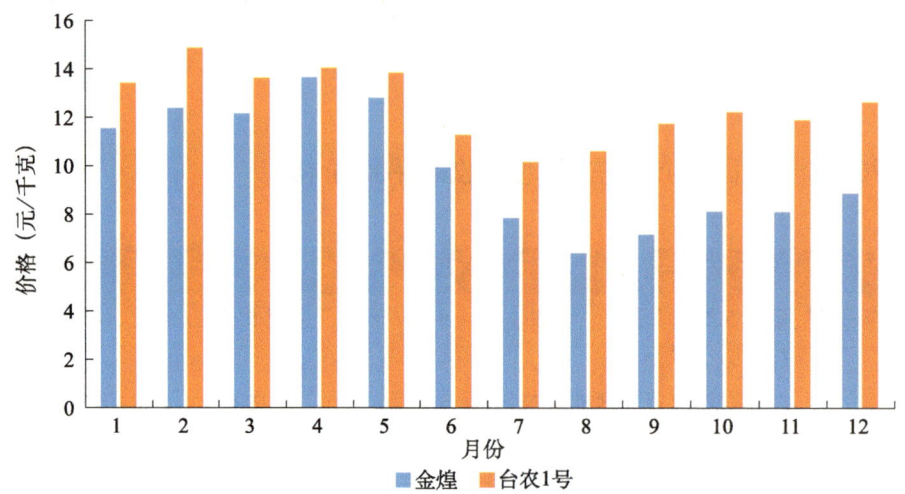

图15　2023年1—12月芒果批发市场金煌、台农1号价格趋势

（四）消费及加工情况

芒果国内消费以鲜食为主，其加工产品尤其是休闲食品近年也逐渐成为新的消费增长点，芒果干、芒果冻干、芒果汁、芒果脆片和芒果酒等加工产品层出不穷。在加工产品品种日益丰富的基础上，叠加城镇化的发展、互联网营销手段的推陈出新、及时配送（外卖）的实现等，从而推动消费量增长。

（五）成本收益情况

芒果的种植生产成本主要包括种苗费、定植费、采前作业费、采收费、芒果园的一般管理费（化肥、农药等）、土地租金、折旧费等，不同生产地区芒果的生产成本不同，一棵芒果树投入的成本为每年60～160元不等，多在80～100元。芒果园的生产投入还与种植管理水平和农户收入情况密切关联，芒果园若管理得好，经济效益高，种植者投入的热情也高，获得的效益也明显。以收获果实来考量生产成本，折合2～3元/千克。

根据不同主产区的调研情况来看，产地收购价格在不同区域、不同时间、不同品种间价格相差较大。平均来看，产地价格在4～6元/千克，旺产期果园按照每亩1 000千克产量计算，亩产值为4 000～6 000元。芒果的实际价格还会受到芒果的市场需求、气候（如冬季是否有严重冷害、夏季是否有台风等）、其他水果的产量与价格等因素的影响，总体上投入产出比约为1∶2。

（六）各地产业扶持政策

1. 举办丰富多彩的活动，助力消费市场

2023年6—8月，在广东湛江、云南元江、广西百色、四川攀枝花和云南丽江等产区，在芒果采收季节均举办了丰富多彩的芒果活动，助力芒果销售。

2023年6月，以"覃斗芒果 芒果之王"为主题的雷州覃斗芒果旅游文化节在广东湛江雷州市举行，活动现场设置了芒果文化展览，介绍雷州覃斗芒果的历史和文化内涵，以及芒果种植、采摘、加工、品质控制、销售等方面的知识。此外，还举行了雷州覃斗芒果全新战略发布会，探讨和分析雷州覃斗芒果产业的发展趋势。

2023年6月，在云南元江，举办了中国·元江第二十届金芒果文化旅游节，以"热情元江 芒果飘香"为主题，设置云上直播、非遗时装秀、狂欢音乐节、狮王争霸赛、城市营地五大板块共计24项丰富多彩的活动。

2023年6—7月，以"礼赞新时代 多彩新芒乡"为主题的2023年百色田东芒果文化活动月在广西百色田东县举办，主要由主题文艺晚会、"全民欢唱 全城律动"芒果音乐周、田东星光夜市3个精彩纷呈的活动板块组成，充分展示百色芒果田东产区产业、生态、文化、旅游等资源优势，不断扩大田东芒果文化品牌知名度和影响力，让芒果产业及文化旅游消费成为拉动经济增长的新动力。其间，同步举办了第二届中国芒果产业大会。该届大会以"发展芒果特色产业 助推乡村全面振兴"为主题，由农业农村部南亚热带作物中心、中国热带农业科学院、广西壮族自治区农业农村厅、中共百色市委员会、百色市人民政府共同主办。主办方表示，要不断夯实产业根基、增强发展动能、推动产业升级，推进芒果产业高质量发展。

2023年7月，四川攀枝花仁和区举办2023年中国晚熟芒果季开幕仪式，现场发布了四川攀枝花市芒果产业地图，发起金沙江流域晚熟芒果产业"两个替代"倡议，并举行了芒果集中采购签约仪式与金沙江流域芒果产业联盟成立仪式。攀枝花三区两县（东区、西区、仁和区、米易县、盐边县）与四川会理、会东以及云南华坪、永仁、永胜10地携手成立金沙江流域芒果产业联盟，围绕"产业集群共创、各类资源共享、区域品牌共建、产业发展共兴、技术人才联育"五方面开展合作，最大限度融合资源优势，发挥聚集效应，共同促进金沙江流域片区经济社会高质量发展。

2023年8月，2023年金沙江流域芒果产业大会在云南丽江举行。该次大会以"区域协同发展 助推乡村振兴"为主题，通过"政府搭台、企业唱戏、媒体助力"的模式，推介金沙江流域联盟州（市）区域公用品牌，发布"丽江芒果"标识，成立金沙江流域两省五州（市）芒果产业发展联盟及中国果品流通协会芒果分会，并通过产销对接会推介"丽江芒果"。

2. 海南芒果全产业链培育发展博士论坛

2023年7月28日，在海南海口市举办了以"海南芒果高质量发展与品牌建设"为主题的海南芒果全产业链培育发展博士论坛，聚焦芒果产业标准化、品牌化、生态化、信息化和三产融合的发展思路，开展主题演讲、合作签约、专家技术推介等活动。来自全国的相关学者，针对企业技术需求，对海南芒果产业在育种栽培技术、病虫害防治、加工保鲜、品牌建设等方面提出了行业技术建议，尤其就如何做大做强芒果产业等进行了深入交流，为树立具有国际影响力的优质、安全、高端"海南芒果"品牌形象，促进海南芒果产业兴旺和农民增收，推动海南现代农业产业发展与自贸港建设贡献智慧和力量。

（七）科技成果及其转化情况

1. 科技成果

（1）新品种选育

中国热带农业科学院南亚热带作物研究所牵头选育出大小适中、抗逆性强、耐贮性好、甜酸适度的早中熟芒果品种热农29号（金香芒），并于2023年6月获批植物新品种权。

广西壮族自治区亚热带作物研究所从泰国芒14号（青皮，Okrong）实生后代选育出大小适中、香味浓郁、较耐低温阴雨、早结丰产的中熟芒果新品种桂热芒4号。该品种适合在广西南部、右江河谷地带和贵州省南北盘江河谷地带以及类似生态区推广种植。

（2）发布标准

农业农村部和各主产省（区）分别发布了芒果品种鉴定、栽培技术、抗灾减灾、品质品牌方面的相关标准。

在品种鉴定方面，广西壮族自治区市场监督管理局发布地方标准《芒果品种鉴定技术规程 SSR分子标记法》（DB45/T 2754—2023）；在栽培技术方面，农业农村部发布农业行业标准《芒果良好农业规范》（NY/T 4289—2023），广西壮族自治区市场监督管理局发布地方标准《橘小实蝇防控技术规程 第2部分：芒果》（DB45/T 2756.2—2023），四川省攀枝花市市场监督管理局发布地方标准《芒果白粉病绿色防控技术规程》（DB5104/T 87—2023）、《芒果桔小蝇绿色防控技术规程》（DB5104/T 88—2023）、《芒果炭疽病绿色防控技术规程》（DB5104/T 89—2023）、《芒果畸形病分级方法》（DB5104/T 90—2023）、《芒果畸形病绿色防控技术规程》（DB5104/T 91—2023）；在抗灾减灾方面，四川省攀枝花市市场监督管理局发布地方标准《攀枝花芒果冻害等级》（DB5104/T 60—2023）、《攀枝花芒果风灾等级》（DB5104/T 61—2023）、《攀枝花芒果开花坐果期干热风灾害等级》（DB5104/T 62—2023）；在品质品牌方面，农业农村部发布农业行业标准《芒果品质评价技术规范》（NY/T 4416—2023），广东湛江市市场监督管理局发布地方标准《地理标志产品 覃斗芒果》（DB4408/T 4—2023），云南临沧市市场监督管理局发布地方标准《地理标志产品 永德芒果》（DB5309/T 72—2023）。

2. 资源鉴定评价

贵州省亚热带作物研究所基于SSR分子标记构建了19个芒果品种（系）的DNA指纹图谱。该研究从已开发得到的115对SSR标记引物中筛选，得到9对稳定性较好、多态性好的引物，结合"数字＋字母"处理获得 19 个芒果品种（系）的指纹图谱代码，如金煌芒的指纹图谱代码为 9EE9F8933；以 19 份材料的指纹图谱代码和基本信息为载体，通过在线条形码生成程序、二维码生成程序生成其条形码 DNA 分子身份证、二维码 DNA 分子身份证，为芒果遗传育种、优异基因挖掘提供数据参考。

广西农业科学院植物保护研究所开展了 50 份芒果种质资源材料对细菌性黑斑病和坏死病的抗性评价研究，结果表明，50 份芒果资源叶片的细菌性黑斑病发病率均为 100%，未见抗病和免疫品种，缅球芒表现为中抗，其余 49 份材料均表现为感病；50 份芒果材料叶片的细菌性坏死病发病率均为 100%，未发现免疫材料，76 号芒和白象牙芒表现为高抗，新世纪芒、龙井芒等 34 份材料表现为中抗，28 号芒、金百花芒等 14 份材料表现为感病。

攀枝花市农林科学研究院选择四川晚熟芒果产区主要种植的 6 个砧木品种开展抗畸形病评价研究，结果表明，缅甸 8 号和红象牙为高抗品种，建议推广种植。

3. 栽培技术

（1）生草栽培

广西大学农学院以广西百色坡地 5 龄芒果园为研究对象，在自然降雨条件下测定生草减肥和常规管理 2 个处理坡地芒果园的径流产生量以及泥沙、氮和磷流失量，同时分析芒果的氮、磷和钾吸收量。结果表明，在广西百色市芒果产区坡地芒果园，地表径流发生于连续中大降雨或单场降水量大于 30 毫米的降雨，且与降水量呈极显著正相关，果园泥沙、氮和磷流失量受连续中大降雨的影响更明显。与常规管理相比，生草减肥措施可在有效减少地表径流以及泥沙、氮和磷流失量的同时提高芒果的氮、磷和钾吸收量。

华中农业大学植物科学技术学院开展了生草覆盖对芒果园有机磷组分及微生物代谢的影响研究。行间分别间种蝶豆、臂形草、柱花草 3 种覆盖作物作为主处理，行间免耕（除草剂）处理作为对照。采集不同生草根际和非根际土壤样品以及芒果叶片和果实样品，进行理化性质分析、有机磷组分含量测定、土壤微生物群落结构分析以及芒果养分和品质检测。结果显示生草覆盖能显著改善芒果园土壤健康，促进有机磷矿化，是加强磷获取的可行性手段。同时，生草间作期间控施氮肥对加强芒果园土壤健康、提高果园生态系统稳定性、改善果实品质和提高产量具有重要意义。

（2）肥水管理

海南大学热带作物学院根据攀枝花晚熟芒果果园土壤的特点，选择了 3 个不同肥力等级的芒果园，通过 3 年的田间试验研究了施用不同碳氮比有机肥及采取优化施肥技术对芒果产量、品质及土壤地力的影响。试验结果显示，碳氮比最高的甜叶菊有机肥处理，土壤肥力综合得分最高；其次是动物氨基酸和鸡粪有机肥处理；得分最低的为秸秆和牛粪有机肥处理。通过对芒果产量与品质、土壤肥力水平等因素的综合考虑，攀枝花晚熟凯特芒果产量最优处理为施用鸡粪和动物氨基酸有机肥，品质最优处理为施用甜叶菊有机肥。5 种有机肥均可提升土壤肥力水平，提升能力分别为甜叶菊有机肥＞动物氨基酸有机肥＞鸡粪有机肥＞秸秆有机肥＞牛粪有机肥。对于不同肥力的果园，低肥力果园适合高养分含量的鸡粪有机肥，中肥力果园适合动物氨基酸有机肥，高肥力果园 5 种有机肥均适合。

中国热带农业科学院热带作物品种资源研究所开展了芒果果实发育期不同灌溉水量对果实生长及品质影响的研究，结果表明，不同灌溉水量不仅影响果实大小和果形指数，还影响果实可溶性固形物、可溶性糖、淀粉、可滴定酸、维生素 C 的含量。综合分析表明，灌溉水量为 65%～68% 田间持水量更有利于促进芒果果实的生长发育及内在品质的改善。

（3）生长调节剂施用

中国热带农业科学院环境与植物保护研究所开展了氯吡苯脲（CPPU）对贵妃芒果果实产量、品质和采后贮运特性影响的研究，结果表明，幼果期喷施 CPPU 的适宜浓度为 10~20 毫克/升，盛花期后 15~50 天果实细胞旺盛分裂期施用效果最佳，可显著增加单果重和产量，对果实品质和果实转色影响不显著，并能延长贮藏时间，更利于采后贮运保鲜。

（4）果实蝇防控

广西百色田阳区植保站开展了实蝇双性饵剂对芒果园橘小实蝇诱集效果的研究，结果表明，实蝇双性饵剂对芒果园橘小实蝇的诱集能力最强，且对雌成虫具有较强的诱集能力。实蝇双性饵剂处理，单个诱捕器平均诱集的总虫量为 741.23 头，与其余处理间差异极显著；雌虫率为 42.82%，与其余处理间差异极显著；实蝇双性饵剂对芒果园橘小实蝇的防效为 99.72%，芒果受害率为 0.33%。实蝇双性饵剂适宜在芒果生产中推广应用。

4. 果实采收机械

海南大学机电工程学院针对当前芒果采摘过程中自动化与智能化程度较低的问题，设计了一种自走式芒果采收车，通过三维实体建模与功能分析，确定了一种机械结构与控制系统相结合的自走式采收方案，并对该采收车的关键零部件——升降装置进行了力学有限元分析。结果表明，升降装置的最大应力为 43.34 兆帕，最大形变位移为 0.139 83 毫米，验证了选材和结构设计的合理性。该采收车的设计有助于提升芒果采摘过程的自动化程度，能够降低人工成本。

5. 采后保鲜

中国热带农业科学院南亚热带作物研究所研究了肉桂精油复合壳聚糖处理对采后芒果的保鲜效果，结果表明，肉桂精油对平板上芒果炭疽菌的适宜抑菌浓度为 0.03%；0.5% 肉桂精油 +0.3% 壳聚糖处理的保鲜效果最佳，贮藏 15 天后果实炭疽病病情指数比对照（清水）降低 23.73%，该处理明显提高了果实可溶性糖与可滴定酸含量，说明肉桂精油复合壳聚糖处理对采后芒果有较好的保鲜效果。适宜浓度的肉桂精油复合壳聚糖处理有望作为绿色环保方法应用于芒果采后贮藏保鲜。

海南大学园艺学院以采后贵妃芒果为试材，开展了褪黑素（MT）对冷藏后芒果果实冷害（CI）和后熟的影响研究，结果显示，MT处理有效降低了芒果果实的CI指数，提高了可溶性固形物含量、呼吸速率和乙烯释放量，并加速了色相值和硬度下降；MT处理促进了水溶性果胶和螯合性果胶含量升高，提高了多聚半乳糖醛酸酶、β-半乳糖苷酶和纤维素酶活性，加速了果胶甲酯酶活性下降，从而导致细胞壁降解和果实软化。上述结果表明MT能有效改善冷藏后芒果果实后熟恢复能力并减轻其CI。

浙江工商大学研究了凯特芒果在不同褪黑素溶液中浸泡30分钟后冷藏过程中CI、脯氨酸代谢和相关基因表达的变化，结果表明，与对照相比，褪黑素处理显著降低了冷藏过程中芒果果实的CI，增加了脯氨酸含量，并伴随着关键酶活性及参与脯氨酸生物合成的编码基因表达增加，如吡咯啉-5-羧酸合成酶（P5CS）、吡咯啉-5-甲酸还原酶（P5CR）、鸟氨酸D-氨基转移酶（OAT）、*P5CS2*、*P5CR2*和*OAT3*。此外，褪黑素处理的芒果中脯氨酸脱氢酶（PDH）活性和与脯氨酸脱氢相关的*PDH3*基因表达低于对照组。因此，褪黑素处理调节了脯氨酸的代谢，导致脯氨酸的积累，从而有助于增强凯特芒果的抗寒性。

6. 采后加工

苏州大学苏州医学院公共卫生学院筛选出芒果自然发酵过程中的优势菌种，将其接入芒果汁中进行纯种发酵，采用响应面试验优化发酵条件，制成芒果发酵液，并比较发酵前后挥发性香气、氨基酸成分变化。结果表明，芒果自然发酵的绝对优势菌群为克鲁维毕赤酵母，在发酵第十天其相对丰度可达95%。根据响应面回归模型结果并进行适当修正后，得到发酵最优条件：菌剂接种量4.0%、发酵温度32.0℃、发酵时间4.5天。在此条件下，芒果发酵液的超氧化物歧化酶（SOD）活性平均值为550.012 IU。芒果发酵后挥发性香气和氨基酸的种类增多，香气成分共检出67种，较发酵前增加116.13%。此外，苦味氨基酸含量降低。该试验为探索芒果深加工奠定了基础。

上海理工大学低温生物与食品冷冻研究所在芒果丁冷冻前，进行真空冷却预处理，测定芒果的糖酸含量、汁液流失率、色差、质构、丙二醛含量、总酚黄酮含量和水分分布等指标，分析了真空冷却预处理对鲜切芒果丁在冷冻贮藏期间品质的影响。结果显示，经过真空预冷处理的冷冻芒果贮藏6周时，可溶性固形物含量相较直接冷冻提高0.8白利糖度；可滴定酸含量保持在9.31%，高出直接冷冻组4.08%；对抗坏血酸的保留效率是直接冷冻组的1.99倍；果肉硬度下降9.72%，而直接冷冻组下降达21.04%；结合水含量波动仅为1%，水分的束缚程度强于直接冷冻芒果。

三、中国芒果产业发展特点

(一) 实现了鲜果周年生产供应

中国芒果已经实现鲜果的周年生产供应,基本形成按照成熟期划分的早熟、中熟、晚熟三大分布区域的产业布局。

早熟区域 以台农 1 号和贵妃等早熟品种、提前控梢促花的花果调控技术、病虫害高效防控技术为核心,集成矮化密植、营养诊断配方施肥、果实套袋等配套技术,构建了"促夏梢—控秋梢—促冬花"的早熟区域化技术模式。收获时间可从 12 月持续到翌年 5 月。

中熟区域 以帕拉英达等中熟品种、放晚秋梢和控早花的花果调控技术、病虫害高效防控技术为核心,集成控冠矮化修剪、施肥穴滴灌高效水肥一体化、果实套袋等配套技术,构建了"适时放梢—控早花—壮花保果"的中熟区域化技术模式,实现丰产稳产。收获时间为 6—8 月。

晚熟区域 以凯特、圣心、热农 1 号、桂热芒 3 号和热品 10 号等晚熟品种,推迟花期和轮换结果的花果调控技术,病虫害高效防控技术为核心,集成平衡施肥、果实套袋、生草覆盖等配套技术,构建了"轮换修剪—延迟花期—壮花保果"晚熟区域化技术模式。收获时间为 8—11 月。

(二) 面积和产量稳中有升

近 5 年来,我国各省(区)芒果种植面积都有所增加,广东和福建的种植面积变化很小,四川、云南、广西、海南、贵州的种植面积均有增加,尤其是云南和四川的高海拔山区近几年发展了很多新植果园。

(三) 生产成本逐年提高

随着工资和物价水平上涨,中国芒果的生产成本不断上升。从成本构成看,首先,劳动力投入比例最高,劳动力成本上升是推动生产成本上升最主要的因素;其次,投入品(如化肥、农药、有机肥等)价格逐年上升也是芒果生产成本增加的重要影响因素;最后,土地成本的上升也加剧了生产成本的上升。

四、中国芒果产业存在的主要问题

(一) 基础设施不完善

我国芒果种植地区尤其是新植区域多处于偏远山区,果园道路等交通设施落后,灌溉等基础设施建设少,影响芒果产业健康发展。

(二）品种结构不合理，加工品种缺乏

目前我国芒果栽培品种虽然有 40 多个，但是台农 1 号、金煌、贵妃、凯特等少数品种种植面积占比过大，早中晚熟品种结构不合理，导致不同区域品种同质化现象严重。此外，目前栽培品种多为鲜食品种，没有专用加工型品种，国内加工生产企业多从越南、柬埔寨、缅甸等国进口原材料，部分采购自国内的原材料多为次等果及滞销果。丰产性好、适应粗放管理、适合加工的芒果品种较为缺乏。

（三）采后保鲜缺位，产品加工占比不高

我国芒果主产区的果实采后商品化处理严重滞后。种植大户和小企业生产的芒果大多是由经销商收购，采收后进行简单的手工分级、简易包装，采用普通卡车运输，运输过程中很少采用冷藏设备；较大的企业设有处理包装厂，进行清洗、杀菌、分级和包装等采后处理部分环节的工作，但大多没有实现全程处理且设备较简陋，自动化程度不高。此外，我国芒果加工产业虽然近几年进展很快，但是加工产值仍然占比不高，需要进一步提升。

（四）部分区域发展速度过快

我国部分区域芒果种植面积增速过快，导致区域性竞争和销售压力加剧，供应链未能跟上芒果产量增长的速度，产量的增长难以变成果农收入的增加。

五、中国芒果产业发展展望

（一）生产预测

近年来，在各产区政府引导和民间自发种植的双引擎推动下，中国芒果的种植总面积持续增加，存在部分次适宜区域和不适宜区域种植过多的情况，因而存在不确定性影响因素。预计 2024 年种植总面积保持在 2023 年的水平，约为 600 万亩，若不发生极端灾害天气，产量有望继续增长。价格依据市场变动，总体上价格变化规律仍然和 2023 年一致，1—5 月价格较高，6—10 月价格较低，11—12 月恢复高价格态势。

（二）市场前景

芒果在中国尚属小宗水果，年产量仅 490 万吨左右，而中国的大宗水果苹果和柑橘的年产量都超过 3 000 万吨。由于产量少，中国芒果基本上以鲜果内销为主，且总产量难以满足市场需求，每年均从越南、柬埔寨、泰国等东盟国家进口大量芒果。

高品质芒果需求旺盛，来自澳大利亚、中国台湾、泰国等国家和地区的进口优质芒果主要在北京、上海、广州、深圳等一线城市的大型连锁超市销售，平均价格为 60 元 / 千克左右，远高于国产芒果，表明中国优质芒果市场有较大空缺。

(三) 发展趋势

1. 生产向机械化智能化发展

随着国内劳动力短缺以及人工成本日益增加，芒果生产的成本越来越高，这种高人工成本的生产模式将逐渐被机械化生产所取代。但是，由于中国芒果产区大部分在边远山区，坡地果园居多，实现大规模机械化修剪、采收等目前存在一定困难，因此，开发适合中国芒果产业特点的小型机械具有巨大的市场潜力。同时，由于规模化经营模式的不断扩大，也为机械化操作提供了可能，大企业、专业合作社等有能力承担前期的投入成本，有利于提高机械化水平。

2. 品牌化进一步强化

2022年9月，农业农村部办公厅印发了《农业品牌打造实施方案（2022—2025年）》，推动产销衔接，不断提升农业品牌市场号召力、竞争力和影响力，引领产业提质增效。未来要特别关注以下几方面：一是构建芒果品质核心指标体系，建立品质评价方法的标准，推动品牌产品分级。二是推动品牌与文化融合，提升品牌文化内涵。深度挖掘传统农耕文化精髓，推进农业非物质文化遗产、历史文化、红色文化、饮食文化、节庆文化、乡风民俗等元素融入芒果品牌。三是加强品牌营销力度。鼓励依托开采节、文化节等活动推介品牌；加强与媒体合作，策划品牌传播推广活动，以短视频、直播等形式多渠道宣传；引导品牌主体统筹布局线上线下营销渠道，做好全渠道整合和管理；加强与电商平台合作，通过网络购物节、云展会等形式拓宽品牌销售渠道。

3. 全产业链融合发展

聚集土地、资本、人才、信息等要素，打造芒果"生产+研发+加工+销售+观光"的全产业链发展模式。加快推进果园、仓储、物流和精深加工设施建设，提高产品附加值，提升芒果产业的风险防御能力。

六、产业发展建议

（一）强化基础设施建设

政府将基础设施建设补助纳入财政预算中，重点围绕水、电、路加快基础设施建设，改善农村生产基本条件；大力发展水利工程，实施好水利工程建设，修建蓄水池，降低自然灾害造成的损失；同时，加强果园道路建设，解决产品下山出村难的问题。

（二）调整品种结构，选育不同熟期和加工专用型品种

我国广西、海南、云南部分区域种植台农1号（早熟）、贵妃、金煌、凯特（晚熟）等品种面积过大，导致这几个品种产品所占比例过高，影响经济效益，需要逐步调整品种结构，选育熟期不同的优良品种部分替代。针对不同区域，采取不同措施，既要选好适地适栽的主导品种，又

要进一步优化品种结构，形成熟期不同的相对优势品种布局。此外，进一步加大加工型品种选育力度，提前布局加工产业。

（三）推进采后处理和深加工

以果品贮运保鲜设施建设为重点，完善优势产区产地预冷、分级、包装、贮藏等配套设施；因地制宜发展芒果浓缩汁、速冻果泥、冻干品以及副产物功能产品等精深加工；加强与旅游观光产业融合，大力开发芒果特色餐饮、休闲食品等的开发，推进产业融合发展。

（四）稳定生产面积

我国是仅次于印度的芒果生产第二大国，产品以内销为主。我国中熟产区的芒果和北方水果重叠期较长，受其他水果竞争压力较大，同时，东南亚大部分芒果产区和我国早熟产区接近，在1—5月，除泰国外其他东南亚国家芒果的生产成本均低于我国。此外，我国劳动力成本和土地成本日趋攀升，仅靠增加生产面积很难取得预期的经济效益。因此，建议稳定面积，从数量扩张转向质量提升，在现有面积的基础上，通过更新品种和改进技术提质增效。

2023 年澳洲坚果产业发展报告

2023 年，世界澳洲坚果产业稳步发展，种植面积、产量持续增加，国际市场剧烈波动。受 2022 年度市场需求不足、库存较多的影响，原料价格跌至 10 年来的新低。中国澳洲坚果种植面积增速放缓，投产面积持续增加，带动产量增长。澳洲坚果进口量增长较快，对国产原料造成冲击，国内产业效益出现明显下滑。预计 2024 年产量持续增加，市场有望回暖。

一、世界澳洲坚果产业概况

（一）生产情况

1. 种植面积

近年来，世界澳洲坚果种植面积保持较快增长态势。2014—2023 年种植面积从 229.1 万亩增长到 871.6 万亩，年均增长 16.01%（图 1）。根据中华人民共和国农业农村部农垦局、南非澳洲坚果协会（SAMAC）、澳大利亚澳洲坚果协会（AMS）、美国农业部（USDA）等机构的监测数据分析，2023 年世界澳洲坚果的种植面积同比增长 3.78%，其中，中国 539.1 万亩、南非 102.8 万亩、澳大利亚 61.5 万亩、肯尼亚 46.5 万亩、越南 30.0 万亩，分别占世界总面积的 61.85%、11.80%、7.06%、5.33% 和 3.44%。

2. 产量

据世界坚果与干果理事会（INC）统计，2023 年世界澳洲坚果（果仁）产量为 8.5 万吨，同比增长 8.09%（图 2），其中，南非 25 500 吨、中国 16 900 吨、澳大利亚 15 500 吨、肯尼亚 8 500 吨、马拉维 3 115 吨，分别占世界总产量的 30.09%、19.94%、18.29%、10.03% 和 3.68%，合计占世界总产量的 82.03%。2014—2023 年，世界澳洲坚果产量（果仁）从 4.4 万吨

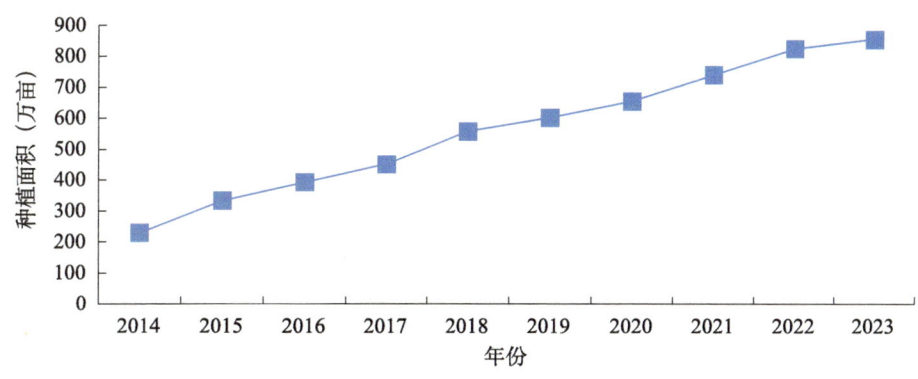

图1 2014—2023年世界澳洲坚果面积变化情况

（数据来源：中国农业农村部农垦局、SAMAC、AMS、USDA）

增加到8.5万吨，增长了1.9倍，年均增长7.50%。2014—2023年世界累计生产澳洲坚果（果仁）60.3万吨，其中，南非16.5万吨、澳大利亚14.9万吨、肯尼亚7.5万吨、中国7.2万吨、美国3.7万吨，分别占世界总产量的27.43%、24.78%、12.39%、11.88%和6.21%。

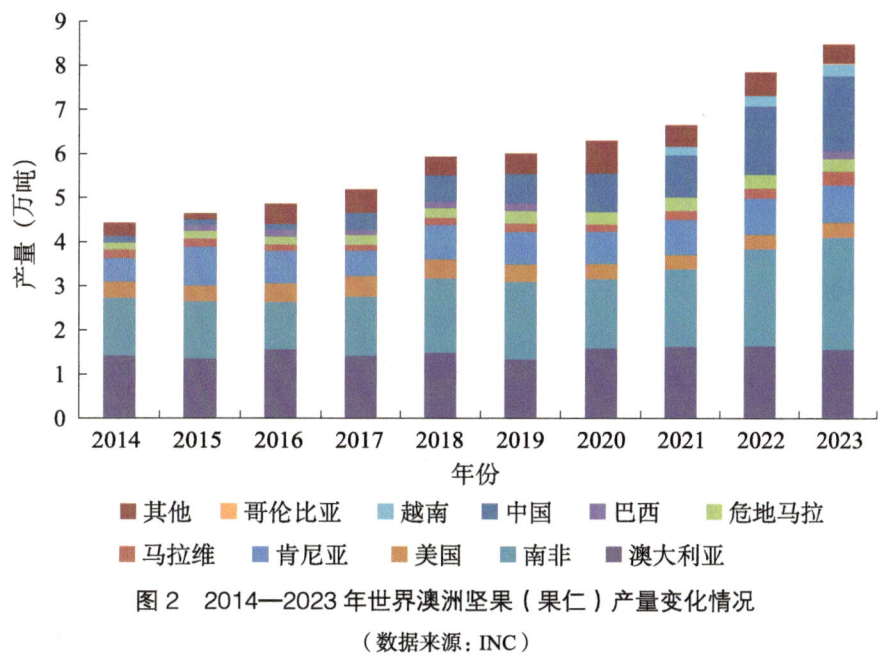

图2 2014—2023年世界澳洲坚果（果仁）产量变化情况

（数据来源：INC）

3. 单产

据AMS报道，由于澳洲坚果主产区受干旱影响，果实普遍偏小，2023年澳大利亚果园的单产为141.1千克/亩（壳果，含水量10%），同比下降1.32%。据USDA统计，由于澳洲坚果主产区受野猪和澳洲坚果毡合蚧等病虫害的影响，2023年美国夏威夷果园的单产为152.8千克/亩（壳果，含水量10%），同比下降1.29%。

据AMS和USDA对10年以上树龄果园产量的统计，2014—2023年澳大利亚澳洲坚果（壳果，含水量10%）单产为141.1~228.7千克/亩，10年平均单产为186.4千克/亩；美国单产为139.5~199.4千克/亩，10年平均单产为172.8千克/亩（图3）。

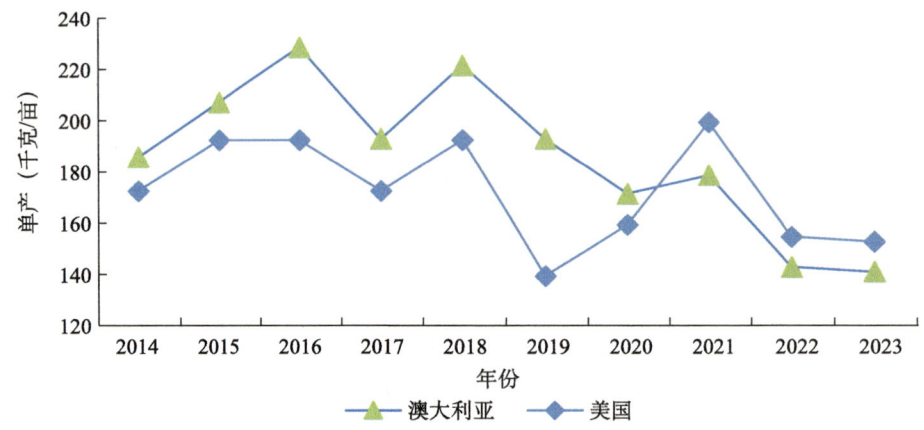

图3　2014—2023年澳大利亚和美国澳洲坚果（壳果）单产变化情况

（数据来源：AMS、USDA）

4. 生产布局

世界澳洲坚果的生产主要分布于30多个国家和地区，逐步向优势区域集中，包括亚洲的中国、越南、缅甸，面积占比约65%；非洲的南非、肯尼亚、马拉维、莫桑比克，面积约22%；大洋洲的澳大利亚和新西兰，面积占比约7%；美洲的美国、巴西和危地马拉等，面积占比约6%。

（二）贸易情况

1. 进口情况

（1）进口量

据国际贸易中心（ITC）统计（图4），2019—2023年，世界各国澳洲坚果（以果仁计）进口量从5.0万吨增加到6.4万吨，增长了27.75%，年均增长6.31%。

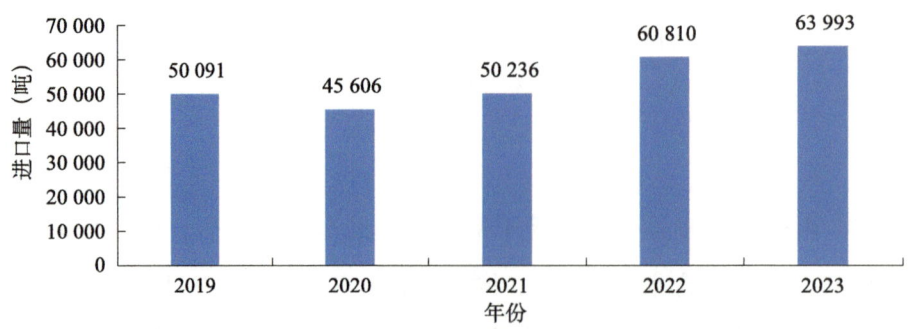

图4　2019—2023年世界澳洲坚果（果仁）进口情况

（数据来源：ITC）

（2）主要进口国

世界澳洲坚果主要进口国为中国、美国、德国、越南、日本、南非和荷兰等。据ITC统计（图5），2023年世界各国进口澳洲坚果（以果仁计）6.4万吨，同比增加5.23%，其中，中国、美国、德国、越南、日本、南非和荷兰的进口量分别为31 177.7吨、6 185.5吨、3 806.4吨、3 021.9吨、2 669.9吨、2 387.1吨和1 900.7吨，分别占世界进口量的48.72%、9.67%、5.95%、4.72%、4.17%、3.73%和2.97%，合计占世界进口量的79.93%。2019—2023年，世界累计进口澳洲坚果（果仁）27.1万吨，其中，中国、美国、德国、越南、日本、南非和荷兰分别累计进口8.6万吨、5.3万吨、2.0万吨、1.1万吨、1.3万吨、0.9万吨和1.1万吨，分别占世界进口总量的31.93%、19.51%、7.24%、4.08%、5.15%、3.45%和4.17%。

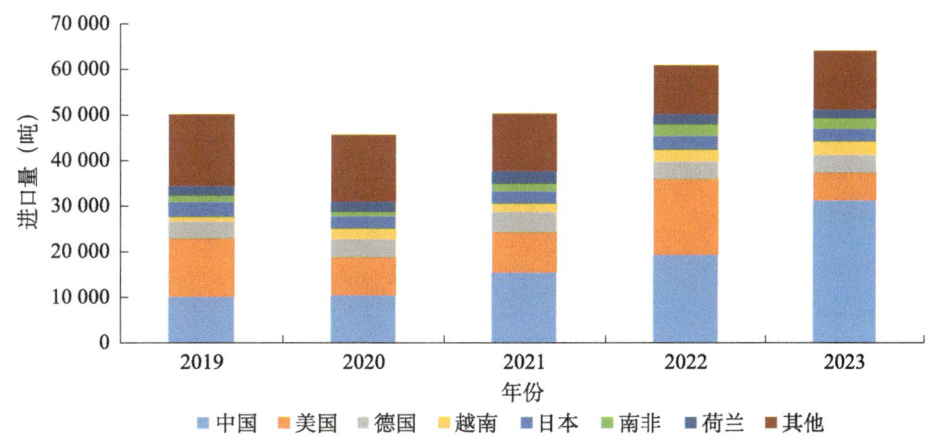

图5　2019—2021年世界主要进口国澳洲坚果（果仁）进口情况

（数据来源：ITC）

2. 出口情况

（1）出口量

据国际贸易中心（ITC）统计（图6），2019—2023年，世界各国澳洲坚果（以果仁计）出口量从6.6万吨增加到8.1万吨，增长了23.26%，年均增长5.37%。

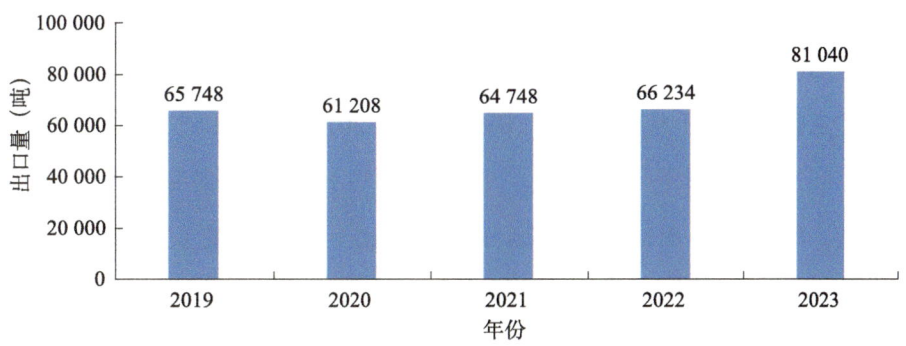

图6　2019—2023年世界澳洲坚果（果仁）进口情况

（数据来源：ITC）

（2）主要出口国

世界澳洲坚果主要出口国为南非、澳大利亚、肯尼亚、中国、危地马拉、马拉维和津巴布韦等。据ITC统计（图7），2023年世界各国出口澳洲坚果（以果仁计）8.1万吨，同比增加22.35%。其中，南非、澳大利亚、肯尼亚、中国、危地马拉、马拉维和津巴布韦的进口量分别为32 229.5吨、17 058.7吨、13 438.8吨、3 172.8吨、2 440.8吨、2 431.4吨和1 562.3吨，分别占世界总进口量的39.77%、21.05%、16.58%、3.92%、3.01%、3.00%和1.93%，合计占世界总进口量的89.26%。2019—2023年，世界累计出口澳洲坚果（果仁）33.90万吨，其中，南非、澳大利亚、肯尼亚、中国、危地马拉、马拉维和津巴布韦等国分别累计进口11.14万吨、7.97万吨、4.34万吨、1.5万吨、1.3万吨、1.0万吨和0.9万吨，分别占世界累计进口总量的32.86%、23.52%、12.80%、4.55%、4.04%、2.95%和2.52%。

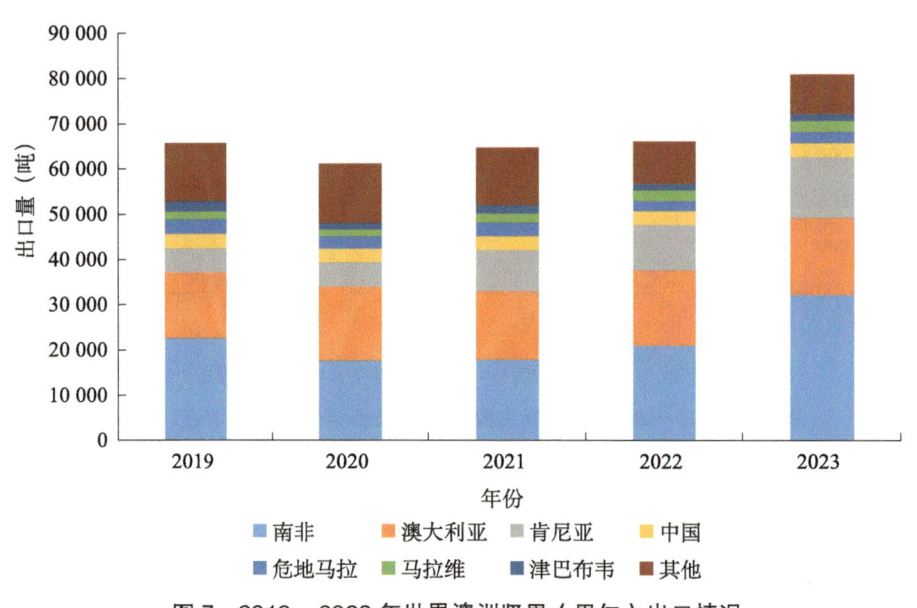

图7　2019—2023年世界澳洲坚果（果仁）出口情况

（数据来源：ITC）

（三）价格情况

据AMS统计，2014—2023年澳大利亚澳洲坚果（壳果，含水量10%）的农场地头价从3.8美元/千克下跌至3.1美元/千克，年均跌幅2.39%；2023年价格同比下跌36.23%。据USDA统计，2014—2023年美国澳洲坚果（壳果，含水量10%）的农场地头价从2.19美元/千克下跌至2.11美元/千克，年均跌幅0.39%；2023年价格同比下跌4.52%（为2012年以来最低价格）。据SAMAC统计，2014—2023年南非澳洲坚果（壳果，含水量10%）的农场地头价从1.08美元/千克上涨至2.72美元/千克，年均涨幅10.79%；2023年价格同比下跌35.08%（图8）。

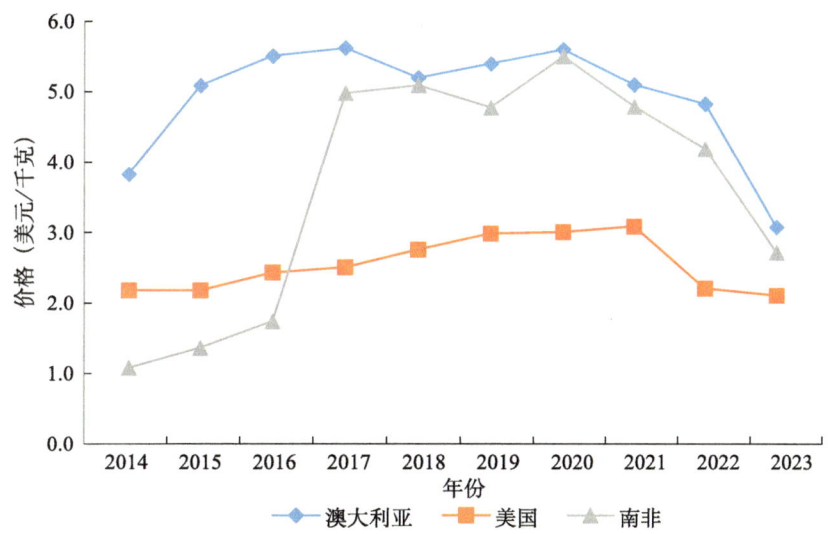

图 8　2014—2023 年主要生产国澳洲坚果（壳果）价格变化趋势

（数据来源：AMS、USDA、SAMAC）

（四）消费情况

1. 世界消费总量及主要国家消费量

据世界澳洲坚果组织（WMO）估算，2022 年全球澳洲坚果的消费量（以果仁计）达 6.4 万吨，并保持持续增长态势。澳洲坚果的主要消费国家和地区为中国、美国、欧洲、澳大利亚和日本。

2022 年，中国超越美国成为全球最大的澳洲坚果消费国，消费量（以果仁计）为 1.8 万吨。2023 年，中国实际消费量激增至 3.0 万吨，同比增长近 70%，远超世界澳洲坚果组织此前对中国市场 2.0 万吨的预测。

据 AMS 统计，2023 年美国澳洲坚果的消费量约为 1 万吨，同比增长约 10%；欧洲的消费量约为 7 000 吨，同比下降约 8%；澳大利亚的消费量约为 3 500 吨，同比增长约 5%；日本的消费量约为 2 800 吨，同比持平。

2. 消费分布及用途

澳洲坚果消费形式趋于多元化，且以果仁为主。一般而言，坚果精深加工技术越发达，直接食用果仁消费占比越低。世界上果仁消费量总体占比约 50%，约 40% 进行精深加工，约 10% 用作食品辅料。

2023 年，澳洲坚果新产品不断创新。在健康食品方面，美国和澳大利亚开发出了含澳洲坚果成分的功能性巧克力产品，英国开发出了具有激励神经作用的澳洲坚果营养麦片等；在口味替代品方面，韩国开发出了澳洲坚果蓝纹芝士披萨、澳洲坚果奶酪混合食品；在与传统食品融合方面，澳大利亚开发出了澳洲坚果混合昆士兰芒果、澳洲坚果燕麦片，韩国开发出了含有澳洲坚果的新口味月饼，日本开发出了澳洲坚果豆沙包、羊角面包和焙茶拿铁等。

（五）主要产业扶持政策

2023年10月，澳大利亚政府发布了新的澳洲坚果物种国家恢复计划。该计划旨在维持现有种群并实施促进恢复的措施，确保澳大利亚特有的澳洲坚果属4个种长期生存。明确了澳大利亚野生澳洲坚果种群面临的主要威胁（包括栖息地丧失和破碎化、种群规模小、火灾等），并制定了确定和评估澳洲坚果种群及其原生地的范围与质量的5个具体目标。

澳大利亚园艺创新公司投入192.5万美元支持开展20个科研项目，以提升澳洲坚果产业的可持续发展能力，并投入194.9万美元用于8个市场开拓计划，扩大市场消费。

AMS向种植者收取25美分/千克的果仁法定税，成立产业基金，用于支持科技研发和市场推广，每年基金规模可达500万美元。此外，政府每年对基金用于科技研发的部分进行1∶1资金配套支持。

肯尼亚众议院通过了《农业和食品管理局（修正案）法案（2023年）》，临时解除2015年以来实施的禁止澳洲坚果壳果出口的禁令，为期1年，以吸引来自世界各地的买家，促进肯尼亚澳洲坚果产品进入国外市场。

（六）最新科技进展

1. 遗传改良

澳大利亚昆士兰农业和食品创新联盟（QAAFI）主导的国家澳洲坚果育种计划培育了两个澳洲坚果优异株系：一是成年树的高度为5米左右（澳洲坚果树的平均高度为15米），降低了修剪枝干的劳动强度和成本，采收也更容易；二是新种植果树结果前的时间缩短到3年（常规品种为5种），能更快投产。

Jasmine Nunn等研究了澳洲坚果家族抗黑果病的遗传参数，对32个家系、24个亲本基因型的300余株自由授粉树进行接种鉴定，并对7个症状表现性状进行评价，发现遗传力最高的性状为单果坏死病斑数和坏死病发病率，两个性状的育种值高度相关，可以利用其中一个性状对另一个性状进行间接选择。所有基因型都在一定程度上表现出症状，但品种HAES791的无性系和后代在坏死性状和症状诱导的提前脱落方面的育种值较低，而品种HAES246和BAM263育种值较高，对黑果病抗性较强，可在以后的抗病育种中加以应用。

Pragya Dhakal Poudel等总结了澳洲坚果等木本作物树势管理的现状以及控制树势的潜在机制，进一步探讨了长势控制技术在木本作物砧木和接穗育种中的应用前景。

Yonggui Wang等通过开展多组学联合分析揭示了澳洲坚果花色和香气形成的潜在机制，发现植物激素信号转导、淀粉蔗糖代谢、苯丙烷代谢、黄酮类化合物生物合成、花青素生物合成途径与坚果花发育及花色形成相关，为进一步阐明澳洲坚果花发育过程中颜色和香气形成的分子机制奠定了基础。

2. 栽培技术

澳大利亚新英格兰大学应用遥感技术和地理信息系统（GIS）绘制了澳大利亚和南非的澳洲坚果产业地图，以多尺度呈现澳洲坚果果园的位置和范围，并进一步向种植面积统计、果园管理、自然灾害评估、生物安全监测、产量预估等方面延伸应用。

澳大利亚格里菲斯大学研究了澳大利亚和南非果园的授粉情况，得出异花授粉显著影响果园产量的论断，判定异花授粉可使每亩增加壳果产量41.3~81.3千克，增产29.25%~96.83%，出仁率提高2.40%~6.40%。

南非比勒陀利亚大学认为授粉效率与花粉、柱头养分有关，柱头理想的蔗糖含量为20.00%~35.00%，花粉蛋白质含量过低增加养分胁迫；蜜蜂授粉增加每个花序的坐果数、单个壳果重量、单个果仁重量；提出在蜂箱内放置传感器监测箱内噪声强度，从而计算蜂箱的适应度。

南非有关机构对澳洲坚果回枯病进行了研究，发现有9个种的真菌（葡萄座腔菌科和间座壳科）与回枯病相关；与澳洲坚果品种HAES695品种相比，Nelmac2和A4品种对致病菌的抗性更强；研究中采用的4种药剂对病斑扩展均有显著的抑制作用。

3. 加工技术

Lívia Cirino de Carvalho等采用近红外光谱（NIRS）和核磁共振（NMR）方法，结合主成分分析与线性判别分析（PCA-LDA）和遗传算法与线性判别分析（GA-LD），对带壳澳洲坚果的质量进行评估，NIRS和NMR可以成功地根据缺陷（变色果、未成熟果、霉变果和虫害果）对带壳果进行分类，并且NIRS比NMR的分类更加精确。

Marcela Martinez等比较了实验室诱导和常规干燥条件下，澳洲坚果果仁中心褐变的差异，发现果仁中心褐变与糖水解和美拉德反应有关，高温高湿条件下储藏的果仁中心褐变的比例比常规干燥条件下的比例高出8.89%，建议可以通过适当的干燥处理减少果仁中心褐变带来的损失。

以澳大利亚和南非果仁标准为基础，世界澳洲坚果组织（WMO）制定并发布了澳洲坚果果仁产品标准和可视化指南，促进市场交易。

Noluthando Noxolo Aruwajoye等评价了澳洲坚果品种A4和HAES695的果仁，在50℃、75℃、100℃、125℃和150℃烘烤15分钟后，分析其酚类、黄酮类和抗氧化物含量的差异，发现不同温度处理这些成分含量差异极显著；150℃处理下果仁过度褐变、异常焦脆并产生苦味；125℃处理下果仁质地酥脆、色泽饱满、坚果味浓郁、感官品质良好。

二、中国澳洲坚果产业基本情况

（一）生产情况

1. 种植及投产面积

（1）种植面积

据农业农村部农垦局统计，2023年全国澳洲坚果种植面积539.1万亩，比2014年的146.8万亩增长了2.7倍，年均增长33.40%；同比增长6.84%（图9）。2023年云南种植面积425.7万亩、广西种植面积80.0万亩、广东种植面积31.5万亩、贵州种植面积1.8万亩、四川种植面积0.1万亩，分别占全国种植面积的78.97%、14.84%、5.84%、0.33%和0.02%。

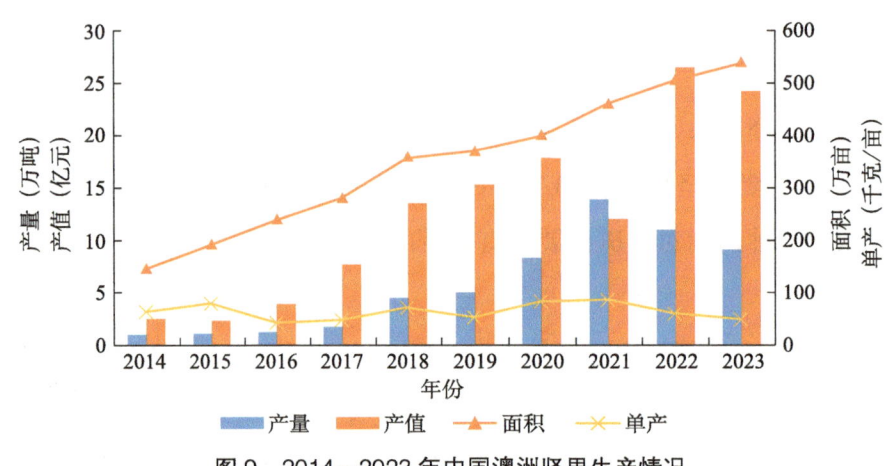

图9　2014—2023年中国澳洲坚果生产情况

（数据来源：中国农业农村部农垦局）

（2）收获面积

据农业农村部农垦局统计，2023年全国澳洲坚果收获面积185.3万亩，比2014年的15.4万亩增长12.07倍，年均增长31.89%；同比下跌1.01%（图9）。2023年云南收获面积136.0万亩、广西收获面积26.4万亩、广东收获面积22.5万亩、贵州收获面积0.3万亩、四川收获面积0.1万亩，分别占全国收获面积的73.39%、14.25%、12.14%、0.16%和0.05%。

2. 总产量、单产和总产值

（1）总产量

2023年中国澳洲坚果（壳果）总产量9.11万吨，较2014年的9 777.0吨增长了9.3倍，年均增长28.15%，同比减少17.15%（图9）。造成2023年产量同比减少的原因可能是在产量统计时，一些地方以青皮果产量统计，而另一些地方以壳果产量统计，合计时均统计为壳果产量，造成壳果产量与实际情况有较大偏差。2023年云南澳洲坚果（壳果）的产量为5.6万吨，占全国总产量的 61.46%；广西为 1.13 万吨，占 12.40%；广东为 2.3 万吨，占 25.54%；贵州为 284.6 吨，占 0.31%；四川为 260 吨，占 0.29%。

（2）年产值及单产水平

2023 年中国澳洲坚果总产值 24.2 亿元，较 2013 年的 2.5 亿元增长 9.76 倍，年均增长 28.81%；受价格下跌的影响，同比减少 8.48%。其中，云南澳洲坚果总产值为 13.60 亿元，广西为 6.78 亿元，广东为 3.75 亿元，贵州为 0.04 亿元，四川为 0.02 亿元，分别占全国总产值的 56.21%、28.02%、15.51%、0.17% 和 0.08%。

受极端天气影响，2023 年中国澳洲坚果平均单产 49.2 千克/亩，同比下跌 16.18%，其中，云南 41.2 千克/亩，广西 42.8 千克/亩，广东 103.4 千克/亩，贵州 113.8 千克/亩。

3. 区域布局

云南澳洲坚果种植区主要分布于临沧、普洱、德宏、保山和西双版纳 5 个州（市），还有少量分布于怒江、红河、玉溪、文山和楚雄等州（市）；加工区主要分布在 5 个主产区，还有少量分布于昆明、大理和楚雄等州（市）。广西澳洲坚果种植区主要分布于梧州和崇左地区，还有少量分布于防城港、南宁、来宾、钦州、百色、玉林和贺州等地区；加工区主要在崇左。贵州澳洲坚果种植区主要分布于南北盘江、红水河流域的黔西南、黔东南、安顺、遵义等州（市），目前还没有加工区。广东澳洲坚果种植区主要分布于肇庆、云浮、河源、阳江、清远、惠州、梅州、茂名、广州等受台风影响较小的地区。

4. 主栽品种及品种结构

2023 年各省（区）的主栽品种与 2022 年基本一致，但各主栽品种在不同产区受欢迎的程度有所变化。云南的主栽品种为 A16、桂热 1 号、O.C、A4、HAES344、HAES741 和 HAES788；广西的主栽品种为桂热 1 号、A16、O.C 和 HAES695；贵州的主栽品种为 A16、A4、O.C、桂热 1 号、南亚 116 号和南亚 1 号；广东的主栽品种为南亚 3 号、南亚 116 号、南亚 1 号、南亚 12 号、A16 和桂热 1 号等。

（二）贸易情况

2023 年中国澳洲坚果的主要进口国为南非、澳大利亚、美国、肯尼亚和危地马拉，主要出口国及地区为澳大利亚、美国、中国香港和日本。

1. 贸易量

据中国海关统计（图 10），2023 年中国澳洲坚果（以果仁计）的进口量为 2.7 万吨，较 2014 年的 0.4 万吨增长 605.37%，年均增长 22.15%，同比增长 38.01%。其中，从南非进口 12 169.9 吨，澳大利亚 7 405.9 吨，肯尼亚 3 536.5 吨，危地马拉 1 304.9 吨，津巴布韦 1 155.9 吨，分别占进口总量的 45.76%、27.85%、13.30%、4.91% 和 4.35%。

2023年中国澳洲坚果（以果仁计）的出口量为 2 912.5 吨，较 2014 年的 2 826.0 吨增长 3.06%，年均增长 0.34%，同比下跌 5.19%。其中，出口到澳大利亚 1 542.8 吨、美国 618.9 吨、吉尔吉斯斯坦 178.4 吨、日本 175.8 吨、俄罗斯联邦 130.7 吨，分别占出口总量的 52.97%、21.25%、6.13%、6.04% 和 4.49%。

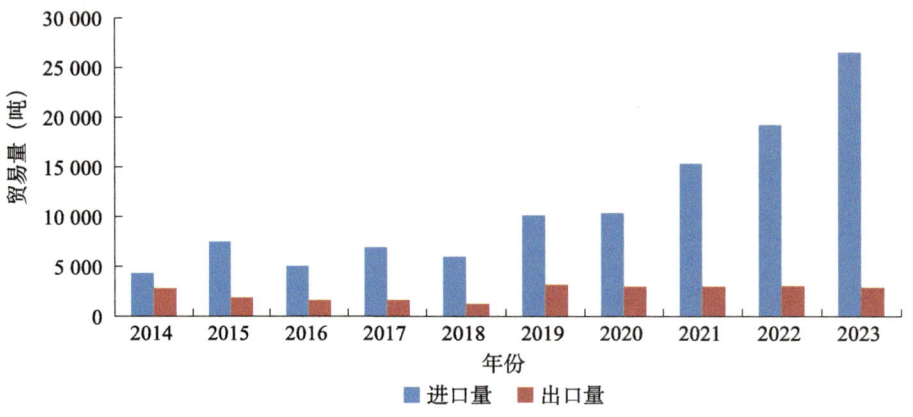

图 10　2014—2023 年中国澳洲坚果（以果仁计）进出口量

（数据来源：中国海关）

2. 贸易额

据中国海关统计，2014—2023 年中国澳洲坚果进口贸易额总体呈上升趋势，从 2014 年的 3 982.3 万美元上升到 2023 年的 22 899.6 万美元，年均增长 21.45%，同比下跌 11.84%。其中，进口壳果从 2014 年的 3 106.8 万美元上升到 2023 年的 19 196.1 万美元，年均增长 22.43%，同比下跌 4.41%；进口果仁从 2014 年的 875.5 万美元上升到 2023 年的 3 703.5 万美元，年均增长 17.38%，同比下跌 37.16%（图 11）。

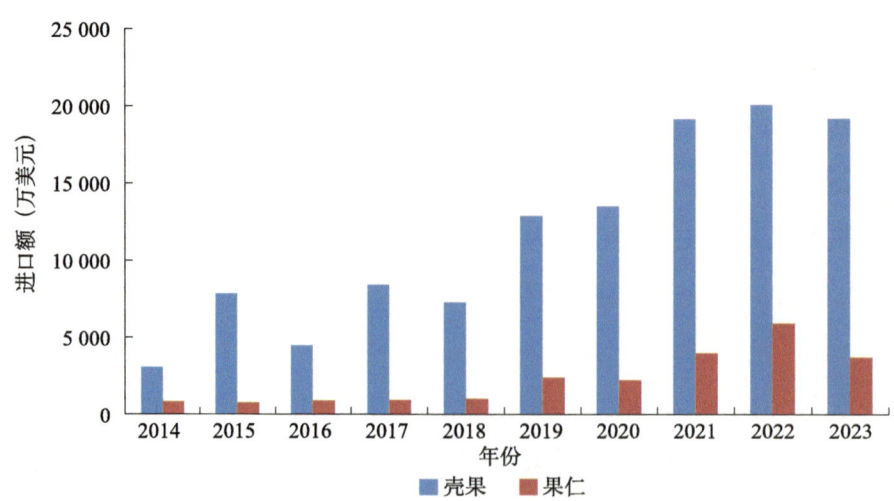

图 11　2014—2023 年中国澳洲坚果进口额

（数据来源：中国海关）

2014—2023年中国澳洲坚果出口贸易额总体呈上升趋势，从2014年的2 088.6万美元上升到2023年的3 863.5万美元，年均增长7.07%，同比下跌9.79%。其中，出口壳果从2014年的356.1万美元上升到2023年的462.7万美元，年均增长2.95%，同比增长88.33%；出口果仁从2014年的1 732.5万美元增长到2023年的3 400.8万美元，年均增长7.78%，同比下跌15.76%（图12）。

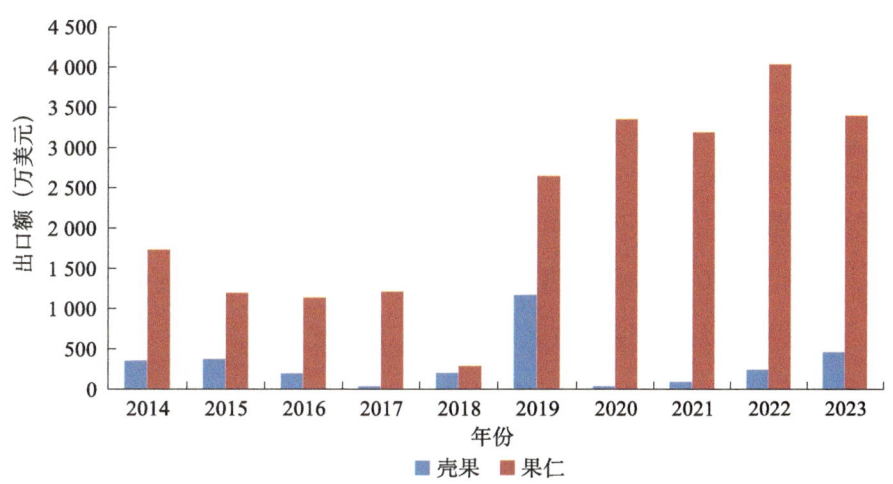

图12　2014—2023年中国澳洲坚果出口额
（数据来源：中国海关）

3. 贸易方式

据中国海关统计，2023年中国进口壳果7.3万吨，贸易方式以海关特殊监管区域物流货物为主，数量为4.0万吨，占进口壳果贸易总量的55.67%；其次依次为一般贸易、保税监管场所进出境货物、进料加工贸易、来料加工贸易，数量分别为19 754.7吨、7 360.2吨、4 618.6吨、446.0吨，分别占进口壳果贸易总量的27.21%、10.14%、6.36%和0.62%。2023年进口果仁4 814.8吨，贸易方式以一般贸易和海关特殊监管区域物流货物为主，数量分别为2 053.2吨和1 683.4吨，分别占进口果仁贸易总量的42.65%和34.96%；其次依次为来料加工贸易、保税监管场所进出境货物、进料加工贸易，数量分别为894.6吨、160.5吨、23.1吨，分别占进口果仁贸易总量的18.58%、3.33%、0.48%（表1）。

表1　中国进口澳洲坚果贸易方式及其占比

进口贸易方式	进口壳果		进口果仁	
	数量（吨）	占比（%）	数量（吨）	占比（%）
保税监管场所进出境货物	7 360.2	10.14	160.5	3.33

(续表)

进口贸易方式	进口壳果		进口果仁	
	数量（吨）	占比（%）	数量（吨）	占比（%）
海关特殊监管区域物流货物	40 417.0	55.67	1 683.4	34.96
进料加工贸易	4 618.6	6.36	23.1	0.48
来料加工贸易	446.0	0.62	894.6	18.58
一般贸易	19 754.7	27.21	2 053.2	42.65
合计	72 596.5	100.00	4 814.8	100.00

（数据来源：中国海关）

2023年中国出口壳果1 166.8吨，贸易方式主要是一般贸易和海关特殊监管区域物流货物，数量分别为656.8吨和509.0吨，分别占出口壳果贸易总量的56.29%和43.62%。2023年出口果仁2 562.5吨，贸易方式以来料加工贸易和进料加工贸易为主，数量分别为1 633.6吨和910.2吨，占出口果仁贸易总量的63.75%和35.52%（表2）。

表2　中国出口澳洲坚果贸易方式及占比

出口贸易方式	出口壳果		出口果仁	
	数量（吨）	占比（%）	数量（吨）	占比（%）
一般贸易	656.8	56.29	18.7	0.73
海关特殊监管区域物流货物	509.0	43.62	0.0	0.00
保税监管场所进出境货物	1.0	0.09	0.0	0.00
进料加工贸易	0.0	0.00	910.2	35.52
来料加工贸易	0.0	0.00	1 633.6	63.75
合计	1 166.8	100.00	2 562.5	100.00

（数据来源：中国海关）

（三）价格情况

2014—2023年，中国澳洲坚果价格总体呈现先扬后抑的趋势。受市场需求下降、库存增加和南非等产区大幅增产等因素的影响，2023年价格跌至十年来最低点。

1. 地头价格

据调查，2023年中国澳洲坚果（壳果，含水量约10%）的平均地头收购价为17.80元/千克，同比下跌21.83%。其中，云南17.5元/千克，广西18.8元/千克，贵州18.3元/千克；全国壳果地头收购的最高价为22.0元/千克，最低价为13.8元/千克，分别同比下跌21.43%和8.00%。

2. 电商价格

2023年对国内线上销售的20个品牌、158个澳洲坚果产品进行价格调查，结果显示，开口壳果产品的平均售价为68.3元/千克，同比下跌29.57%；最高为139.0元/千克，同比下跌31.89%；最低为35.8元/千克，同比下跌10.1%。果仁产品的平均售价为196.0元/千克，同比下跌31.04%；最高为435.8元/千克，同比下跌16.24%；最低为75.4元/千克，同比下跌19.40%。脆皮果仁平均售价为124.7元/千克，同比下跌54.91%；最高为284.3元/千克，同比下跌34.80%；最低为63.8元/千克，同比下跌50.92%。澳洲坚果油的平均售价为250.9元/升，同比下跌7.76%。

3. 进出口价格

进出口产品因受产品的规格等级多和质量差异大等因素影响，价格相差悬殊。其中，果仁价差尤为明显。

据中国海关统计，2023年中国进口壳果的价格为1.1~4.0美元/千克，平均价格为2.6美元/千克，同比下跌39.53%；中国进口果仁的价格为5.3~12.0美元/千克，平均价格为7.7美元/千克，同比下跌33.62%。

2023年中国出口壳果的价格为2.6~14.0美元/千克，平均价格为4.0美元/千克，同比下跌36.51%；中国出口果仁的价格为6.6~22.3美元/千克，平均价格为13.3美元/千克，同比下跌2.92%。

2014—2023年，进口壳果的平均价格从3.7美元/千克下跌至2.6美元/千克，年均下跌3.62%；进口果仁的价格从4.7美元/千克上涨至7.7美元/千克，年均上涨5.57%。

2014—2023年，出口壳果的平均价格从4.4美元/千克下跌至4.0美元/千克，年均下跌1.21%；进口果仁的价格从6.7美元/千克上涨至13.3美元/千克，年均上涨7.89%（图13）。

（四）消费及加工情况

澳洲坚果的加工产品主要以开口壳果和果仁产品等初加工产品为主。开口壳果市场占有率最高，云南开口壳果产品约占90%，坚果乳油等精深加工产品较少。澳洲坚果糖雪球、蛋白乳饮料、茶饮品、化妆品等创新产品基本尚未在市场上流通售卖。烘焙糕点、坚果炒货等休闲食品具有消费频次高、消费场景广、伴随程度强、产品谱系广、消费群体多样等特点，与品质化、个性化、细分化的消费升级趋势契合度较高，具有很好的发展前景。随着健康化的消费趋势，消费者对纯天然、高营养的健康产品的消费理念逐渐深化。坚果行业位居前列的品牌包括三只松鼠、洽洽食品、良品铺子、百草味和沃隆等，均为混合零食品牌，其先后推出的"每日坚果"产品备受

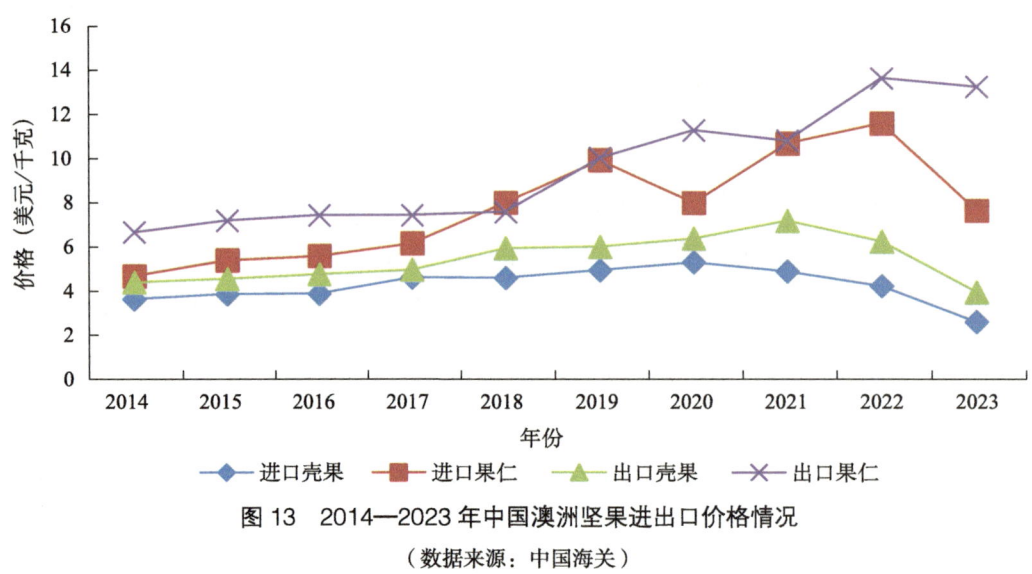

图 13 2014—2023 年中国澳洲坚果进出口价格情况

（数据来源：中国海关）

消费者喜爱。

（五）成本收益情况

1. 规模化农场

云南省景洪市 5 400 亩澳洲坚果农场的监测数据显示，该农场的澳洲坚果树龄在 20 年以上，2014—2023 年壳果年平均产量为 930.81 吨，平均价格为 2.72 万元/吨，年均总产值为 2 532.84 万元，年均总支出 1 621.04 万元，年均净利润 911.80 万元，年均利润率 36.00%。年均单位面积壳果产量 172.37 千克/亩，年均单位面积产值 4 690.45 元/亩，年均生产成本 3 001.93 元/亩，年均单位面积净利润 1 688.52 元/亩，经济效益总体良好。

受花期和坐果期天气高温干旱、市场需求不足导致价格疲软等因素影响，2023 年该农场壳果产量 679.36 吨，同比下跌 29.82%，价格 1.68 万元/吨，同比下跌 34.87%，总产值 1 138.82 万元，同比下跌 54.29%，利润率首次为负增长（表 3）。

2. 澳洲坚果小农庄

云南省双江县的 90 亩澳洲坚果农庄的监测数据显示，2019—2023 年平均支出 591.47 元/亩，其中果实采收成本占比最高，占总支出的 40.41%，其次为肥料和除草投入，分别占比 28.42% 和 15.48%。2019—2023 年果园的平均产值为 1 342.52 元/亩，平均纯利润为 751.05 元/亩。2023 年澳洲坚果地头收购价同比下跌 9.76%，产量增加 38.63%，收入同比增加 25.11%（表 4）。该农庄每亩的收入仅为 1 066.34 元，每亩的利润仅为 394.76 元，每亩的利润率仅为 37.02%。

表3　规模化澳洲坚果农场收支情况分析

年份	壳果产量（吨）	平均壳果价格（万元/吨）	总产值（万元）	净利润（万元）	实交税金（万元）	总支出（万元）	利润率（%）	单位面积产量（千克/亩）	产值（元/亩）	生产成本（元/亩）	利润（元/亩）
2014	1 090.57	2.08	2 265.17	918.58	0.78	1 346.59	40.55	201.96	4 194.76	2 493.69	1 701.07
2015	908.11	2.16	1 960.14	701.06	0.69	1 259.08	35.77	168.17	3 629.89	2 331.63	1 298.26
2016	815.74	2.53	2 064.46	695.64	0.66	1 368.82	33.70	151.06	3 823.07	2 534.85	1 288.22
2017	1 029.54	3.64	3 749.26	1 695.84	1.12	2 053.42	45.23	190.66	6 943.07	3 802.63	3 140.44
2018	1 321.20	2.55	3 373.80	1 510.16	0.11	1 863.64	44.76	244.67	6 247.78	3 451.19	2 796.59
2019	970.38	3.57	3 460.98	1 468.29	1.38	1 992.69	42.42	179.70	6 409.22	3 690.17	2 719.06
2020	693.89	3.45	2 396.30	735.08	1.79	1 661.22	30.68	128.50	4 437.59	3 076.33	1 361.26
2021	831.31	2.92	2 427.93	593.21	0.73	1 834.72	24.43	153.95	4 496.17	3 397.63	1 098.54
2022	968.00	2.57	2 491.58	861.20	0.74	1 630.38	34.56	179.26	4 614.04	3 019.22	1 594.81
2023	679.36	1.68	1 138.82	−61.04	0.00	1 199.86	−5.36	125.81	2 108.93	2 221.96	−113.04
平均	930.81	2.72	2 532.84	911.80	0.80	1 621.04	36.00	172.37	4 690.45	3 001.93	1 688.52

数据来源：云南主产区规模化农场定点监测。

表 4　小规模农庄产业效益分析

项目		2019 年	2020 年	2021 年	2022 年	2023 年
支出	除草 支出金额（元）	8 000.00	8 000.00	7 200.00	12 000.00	6 000.00
	除草 支出占比（%）	25.22	18.47	11.27	17.96	9.93
	果实采收 支出金额（元）	11 520.00	21 688.31	22 353.50	22 360.00	29 640.00
	果实采收 支出占比（%）	36.32	50.08	35.00	33.46	49.04
	修剪 支出金额（元）	0.00	0.00	0.00	11 830.00	0.00
	修剪 支出占比（%）	0.00	0.00	0.00	17.70	0.00
	肥料 支出金额（元）	8 500.00	9 780.00	24 716.00	14 692.00	17 962.00
	肥料 支出占比（%）	26.80	22.58	38.70	21.99	29.72
	施肥 支出金额（元）	2 500.00	3 840.00	8 400.00	4 940.00	4 940.00
	施肥 支出占比（%）	7.88	8.87	13.15	7.39	8.17
	其他 支出金额（元）	1 200.00	0.00	1 200.00	1 000.00	1 900.00
	其他 支出占比（%）	3.78	0.00	1.88	1.50	3.14
	支出合计（元）	31 720.00	43 308.31	63 869.50	66 822.00	60 442.00
	亩均支出（元）	352.44	481.20	709.66	742.47	671.58
收入	青皮果产量（吨）	7.10	16.31	14.84	9.36	12.97
	均价（万元/吨）	1.30	1.20	0.97	0.82	0.74
	总收入（元）	92 300.00	195 684.00	143 470.00	76 711.00	95 970.06
	亩均收入（元）	1 025.56	2 174.27	1 594.11	852.34	1 066.34
利润	毛利率（%）	65.63	77.87	55.48	12.89	37.02
	亩均利润（元）	673.11	1 693.06	884.45	109.88	394.76

数据来源：云南主产区小规模农庄定点监测。

（六）各地产业扶持政策

1. 云南

云南省林业和草原局、中国人民银行昆明中心支行、国家金融监督管理总局云南监管局、云南省地方金融监督管理局联合印发了《金融服务云南林草产业高质量发展实施意见》，重点支持包括澳洲坚果在内的七大领域，提出加大林草产业重点领域金融支持、培育壮大市场融资主体、全力推进国家储备林建设贷款上量提效、畅通林业资源资本转化渠道、充分发挥林业保险保障作用、探索建立林权收储担保机制、积极探索林业碳汇金融产品创新 7 条意见。

云南省林业和草原局、云南省商务厅协同开展包括澳洲坚果在内的林草产品追溯管理工作。依据商务部的工作要求和相关标准搭建"云南省重要产品追溯协同平台"，努力实现林草产品全过程数字化控制，形成来源可查、去向可追、责任可究的质量安全追溯链条，按照"统一规划、统一标准、统一标识、统一宣传、统一管理"的要求构建"双循环"，推动林草产品高质量发展。

云南省临沧市人民政府印发《临沧坚果产业高质量发展三年行动实施方案（2023—2025年）》，围绕全市示范100万亩的目标，加快澳洲坚果产业提质增效、产业结构调整优化升级、全产业链开发，切实巩固拓展脱贫攻坚成果同乡村振兴有效衔接，把澳洲坚果产业打造成临沧市国家可持续发展议程创新示范区的"临沧坚果"模式。

2. 广西

崇左市发展和改革委员会批复了广西崇左（澳洲坚果）特色林产业示范基地项目可行性研究报告，项目包括新建良种培育工程、繁育生产工程、辅助工程以及主要设备购置等，项目总投资1.7亿元。

2023年崇左市龙州县举办"崇左龙州坚果嘉年华暨坚果产业发展大会"，拟打造全国最大坚果贸易加工交易基地。大力推进"坚果致富"行动，构建"产业合伙人＋本地企业＋全国知名坚果企业＋政府"坚果产业发展龙州模式，构建标准化生产、社会化服务、质量检验监测、品牌保护和营销、联农带农利益联结"五大体系"，打造包括种植、品控、加工、销售等环节的坚果全产业集群，使龙州坚果成为具有国际水准的国内顶级坚果品牌。

（七）科技成果及其转化情况

1. 科技成果

（1）获奖成果

云南省热带作物科学研究所主持的"优质丰产广适澳洲坚果新品种选育与应用"项目成果获2023年云南省科技进步奖二等奖。

（2）品种审（认）定

中国热带农业科学院南亚热带作物研究所牵头选育的澳洲坚果品种南亚1号、南亚3号通过全国热带作物品种审定委员会审定。贵州省亚热带作物研究所牵头选育的澳洲坚果品种南亚12号、南亚2号、南亚116号通过贵州省林木品种审定委员会认定。云南临沧市林业科学院牵头选育的澳洲坚果品种临坚47号和云县正成农业开发有限公司牵头选育的澳洲坚果品种正成1号通过云南省林木品种审定委员会认定。广西壮族自治区亚热带作物研究所牵头选育的澳洲坚果品种JW通过广西壮族自治区林木品种审定委员会认定。

（3）发布标准

全国共发布澳洲坚果相关标准7项，涵盖种苗、品种改良、栽培技术、采收、采后处理和原料收购等方面。云南省市场监督管理局发布了地方标准《澳洲坚果高接换种技术规程》（DB53/T 1222—2023）、《澳洲坚果采收与采后处理技术规程》（DB53/T 1221—2023）。广西壮族自治区市场监督管理局发布了地方标准《澳洲坚果园杂草生态调控技术规程》（DB45/T 2727—2023）、《澳洲坚果青皮果质量规范》（DB45/T 2726—2023）、《澳洲坚果苗木质量要求》（DB45/T 2725—2023）。贵州黔西南州市场监督管理局发布了地方标准《澳洲坚果采收及采后处理技术规程》（DB5223/T 52—2023）、《石漠化地区澳洲坚果栽培技术规程》（DB5223/T 51—2023）。

（4）专利授权

2023年全国共授权澳洲坚果相关发明专利22件，涵盖育种方法（如"一种澳洲坚果优异种质资源的培育方法""一种澳洲坚果抗寒种质的创制与鉴定方法""一种嫁接和诱变相结合的澳洲坚果育种方法"）、栽培技术（如"一种澳洲坚果液体喷雾授粉方法""澳洲坚果地布铺设式高工效种植方法""一种延迟澳洲坚果开花的高效授粉栽培方法"）、病虫害防治（如"一种用于抗炭疽病育种的杀菌剂""一种澳洲坚果炭疽病的防治剂""一种用于澳洲坚果育种的抗果实黑斑病激活剂"）、加工技术（如"一种高品质的澳洲坚果护肤霜及其制备方法""一种提高澳洲坚果整仁率的烘烤方法及澳洲坚果整仁制备方法""一种澳洲坚果副产物加工再利用的方法"）等。

2023年全国共授权澳洲坚果相关实用新型专利19件，包括澳洲坚果加工方面的设备及装置（如"一种澳洲坚果加工用浮选机""一种澳洲坚果果仁灭菌清洗机""一种澳洲坚果加工设备自动化连接原料提升机"）等。

2. 成果转化

由广西壮族自治区梧州市岑溪市生产力促进中心、广西亚热带作物研究所等单位联合实施的"岑溪市优势特色农业产业科技成果转化应用示范"项目，推广了澳洲坚果桂热引3号、桂热5号、桂热7号3个品种，以及澳洲坚果高效繁育技术、澳洲坚果促花保果的综合管理方法。

云南省热带作物科学研究所与云南省临沧市镇康县林业种苗和技术推广站签订技术服务合同，提供澳洲坚果品种选育与栽培关键技术服务；与普洱市孟连昊成咖啡坚果农民专业合作社签订"微生物加速澳洲坚果有机肥发酵技术服务合同"，推广澳洲坚果果皮有机肥发酵技术。

三、中国澳洲坚果产业发展特点

（一）产业技术发展不均衡

我国在澳洲坚果初加工、开口壳果加工技术和设备方面处于世界先进水平；但我国澳洲坚果商业化种植的时间不足30年，与美国、澳大利亚、南非等国家相比在数字化、智能化、机械化种植及产品精深加工方面还存在较大差距。

（二）原料供给增长较快

随着收获面积的逐年增长，我国本土澳洲坚果原料供应量不断增加，国产澳洲坚果原料替代进口原料的比例持续加大，从2014年的不足20%到2023年的50%左右。国产澳洲坚果原料的产销周期短、产品更新鲜，促进了国内生产厂商对国产原料的采购。

（三）企业对产业的带动能力明显增强

随着企业实力的积累，中国企业对澳洲坚果产业的影响力越来越强。不同产区均出现一些不同规模的从事澳洲坚果种植、加工的企业，通过与科研院所合作，提高了企业果园管理技术水平，并辐射带动周边果农。企业通过原料收购带动产业发展，并把市场要求反馈给种植户，促进他们调整品种结构，提高果实质量，更好地满足市场需求。

四、中国澳洲坚果产业存在的主要问题

（一）多头管理难以形成合力

澳洲坚果行业涉及多个部门，既有林业部门、农业部门，又有工业信息部门、发展改革委，还有各级行业协会，各单位按照职能分工开展工作，整体上缺乏统一协调机制，不便于协调政策形成合力。

（二）基础设施不足

我国澳洲坚果80%以上种植在山地，山高谷深，水源难觅，建设果园灌溉设施难度大，抵御干旱的能力差。近年高温干旱等极端天气频发，给"靠天吃饭"的澳洲坚果产业造成严重影响。例如，2023年云南产区冬春连旱，造成坐果率低、落果严重、膨果障碍、果实偏少、虫害增多、果实品质下降等问题，严重影响了种植者的收益。

（三）市场波动影响种植信心

国内尚无专业的澳洲坚果交易中心，缺乏自有原料定价机制，主要参考进口商品壳果的价格来确定国产青皮果价格。在国外大量进口的冲击下，2023年国产澳洲坚果的市场价格低至近10年的最低点，比最高点价格下跌一半以上，严重挫伤了种植者的信心。

（四）科技研发滞后于产业需要

澳洲坚果的科研工作缺乏统一规划，目前尚未建立国家级或省级澳洲坚果产业技术体系，与其产业规模不相适应。澳洲坚果的科研立项支持缺乏整体性、延续性，关键领域研究长期得不到支持，影响了产业技术的研发。

五、中国澳洲坚果产业发展展望

（一）生产规模增幅放缓

主产区可用于种植澳洲坚果的土地有限，澳洲坚果种植面积逐渐进入缓慢增长期，主要是通过在一些种植新区、传统种植区的补植补造以及与其他作物间种和套种等方式来实现面积增长。受部分果园树龄逐渐老化、近几年气候异常的影响，老果园增产潜力有限或有不同程度的减产，总体产量呈缓慢增长态势。

（二）市场前景总体看好

短期来看，目前澳洲坚果价格处于历史低谷，与其他坚果类产品形成比较优势，能激发更多消费需求，价格也会随之恢复理性，有望较大幅度反弹。随着国际澳洲坚果供应量的持续增加，能够形成稳定的供应，有利于扩大澳洲坚果的应用场景，开发更多含有澳洲坚果的新产品，进一步促进消费。

长期来看，世界澳洲坚果的产量仍未超过坚果类产品总产量的3%，仍有市场潜力。澳洲坚果属于木本油料作物，在我国食用油对外依存度居高不下的背景下，将在保障油料供给方面发挥积极作用。随着人们生活水平的提高，对健康产品的需求将不断增加，澳洲坚果的产品价值将得到进一步拓展。

（三）三产融合发展加快

本着"做优一产、做强二产、做活三产"的思路，澳洲坚果产业更加注重夯实基础。澳洲坚果种植面积的扩张基本结束，开始进入提质增效阶段。通过新品种的应用和已建果园的品种改良，夯实产业基础；通过树体的科学管理、养分和水分的精准调控、病虫害的绿色防控和采收方式的转变，提高果实质量，为后续的产品加工提供高质量的原料。在加工上，新产品新技术不断出现，不断改进初加工和精深加工技术，提升产品质量，提高加工效率。产业链条不断延长，增加产业总体效益。国内市场体系和品牌建设不断强化，围绕培育国际一流品牌，"以品牌引导消费、以消费拉动市场、以市场促进生产"，促进产业提档升级。

六、产业发展建议

（一）加强组织领导

坚持全国"一盘棋"的理念，建议成立全国层面的澳洲坚果产业联盟，联合产学研力量形成工作合力，通过举办活动、发布信息等，研究政策建议，引导产业持续健康发展。

（二）加大基础投入

整合涉农涉林资金和产业发展基金，增加山地果园灌溉设施投入，在有水源的地区，建设灌溉系统，推广肥水一体化技术的应用，提高抵御极端干旱的能力。

（三）加强市场监测预警

加强国内外澳洲坚果价格动态监测，研究分析价格异常波动的原因，适时出台政策抑制价格异常波动。研究提出应对价格波动的措施，加强产业结构调整，提高自有产品竞争力。建立国际澳洲坚果商品交易市场，扩大我国在澳洲坚果市场的影响力和话语权。

（四）强化科技支撑

引进培育澳洲坚果产业的科研人才队伍，提高科技人员创新能力。围绕良种选育、智能生产、精深加工等重点领域，支持开展联合攻关，尽早实现技术突破。加强国际学术交流活动，开展合作研究。制定澳洲坚果中长期科研规划，增加科研经费投入，开展有组织的科研，把有限的资金用在刀刃上，避免低水平重复。

2023年咖啡产业发展报告

2023年，受不良气候因素影响，世界咖啡产量减少2.01%，世界消费量增长1.48%。中国咖啡市场持续向好，咖啡种植面积、产量和消费量均保持增长态势，增幅分别为0.52%、0.69%和3.35%。

一、世界咖啡产业概况

咖啡是全球贸易量最大的商品和消费饮料之一。咖啡生产受降雨、温度、光照、土壤、海拔等多种因素影响，对生长条件要求严格，种植区域有限。世界咖啡产区主要分布在南北回归线之间的热带、亚热带地区，全球约有78个国家和地区种植咖啡。据联合国粮食及农业组织（FAO）统计，2014—2023年，世界咖啡收获面积总体呈增长态势，年均增长率为1.29%，2023年世界咖啡收获面积为17 358.5万亩，产量为1 049.7万吨。

（一）生产情况

1. 种植面积

据FAO、美国农业部（USDA）和中华人民共和国农业农村部农垦局数据，2023年，世界咖啡收获面积17 358.5万亩（图1），同比增长1.81%。收获面积超过100万亩的国家有23个，超过500万亩的国家有11个，超过1 000万亩的国家有5个。收获面积排名前十的国家依次为巴西、印度尼西亚、哥伦比亚、埃塞俄比亚、乌干达、越南、墨西哥、科特迪瓦、印度和秘鲁，收获面积分别为2 808.8万亩、1 928.7万亩、1 263.6万亩、1 112.8万亩、1 090.7万亩、983.9万亩、970.2万亩、808.5万亩、657.2万亩和635.8万亩（表1），分别占世界咖啡收获面积的16.18%、11.11%、7.28%、6.41%、6.28%、5.67%、5.59%、4.66%、3.79%和3.66%，合计占世界咖啡收获面积的 70.63%。

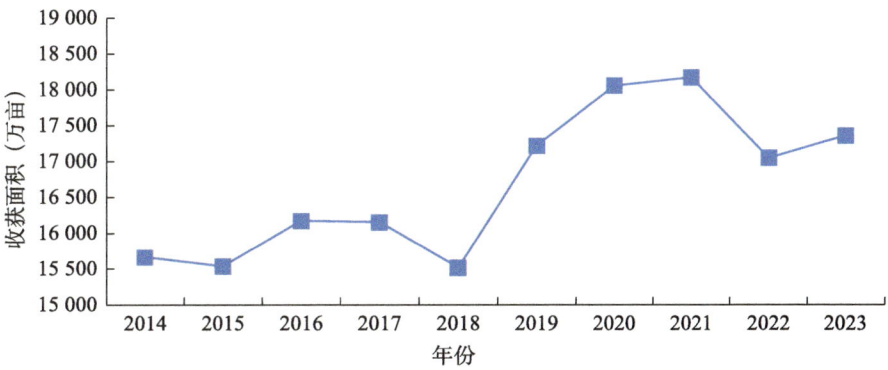

图 1　2014—2023 年世界咖啡收获面积变化情况

（数据来源：FAO、USDA 和中国农业农村部农垦局）

表 1　2023 年世界咖啡收获面积、产量和单产

序号	国家	收获面积（万亩）	产量（万吨）	单产（千克/亩）	序号	国家	收获面积（万亩）	产量（万吨）	单产（千克/亩）
1	巴西	2 808.8	397.8	141.6	15	委内瑞拉	240.6	3.0	12.5
2	印度尼西亚	1 928.7	58.2	30.2	16	刚果（金）	224.4	1.7	7.6
3	哥伦比亚	1 263.6	69.0	54.6	17	萨尔瓦多	187.2	4.0	21.4
4	埃塞俄比亚	1 112.8	50.1	45.0	18	菲律宾	168.4	2.7	16.0
5	乌干达	1 090.7	41.1	37.7	19	肯尼亚	164.1	4.8	29.3
6	越南	983.9	165.0	167.7	20	哥斯达黎加	140.5	8.6	61.2
7	墨西哥	970.2	24.5	25.3	21	马达加斯加	134.7	1.8	13.4
8	科特迪瓦	808.5	8.1	10.0	22	老挝	134.1	2.7	20.1
9	印度	657.2	35.7	54.3	23	中国	103.1	14.6	124.7
10	秘鲁	635.8	25.2	39.6	24	喀麦隆	84.4	1.7	20.1
11	危地马拉	550.3	20.6	37.4	25	多米尼加	83.4	0.8	9.6
12	坦桑尼亚	395.4	8.1	20.5	26	安哥拉	76.7	0.2	2.6
13	洪都拉斯	387.5	39.0	100.6	27	其他	1 778.4	23.6	13.3
14	尼加拉瓜	245.1	16.0	65.3	28	合计	17 358.5	1 028.6	59.3

数据来源：FAO、USDA 和中国农业农村部农垦局。

2. 产量

2023 年，受不良气候影响，世界咖啡产量同比略有下降。据 USDA 统计，2023 年，世界咖啡产量为 1 028.6 万吨（图 2），同比减少 2.01%。产量排名前五的国家依次为巴西、越南、哥伦比亚、印度尼西亚和埃塞俄比亚，产量分别为397.8万吨、165.0万吨、69.0万吨、58.2万吨和50.1万吨，分别占世界总产量的38.67%、16.04%、6.71%、5.66%和4.87%，合计占世界咖啡总产量的71.95%。

据USDA统计，2023年，世界小粒种咖啡总产量为583.9万吨（图2），占世界咖啡总产量的56.77%，同比增加2.44%。产量排名前五的国家依次为巴西、哥伦比亚、埃塞俄比亚、洪都拉斯和秘鲁，产量分别为269.4万吨、69.0万吨、50.1万吨、39.0万吨和25.2万吨，分别占世界小粒种咖啡总产量的46.14%、11.82%、8.58%、6.68%和4.32%，合计占77.54%。

据USDA统计，2023年，世界中粒种咖啡总产量为444.7万吨（图2），占世界咖啡总产量的43.23%，同比减少7.30%。产量排名前五的国家依次为越南、巴西、印度尼西亚、乌干达和印度，产量分别为159.7万吨、128.4万吨、50.4万吨、35.1万吨和27.2万吨，分别占世界中粒种咖啡总产量的35.91%、28.87%、11.33%、7.89%和6.12%，合计占90.12%。

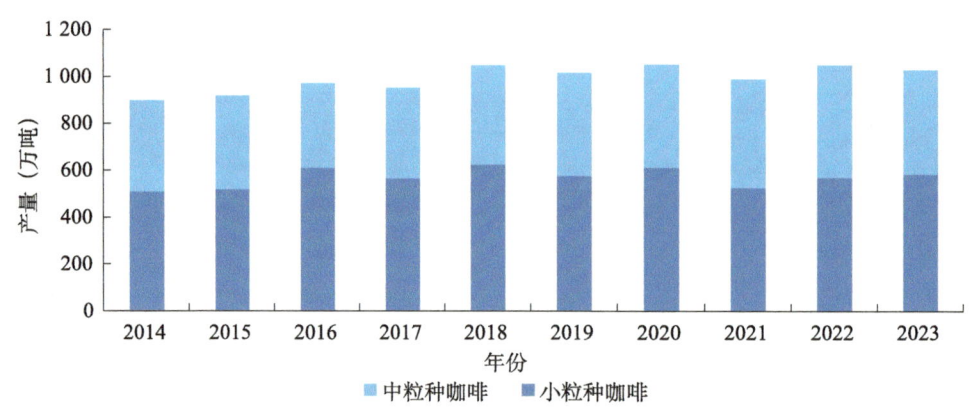

图2　2014—2023年世界咖啡产量变化情况

（数据来源：USDA）

3. 单产

受气候、土壤、农业科技发展水平、社会环境等因素的影响，世界咖啡生产国的咖啡生产能力参差不齐，2023年，世界咖啡平均单产（按收获面积计）为59.3千克/亩（表1），单产水平居前十的国家依次为越南、巴西、中国、洪都拉斯、尼加拉瓜、哥斯达黎加、哥伦比亚、印度、埃塞俄比亚和秘鲁，单产分别为167.7千克/亩、141.6千克/亩、124.7千克/亩、100.6千克/亩、65.3千克/亩、61.2千克/亩、54.6千克/亩、54.3千克/亩、45.0千克/亩和39.6千克/亩。

（二）贸易情况

世界咖啡贸易的产品类型主要分为咖啡生豆、焙炒咖啡和速溶咖啡，其中咖啡生豆的贸易量最大，其次为速溶咖啡，最后为焙炒咖啡。近年来，世界咖啡贸易量呈波动增长的趋势，美国是全球最大的咖啡进口国，巴西是全球最大的咖啡出口国。

1. 进口

据 USDA 统计，2023 年，世界咖啡进口量为 835.2 万吨（图 3），同比增长 2.58%。进口量居前十位的国家和地区依次为欧盟、美国、日本、菲律宾、加拿大、俄罗斯、英国、中国、瑞士和韩国。其中，欧盟、美国、日本、菲律宾和加拿大进口量分别为 282.0 万吨、152.6 万吨、40.8 万吨、37.8 万吨和 32.4 万吨，分别占全球进口总量的 33.76%、18.27%、4.89%、4.53% 和 3.88%，合计占世界咖啡进口总量的 65.33%。

2023 年，世界咖啡生豆进口量为 706.8 万吨（图 3），占世界咖啡进口量的 84.63%，同比增长 2.84%。咖啡生豆进口量居前五位的国家和地区依次为欧盟、美国、日本、俄罗斯和瑞士，进口量分别为 282.0 万吨、144.0 万吨、37.2 万吨、21.0 万吨和 21.0 万吨，分别占世界咖啡生豆总进口量的 39.90%、20.37%、5.26%、2.97% 和 2.97%，合计占世界咖啡生豆总进口量的 71.47%。

2023 年，世界焙炒咖啡进口量为 27.4 万吨（图 3），占世界咖啡进口量的 3.28%，同比增长 4.18%。焙炒咖啡进口量居前五位的国家依次为英国、美国、加拿大、韩国和乌克兰，进口量分别为 4.2 万吨、3.8 万吨、3.0 万吨、2.4 万吨和 2.4 万吨，分别占世界焙炒咖啡总进口量的 15.33%、13.87%、10.95%、8.76% 和 8.76%，合计占世界焙炒咖啡总进口量的 57.67%。

2023 年，世界速溶咖啡进口量为 101.0 万吨（图 3），占世界咖啡进口量的 12.09%，同比增长 0.40%。速溶咖啡进口量居前五位的国家依次为菲律宾、加拿大、中国、印度尼西亚和英国，进口量分别为 33.0 万吨、10.8 万吨、10.8 万吨、6.0 万吨和 5.4 万吨，分别占世界速溶咖啡总进口量的 32.67%、10.69%、10.69%、5.94% 和 5.35%，合计占世界速溶咖啡总进口量的 65.34%。

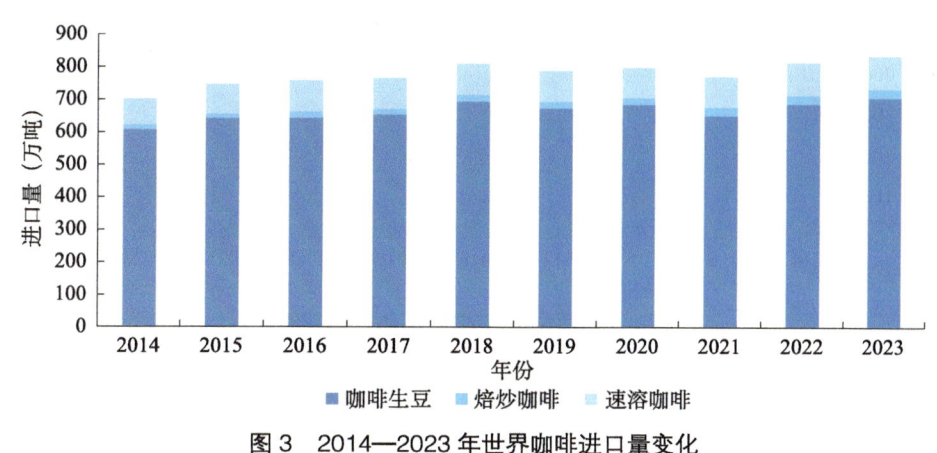

图 3　2014—2023 年世界咖啡进口量变化

（数据来源：USDA）

2. 出口

据 USDA 统计，2023 年，世界咖啡出口量为 853.4 万吨（图 4），同比增长 0.46%。出口量居前十位的国家和地区依次为巴西、越南、哥伦比亚、乌干达、印度、洪都拉斯、印度尼西亚、埃塞俄比亚、欧盟和秘鲁。其中，巴西、越南、哥伦比亚、乌干达和印度，出口量分别为263.1万吨、150.0万吨、72.0万吨、39.1万吨和38.0万吨，分别占出口总量的30.83%、17.58%、8.44%、4.58%和4.45%，合计占世界咖啡出口总量的65.88%。

2023年，世界咖啡生豆出口量为719.6万吨（图4），占世界咖啡出口量的84.32%，同比增长1.45%。咖啡生豆出口量居前五位的国家依次为巴西、越南、哥伦比亚、乌干达和洪都拉斯，出口量分别为237.0万吨、138.0万吨、64.8万吨、39.1万吨和37.2万吨，分别占世界咖啡生豆总出口量的32.93%、19.18%、9.01%、5.43%和5.17%，合计占世界咖啡生豆总出口量的71.72%。

2023年，世界焙炒咖啡出口量为31.3万吨（图4），占世界咖啡出口量的3.67%，同比增长3.99%。焙炒咖啡出口量居前五位的国家和地区依次为欧盟、瑞士、越南、哥伦比亚和墨西哥，出口量分别为15.0万吨、11.1万吨、2.1万吨、1.2万吨和0.8万吨，分别占世界焙炒咖啡总出口量的47.92%、35.46%、6.71%、3.83%和2.56%，合计占世界焙炒咖啡总出口量的96.48%。

2023年，世界速溶咖啡出口量为102.5万吨（图4），占世界咖啡出口量的12.01%，同比减少6.90%。速溶咖啡出口量居前五位的国家和地区依次为巴西、马来西亚、印度、越南和欧盟，出口量分别为25.8万吨、13.8万吨、12.5万吨、9.9万吨和9.6万吨，分别占世界速溶咖啡总出口量的25.17%、13.46%、12.2%、9.66%和9.37%，合计占世界速溶咖啡总出口量的69.86%。

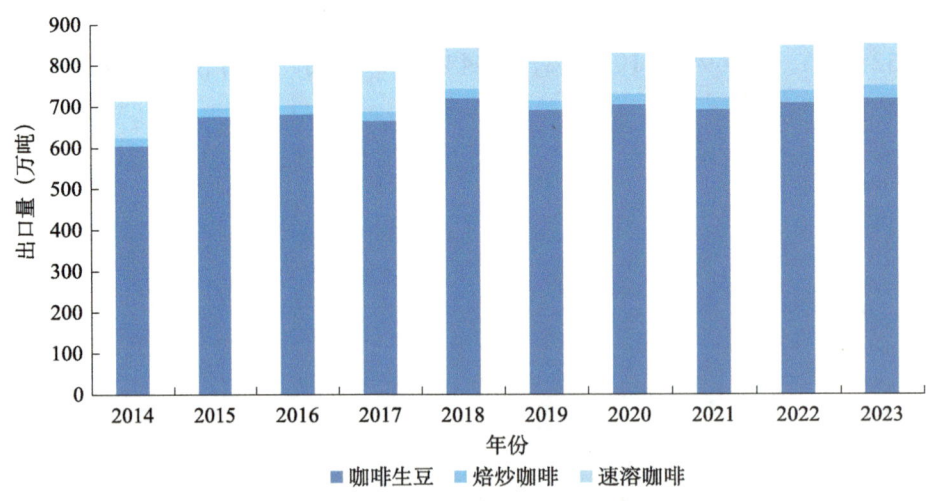

图4 2014—2023年世界咖啡进口量变化

（数据来源：USDA）

（三）价格情况

国际咖啡组织（ICO）数据显示，2022年咖啡全年综合平均价达到了2014—2023年的峰值，其中，哥伦比亚水洗（Colombian Milds）小粒种咖啡为6.16美元/千克，其他水洗（Other

Milds）小粒种咖啡为 5.63 美元 / 千克，巴西日晒（Brazilian Naturals）小粒种咖啡为 4.70 美元 / 千克。2023 年小粒种咖啡全年综合平均价同比呈下降趋势，其中，哥伦比亚水洗小粒种咖啡为 4.61 美元 / 千克，其他水洗小粒种咖啡为 4.54 美元 / 千克，巴西日晒小粒种咖啡为 3.84 美元 / 千克，而中粒种咖啡全年综合平均价达到 2014—2023 年的峰值，为 2.62 美元 / 千克（图 5）。

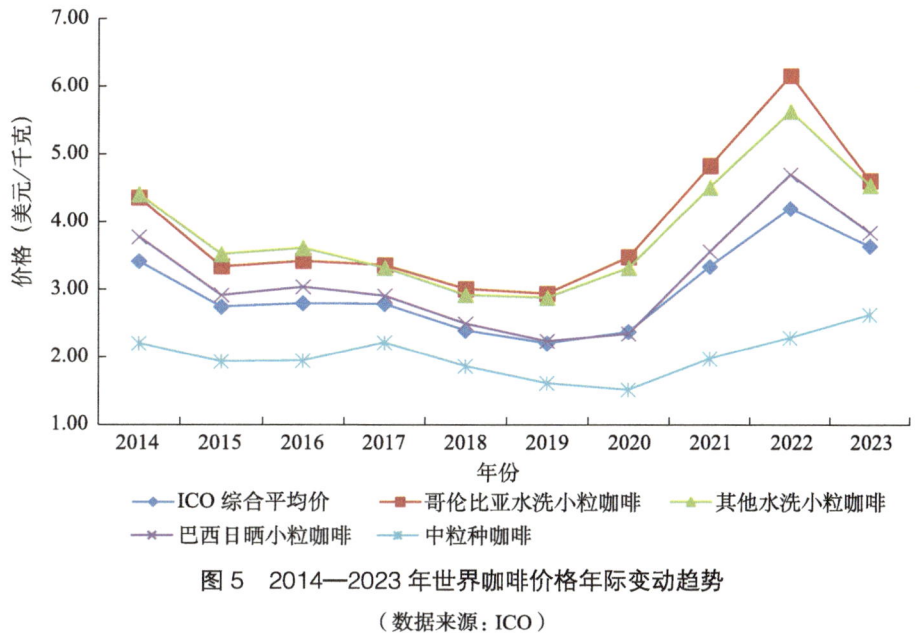

图 5　2014—2023 年世界咖啡价格年际变动趋势

（数据来源：ICO）

2023 年各月份 ICO 综合平均价在 1—9 月呈小幅波动趋势，10 月受全球翌年产量预期减少等因素影响价格呈回升趋势（图 6），10 月 ICO 综合平均价为 3.35 美元 / 千克，11 月 ICO 综合平均价为 3.56 美元 / 千克，12 月 ICO 综合平均价为 3.86 美元 / 千克。

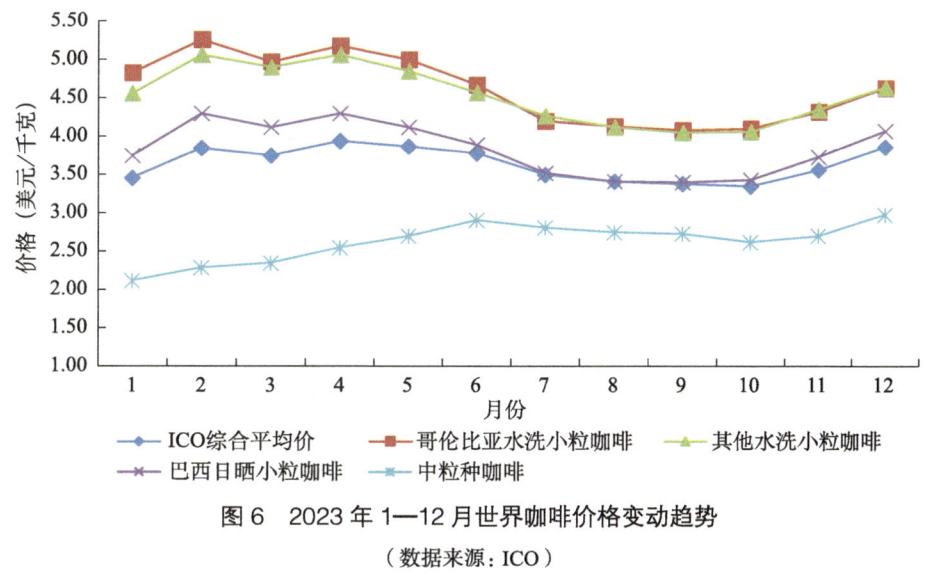

图 6　2023 年 1—12 月世界咖啡价格变动趋势

（数据来源：ICO）

(四)消费情况

世界咖啡消费呈波动增长态势,在新冠疫情期间消费量有小幅下降,疫情后迅速恢复。据 USDA 统计,2023 年,世界咖啡消费量为 1 017.2 万吨(图 7),同比增长 1.48%。消费量居前十位的国家和地区依次为欧盟、美国、巴西、日本、菲律宾、加拿大、中国、印度尼西亚、俄罗斯和英国。消费量超过 10 万吨的有欧盟、美国、巴西、日本、菲律宾、加拿大、中国、印度尼西亚、俄罗斯、英国、埃塞俄比亚、韩国、越南、墨西哥、澳大利亚、哥伦比亚和阿尔及利亚 17 个国家和地区,总消费量达 890.4 万吨,占世界消费总量的 87.55%。其中,欧盟、美国、巴西、日本和菲律宾的消费量分别为 258.8 万吨、152.9 万吨、135.4 万吨、43.9 万吨和 41.7 万吨,分别占世界咖啡消费总量的 25.45%、15.03%、13.31%、4.32% 和 4.1%(图 8)。

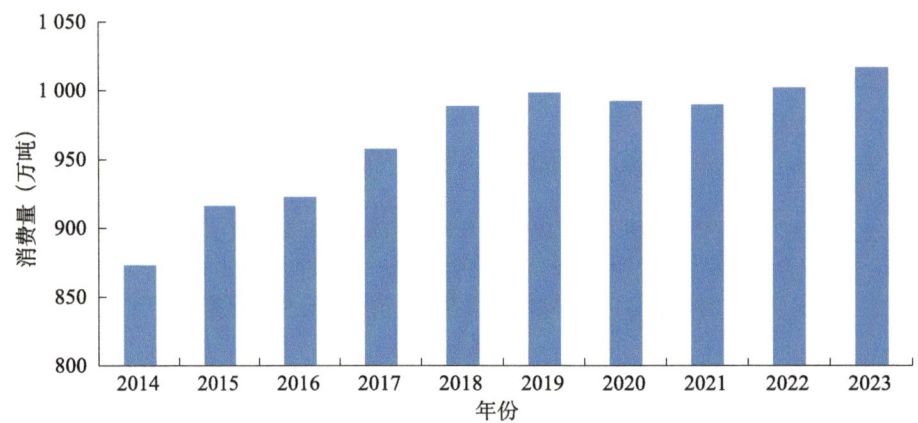

图 7 2014—2023 年世界咖啡消费量变化

(数据来源:USDA)

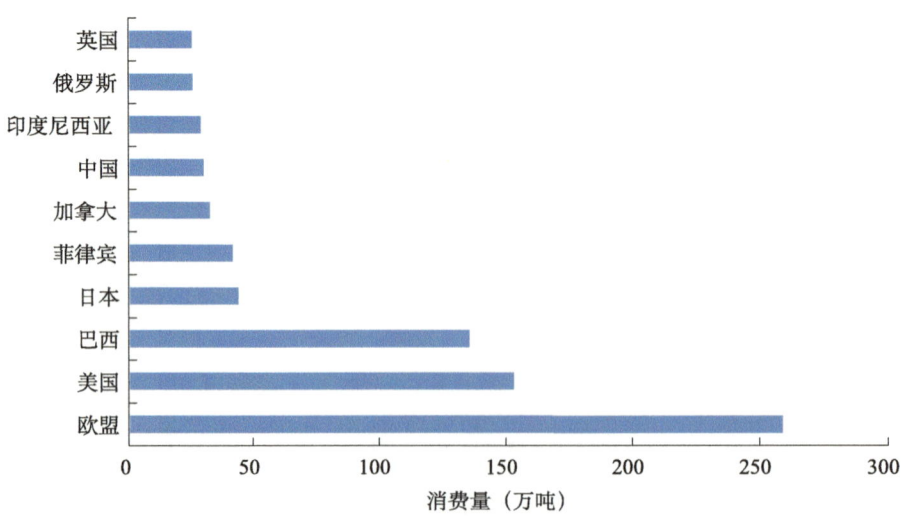

图 8 2023 年世界咖啡消费量前十位的国家和地区

(数据来源:USDA)

（五）库存情况

2023年，世界咖啡生豆库存总量为208.2万吨（图9），同比下降23.58%。咖啡生豆库存量居前十位的国家和地区依次为欧盟、美国、巴西、日本、印度尼西亚、哥伦比亚、中国、哥斯达黎加、乌干达和坦桑尼亚，库存量分别为54.5万吨、34.2万吨、27.5万吨、12.0万吨、7.6万吨、3.7万吨、3.0万吨、2.9万吨、2.9万吨和2.5万吨，分别占世界库存总量的34.26%、21.5%、17.28%、7.54%、4.78%、2.33%、1.89%、1.82%、1.82%和1.57%（图10），合计占比94.79%。

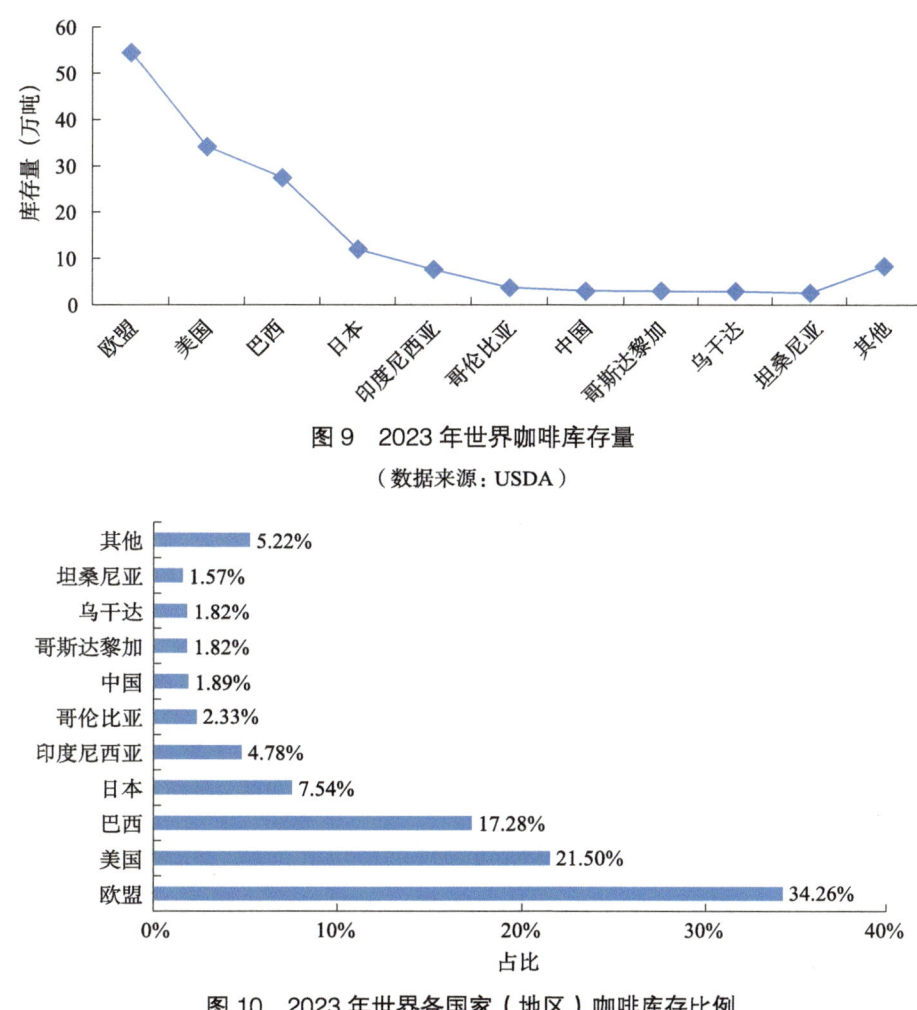

图9　2023年世界咖啡库存量

（数据来源：USDA）

图10　2023年世界各国（地区）咖啡库存比例

（数据来源：USDA）

（六）成本收益情况

咖啡产业为全球约1.25亿人提供了直接就业机会，仅美国咖啡行业就业人数就达到170万人。全球约有1 250万个农场种植咖啡，咖啡农场的规模大多不超过75亩，95%的咖啡农场面积小于75亩，85%的咖啡农场面积小于30亩。全球73%~80%的咖啡农户生产了世界咖啡产量的绝大部分，其余少量由较大的种植园生产，在中南美洲以外的咖啡种植园面积很少超过750亩。

墨西哥传统种植咖啡的成本为7.80美元/千克，有机种植咖啡的成本为3.50美元/千克。越南小农户种植的认证咖啡的成本比传统咖啡低20%，利润高13%（年利润为1 695欧元/公顷）。

咖啡农户在咖啡价值链中获得的利润最少，咖啡市场价格和生产成本决定了咖啡种植者的利润。不同国家和地区因种植的咖啡类型、生产方法、设备与技术、税率、运输方式、投入成本等不同，咖啡的生产成本也存在差异，但从全球情况来看，2015—2020年，投入成本每年增长8%，而同期价格仅上涨1%。因此，一些咖啡农户能够收支平衡，而另一些咖啡农户则难以支付成本。美国特种咖啡协会的一项研究发现，咖啡商业净利润率为7%~12%。相比之下，最大的经济价值产生于出口商和烘焙商供应链的中间环节。通常，出口商的利润为离岸价格的50%~54%，咖啡连锁店中烘焙师获得的毛利润最高，为整体毛利润的44%~65%。

（七）主要国家产业扶持政策

洪都拉斯为降低咖啡生产成本、提高行业的竞争力，延长了咖啡种植激励计划，批准咖啡免征12%的销售税，减免税收近1.83亿美元。危地马拉将设立的咖啡信托基金延长至2026年，该信托基金指定用于咖啡种植和农业生产资料投入，设定中小型咖啡农户的贷款利率为2%，大型咖啡农户的贷款利率为3%。墨西哥设立了"为幸福而生产"咖啡种植补助项目，咖啡种植户每年获得6 200比索（约344美元）现金直接补助。秘鲁政府将咖啡国际化推广作为国家优先事项，建立了国家咖啡执行委员会，该国旅游局以及海外的贸易处都在积极宣传秘鲁咖啡。埃塞俄比亚咖啡和茶叶管理局出台了咖啡出口指导意见，基于不同地区不同等级咖啡的全球加权平均价格设定了最低咖啡出口价格。同时，该国商品交易所（ECX）简化了咖啡中间商环节，确保咖啡生产者、咖啡工会、咖啡加工商在没有中间商的情况下直接向国际市场出口咖啡。乌干达通过分发种植优质咖啡种苗、打击假冒伪劣农资以提高咖啡的产量和品质。坦桑尼亚继续推行咖啡产业发展计划，计划每年为农民提供2 000万株咖啡种苗，以促进咖啡更新并提高产量。哥伦比亚咖啡行业协会为咖啡种植者提供种植、收获和加工等环节的技术支持，以提升咖啡品质。此外，该协会还提供低利率贷款以鼓励种植者种植更优的品种，政府也为咖啡种植者提供特殊类别的贷款以支持其购买机械、更新品种、加强种植管护等。越南得乐省加大城市建设管理工作，进行基础设施升级改造，努力将邦美蜀市打造成具有特色、与众不同的"世界咖啡之城"。肯尼亚政府重启内罗毕咖啡交易所（NCE），并实行了引入直接结算系统、提高咖啡预付周转基金、重组咖啡产业监管部门等系列举措振兴咖啡行业。

（八）最新科技进展

1. 咖啡与气候变化研究

佛罗里达大学的 Emily Pappo 等开展了降水量对咖啡品质和挥发性成分影响的研究。研究结果表明降水减少，咖啡产量整体有所增加，感官质量略有下降，不同品种均存在不同程度的酸度降低情况，并影响咖啡生豆挥发性化合物分成的组成。

2. 咖啡种质创新与利用研究

世界咖啡研究所（World Coffee Research）发布了 47 种罗布斯塔咖啡品种目录，目录提供包括豆型大小、植物营养需求、病虫害易感性等 20 多个维度的筛选条件。全球主要咖啡大国都设立了咖啡研究机构，如洪都拉斯咖啡研究所（IHCAFE）、哥斯达黎加咖啡研究中心（ICAFE）等。此外，全球知名的咖啡企业星巴克、雀巢等都拥有独立的咖啡研究机构。这些研究机构为提高咖啡产量、品质和筛选抗病品种等，开展咖啡杂交育种研究。洪都拉斯咖啡研究所（IHCAFE）和斯科特农业实验室（SAL）等著名研究中心开发了 IH-90 和 SL 系列品种，星巴克在哥斯达黎加的研发中心培育出 6 种广适性的咖啡品种。美国食品科学家斯托福斯研究了决定咖啡口感、香气和颜色的 1 000 多种化合物，重点研究了影响咖啡味道和香气的化合物，成功在分子水平上对咖啡豆进行了反向解构，利用天然的化合物制造出含有咖啡因的咖啡饮品。

3. 咖啡与健康研究

匈牙利塞梅尔维斯大学和英国伦敦玛丽女王大学的研究人员在《欧洲预防心脏病学杂志》上发表的一项研究成果表明咖啡对心脏健康的积极影响。该研究通过对 46.87 万名英国生物库参与者的调查和数据分析，揭示了咖啡有益心血管健康。与不喝咖啡的人相比，每天喝 0.5~3 杯咖啡的人全因死亡风险降低 12%，心血管疾病导致的死亡风险降低 17%，中风风险降低 21%。

4. 咖啡杯测研究

澳大利亚的研究人员对咖啡的香气、味道和口感进行了深入研究，确定了咖啡的一系列特征和描述词汇，开发了新版咖啡风味轮。该咖啡风味轮的开发为更好地描述和品评咖啡的风味提供了有效的工具，也有助于咖啡业从业者更好地理解和管理咖啡生产过程中的各个环节，并根据咖啡的特点调整和改进种植、收获、加工等环节，从而提高咖啡的品质。

（九）世界咖啡产业发展趋势

展望 2024 年，世界咖啡市场将继续受到多因素影响，预计产量和消费均有上涨。新兴咖啡消费市场将带动世界咖啡消费的持续发展，中国消费市场的崛起和全球供需结构的调整将成为全球关注的焦点。咖啡产业作为全球经济的重要组成部分，随着科技的进步和消费者对品质、口感和健康的日益关注，未来咖啡产业的发展趋势将更加注重科技创新、可持续发展、产品多元化和数字化转型等方面。

科技创新 科技创新将是咖啡产业发展的关键。咖啡种植和加工技术的进步将使得咖啡的品质和口感更加优秀，同时也将提高咖啡的生产效率。咖啡机的技术创新将使得咖啡的制作更加快捷、方便、卫生。

可持续发展 可持续发展是咖啡产业未来的重要趋势。咖啡产业将更加注重环境保护、资源利用和社会责任等。通过采用可持续的种植和加工方式，减少环境污染，提高资源利用率，同时促进社会的和谐发展。

产品多元化 咖啡产业将更加注重多元化，满足不同消费者的需求。通过推出不同口味、不同包装、不同品牌的咖啡产品，满足不同消费者的需求，扩大咖啡产业的市场份额。

数字化转型 数字化将是咖啡产业未来的方向。通过数字化转型的方式，咖啡产业可以实现更加高效、便捷、智能化的管理和服务，提高生产效率和用户体验。

二、中国咖啡产业基本情况

（一）生产情况

2014—2018 年，中国咖啡种植面积呈现快速增长态势，2019 年种植面积锐减，2020—2022 年保持在 100 万亩左右，并逐年略有下降。产量在 2014 年超过 13 万吨，并逐年增加，到 2016 年达近 10 年的高峰，超过 15 万吨，2017—2022 年产量保持在 14 万吨左右，其中 2020 年受新冠疫情影响产量大幅下降到 11.4 万吨，2021 年产量恢复到 14.2 万吨，并呈逐年上升趋势，2023 年产量恢复到 14.6 万吨（图 11）。

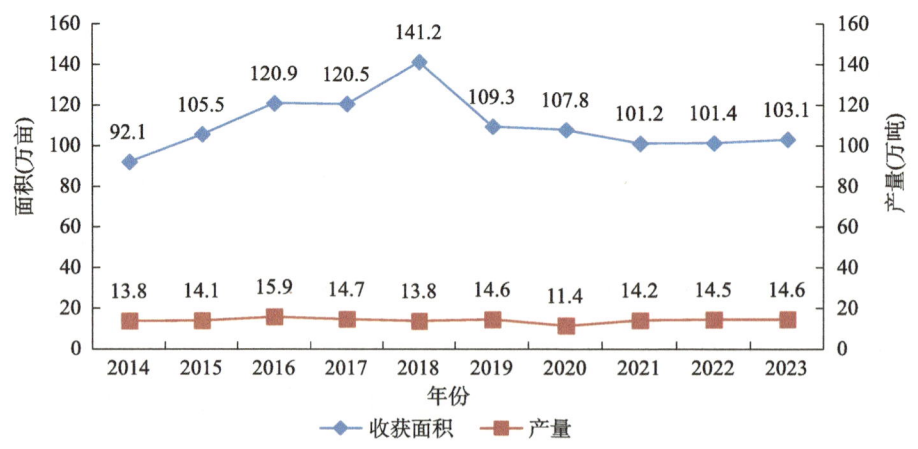

图 11　2014—2023 年中国咖啡生产变化趋势

（数据来源：农业农村部农垦局）

1. 种植面积和收获面积

据农业农村部农垦局统计，2023 年，中国咖啡种植面积为 117.1 万亩，收获面积为 103.1 亩

（图 11），同比种植面积增长 0.6%、收获面积增长 1.68%。其中，云南种植面积为 114.6 万亩，同比增长 0.4%；海南种植面积为 2.2 万亩，同比增长 5.3%；广东种植面积为 0.2 万亩，同比持平；广西种植面积为 0.1 万亩，同比持平。

2. 产量、单产和产值

据农业农村部农垦局统计，2023 年，中国咖啡总产量为 14.6 万吨（图 11），同比增加 0.4%。其中，云南产量为 14.3 万吨，占总产量的 97.95%，同比持平；海南产量 0.2 万吨，占总产量的 1.37%，同比持平。中国咖啡平均单产为 141.3 千克/亩，同比减少 1.26%，其中，云南省平均单产为 141.1 千克/亩，同比减少 1.54%；海南省平均单产为 165.8 千克/亩，同比减少 20.85%。中国咖啡一产总产值为 416 377.4 万元，同比增长 18.15%。其中，云南一产总产值为 407 000.0 万元，同比增长 17.97%；海南一产总产值为 9 377.4 万元，同比增长 26.55%。

（二）贸易情况

2016 年以前，中国咖啡进出口贸易基本为顺差，随着中国咖啡消费量的快速增长，2017 年以来中国咖啡及制品出口数量和金额总体呈负增长，进口数量及金额总体呈快速正增长，中国咖啡进出口贸易逆差已呈常态。

1. 出口情况

据中国海关统计，2023 年中国咖啡出口数量为 27 990.2 吨，同比减少 49.98%，出口金额为 14 325.2 万美元，同比减少 51.6%。其中，咖啡生豆 16 584.2 吨，6 794.9 万美元；焙炒咖啡 1 244.6 吨，994.9 万美元；咖啡饮料及其制品 10 161.5 吨，6 535.3 万美元。出口产品构成为咖啡生豆占 59.25%、焙炒咖啡占 4.45%、咖啡饮料及其制品占 36.30%。中国咖啡出口产品仍以咖啡生豆为主，但份额呈下降趋势，精深加工产品出口份额呈上升趋势。

2023 年，中国咖啡出口省份有 25 个，较 2022 年增加 1 个。出口量超过 1 000 吨的省份有 8 个，分别为云南、上海、辽宁、广东、山东、江苏、湖北和福建。其中出口量排名前三的依次为云南、上海和辽宁，出口量和出口金额分别为 9 857.4 吨和 5 213.2 万美元、6 472.9 吨和 3 565.3 万美元、3 349.2 吨和 829.7 万美元（表 2）。

表 2　2023 年中国咖啡出口情况

序号	出口省份	出口量（吨）	金额（万美元）	序号	出口省份	出口量（吨）	金额（万美元）
1	云南	9 857.4	5 213.2	4	广东	2 152.2	1 469.1
2	上海	6 472.9	3 565.3	5	山东	1 838.6	693.7
3	辽宁	3 349.2	829.7	6	江苏	1 432.4	688.8

(续表)

序号	出口省份	出口量（吨）	金额（万美元）	序号	出口省份	出口量（吨）	金额（万美元）
7	湖北	1 104.9	415.3	17	北京	16.6	20.4
8	福建	1 071.3	776.0	18	江西	7.6	7.5
9	安徽	193.0	148.6	19	陕西	6.9	7.1
10	宁夏	116.1	107.7	20	黑龙江	5.5	1.2
11	甘肃	96.2	36.4	21	海南	5.4	3.6
12	四川	91.3	39.2	22	吉林	5.0	4.4
13	天津	85.5	45.5	23	河南	1.1	0.9
14	浙江	40.6	117.8	24	内蒙古	0.5	0.6
15	重庆	22.7	22.5	25	贵州	0.1	0.1
16	湖南	17.4	110.7	26	合计	27 990.2	14 325.2

2023年中国咖啡出口目的国家和地区达90个，较2022年增加4个。出口量超过1 000吨的国家和地区有9个，分别为俄罗斯、中国香港、朝鲜、越南、荷兰、日本、英国、马来西亚和菲律宾。其中，出口量排名前三的依次为俄罗斯、中国香港和朝鲜，出口量和出口金额分别为3 270.5吨和1 457.5万美元、3 220.3吨和1 965.2万美元、2 740.4吨和705.7万美元（表3）。

表3　2023年中国咖啡出口目的国家和地区情况

序号	出口国家和地区	出口量（吨）	金额（万美元）	序号	出口国家和地区	出口量（吨）	金额（万美元）
1	俄罗斯	3 270.5	1 457.5	15	瑞士	588.2	286.9
2	中国香港	3 220.3	1 965.2	16	比利时	548.9	189.0
3	朝鲜	2 740.4	705.7	17	泰国	430.8	191.2
4	越南	2 652.7	866.3	18	中国台湾	398.5	305.4
5	荷兰	2 458.8	1 011.1	19	德国	384.3	144.4
6	日本	1 700.7	695.3	20	澳大利亚	257.0	119.1
7	英国	1 365.5	742.8	21	新加坡	221.2	209.8
8	马来西亚	1 267.2	1 982.9	22	瑞典	194.5	76.8
9	菲律宾	1 011.1	450.7	23	老挝	182.0	69.8
10	美国	826.6	541.3	24	以色列	135.9	58.7
11	沙特阿拉伯	767.3	291.0	25	伊拉克	128.6	75.8
12	意大利	743.0	345.4	26	玻利维亚	115.0	123.2
13	法国	676.0	331.5	27	阿联酋	104.6	32.7
14	韩国	626.9	463.9	28	缅甸	99.0	53.7

(续表)

序号	出口国家和地区	出口量（吨）	金额（万美元）	序号	出口国家和地区	出口量（吨）	金额（万美元）
29	印度尼西亚	89.9	50.8	33	中国澳门	67.3	55.4
30	加拿大	78.6	62.0	34	巴基斯坦	62.7	19.8
31	蒙古国	71.5	36.0	35	其他	433.7	282.0
32	伊朗	71.1	32.5	36	合计	27 990.2	14 325.2

2. 进口情况

据中国海关统计，2023年中国咖啡进口数量为196 725.2吨，同比增长12.28%，进口金额为110 610.9万美元，同比增长0.55%。其中，咖啡生豆139 946.0吨，61 452.4万美元；焙炒咖啡13 936.9吨，18 590.5万美元；咖啡饮料及其制品42 842.3吨，30 568万美元。进口产品构成为咖啡生豆占71.14%，焙炒咖啡占7.08%，咖啡饮料及其制品占21.78%。

2023年中国咖啡进口省份有26个，较2022年减少2个。进口量超过10 000吨的省份有14个，分别为上海、江苏、福建、山东、广东和北京。其中，进口量排名前三的依次为上海、江苏和福建，进口量和进口金额分别为64 217.1吨和44 689.2万美元、44 597.7吨和21 490.2万美元、17 308.9吨和6 486.5万美元（表4）。

表4　2023年中国咖啡进口情况

序号	进口省份	进口量（吨）	金额（万美元）	序号	进口省份	进口量（吨）	金额（万美元）
1	上海	64 217.1	44 689.2	14	黑龙江	1 309.1	490.7
2	江苏	44 597.7	21 490.2	15	湖北	884.8	441.5
3	福建	17 308.9	6 486.5	16	河南	654.1	470.9
4	山东	16 720.1	4 705.9	17	天津	552.4	425.6
5	广东	14 355.4	8 712.6	18	内蒙古	303.9	79.7
6	北京	10 641.7	5 996.1	19	四川	245.6	140.6
7	广西	7 164.0	3 421.5	20	河北	145.5	98.5
8	浙江	5 445.0	6 012.1	21	湖南	139.1	115.8
9	辽宁	3 758.4	1 395.3	22	吉林	92.1	60.1
10	海南	3 239.5	2 428.4	23	陕西	45.0	41.4
11	安徽	2 006.1	989.9	24	江西	8.0	19.0
12	重庆	1 473.8	993.3	25	宁夏	7.2	6.8
13	云南	1 408.5	896.9	26	新疆	2.3	2.8

2023年中国咖啡进口来源国家和地区达75个，较2022年减少1个。进口量超过10 000吨的国家有6个，分别为巴西、越南、埃塞俄比亚、哥伦比亚、马来西亚和印度尼西亚。进口量排名前三的依次为巴西、越南和埃塞俄比亚，进口量和进口金额分别为59 845.4吨和22 469.2万美元、30 353.0吨和13 173.6万美元、22 337.0吨和14 445.3万美元（表5）。

表5　2023年中国咖啡进口来源国家和地区情况

序号	进口国家和地区	进口量（吨）	金额（万美元）	序号	进口国家和地区	进口量（吨）	金额（万美元）
1	巴西	59 845.4	22 469.2	22	缅甸	467.7	36.3
2	越南	30 353.0	13 173.6	23	印度	373.8	232.2
3	埃塞俄比亚	22 337.0	14 445.3	24	土耳其	69.0	220.7
4	哥伦比亚	21 907.9	11 619.7	25	老挝	289.5	88.4
5	马来西亚	20 382.7	16 073.5	26	德国	274.3	444.3
6	印度尼西亚	10 835.2	4 078.1	27	法国	257.0	745.1
7	日本	4 240.9	5 791.6	28	英国	249.3	394.1
8	危地马拉	3 680.9	2 015.6	29	新加坡	239.2	145.2
9	乌干达	3 388.9	1 038.0	30	萨尔瓦多	184.4	128.1
10	意大利	2 423.1	2 787.9	31	巴拿马	168.4	831.3
11	韩国	2 283.0	1 673.5	32	洪都拉斯	153.2	94.1
12	泰国	2 155.4	813.3	33	厄瓜多尔	142.0	170.4
13	巴新	2 049.0	852.8	34	葡萄牙	139.5	203.0
14	美国	2 005.0	2 980.1	35	墨西哥	136.9	85.4
15	瑞士	1 069.5	2 370.4	36	中国台湾	124.0	108.7
16	哥斯达黎加	664.5	503.6	37	澳大利亚	104.1	520.7
17	秘鲁	634.8	352.4	38	西班牙	97.3	209.2
18	肯尼亚	600.9	410.0	39	东帝汶	7.4	26.0
19	卢旺达	599.2	371.2	40	乌拉圭	59.6	123.0
20	荷兰	488.9	1 035.3	41	其他	774.9	708.8
21	坦桑尼亚	468.6	241.3	42	合计	196 725.2	110 611.1

（三）价格情况

2023年，据云南省精品咖啡学会监测分析，云南市场咖啡综合平均价全年呈波动上涨趋势，全年市场综合平均价为26.4元/千克，同比下跌12.59%，全年各月综合平均价1—6月呈小幅上扬，7—10月呈下行态势，全年1月最低，为22.0元/千克，11月恢复上涨态势，12月达全年最高点，为30.1元/千克（图12）。

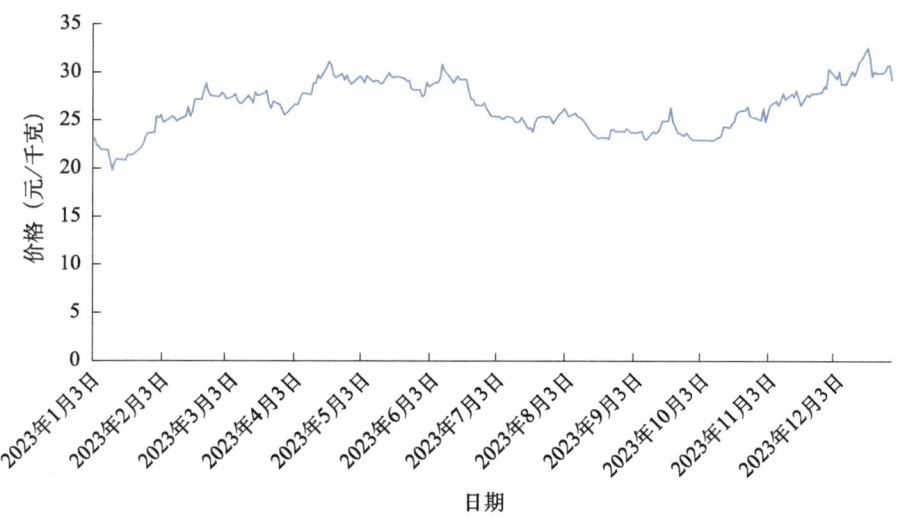

图12 2023年中国咖啡综合平均价走势

（数据来源：云南省精品咖啡学会）

（四）消费情况

中国作为咖啡消费的新兴力量，咖啡市场整体稳步增长，咖啡消费量呈上升趋势，2023年咖啡消费量约为27.8万吨，同比增长3.35%。

2023年，中国咖啡消费规模、咖啡门店数量都有显著提升，市场规模达6 178亿元，中国咖啡复合增长率高达12.50%，潜力巨大。2023年12月，世界咖啡门户（World Coffee Portal）网站发布的最新东亚咖啡市场年度报告显示，中国已超过美国成为世界上咖啡店数量最多的国家。2023年中国人均年饮用数已上升至16.74杯，全国咖啡产业规模达到2 654亿元。预计2024年中国咖啡产业规模将增至3 133亿元（图13），2021—2023年年均复合增长率达17.14%。

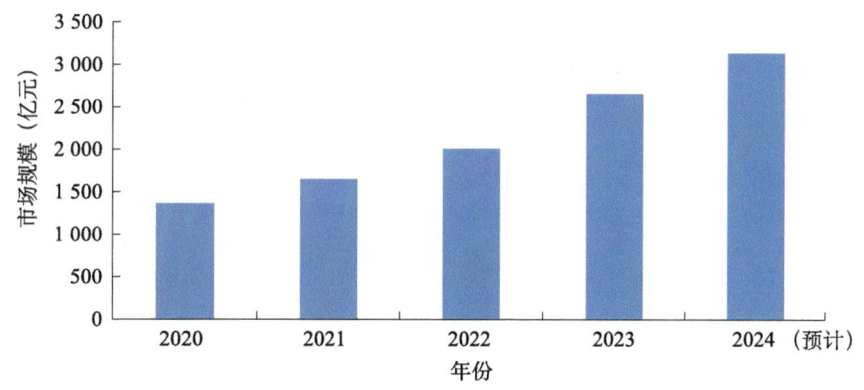

图13 2020—2024年中国咖啡产业规模

（数据来源：《2023中国城市咖啡发展报告》、云南省精品咖啡学会）

2023年，中国咖啡店数量全球排名第一，全国咖啡门店总数达170 896家，其中新增咖啡门店77 083家，平均每10万人拥有12.1家咖啡店。2023年，国内连锁咖啡行业，门店数量突破万家的瑞幸咖啡、幸运咖、库迪咖啡等国产品牌门店数量呈现快速增长态势，星巴克一家独大的局面彻底得以改变。根据美团数据，目前我国连锁咖啡门店数量52 308家，其中排名前二十一位的连锁咖啡品牌门店数量均超2.5万家，未来我国现磨连锁咖啡行业预计仍将保持高速增长。全国77%的门店被排名前十的连锁咖啡品牌所占据，瑞幸咖啡以35%的门店数量居首位，老牌连锁品牌星巴克咖啡门店数占14%，库迪咖啡紧随其后占12%（表6）。2023年上海咖啡门店数总计9 553家，同比增加1 023家，门店总数继续领跑全国，广州6 421家，北京6 264家，深圳5 325家，成都4 542家，分列第二至第五位（图14）。

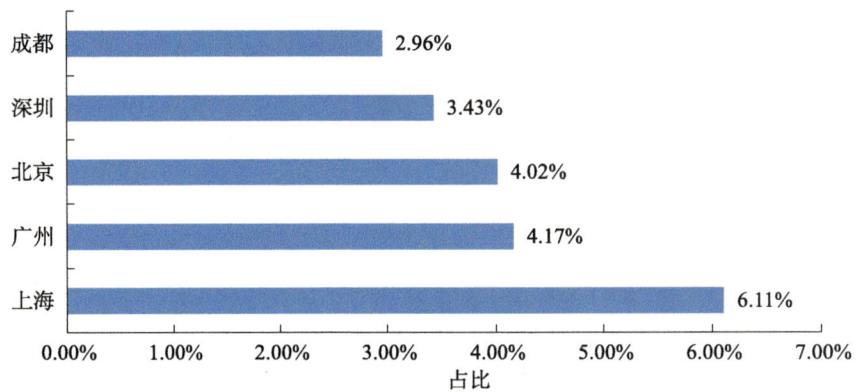

图14 2023年主要城市咖啡门店占比情况

（数据来源：《2023中国城市咖啡发展报告》、云南省精品咖啡学会）

表6 中国覆盖率排名前二十的咖啡品牌门店数量

序号	品牌名称	门店数量（家）	占比（%）	序号	品牌名称	门店数量（家）	占比（%）
1	瑞幸咖啡	18 360	35.10	11	矢量咖啡	370	0.71
2	星巴克咖啡	7 102	13.58	12	咖世家	351	0.67
3	库迪咖啡	6 505	12.44	13	PullTab拉环咖啡	316	0.60
4	幸运咖	2 788	5.33	14	不晚	312	0.60
5	沪咖	1 371	2.62	15	上岛咖啡	293	0.56
6	Manner Coffee	1 186	2.27	16	Welucky Coffee	259	0.50
7	北美传奇咖啡	910	1.74	17	漫猫咖啡	224	0.43
8	春莱	845	1.62	18	皮爷咖啡	222	0.42
9	挪瓦咖啡	751	1.44	19	猫屎咖啡	176	0.34
10	MStand咖啡	528	1.01	20	蓝湾咖啡	175	0.33

(五）成本效益情况

从统计数据分析，2017—2023 年云南省普通商品咖啡平均亩产值 2 528.5 元，2023 年云南普通商品咖啡平均亩产值 2 479.0 元，同比下降 27.28%；亩均生产成本 1 898.0 元，其中，劳动力成本 1 345.0 元，肥料成本 185.0 元，农药成本 18.0 元，加工费 150.0 元，土地租金及其他 200.0 元；亩均净产值 581.0 元。

2021 年以来，云南省持续加大对咖啡产业的发展支持、投入力度，加快产业集群建设，全面推进咖啡精深加工，建设精品咖啡庄园，打造"云咖"品牌，探索不同的联农带农形式，形成相对稳定的利益联结方式，不断做大产业"蛋糕"，把更多的增值收益分享给咖啡农户。2023 年，云南咖啡精品率达到 22.70%，同比提高 8.00%，精品咖啡平均价格 62.0 元 / 千克，商业咖啡豆平均价格 26.4 元 / 千克，精品咖啡平均亩产值达 5 821.8 元。据云南省咖啡产业现场推进会发布的数据，2023 年云南超过 60 万户咖啡农户从中受益，人均增收 3 000 多元。2023 年，云南省普洱市孟连县下功夫提升咖啡精品率，依托咖啡庄园推进"旅游＋咖啡"模式，新增就业岗位 3 400 多个，带动 1.6 万余户咖啡农户，实现户均年收入 20 000 元。云南省保山市着力在精品率、精深加工率和延伸产业上发力，新寨、比顿、佐园、高晟、益嘉园、清咖 6 家企业被认定为"云南省精品咖啡庄园"，2023 年累计接待游客 20 万人次，旅游收入 1.2 亿元，带动农户 1.42 万人实现增收，人均增收 4 000 元。

（六）主产区产业扶持政策

我国咖啡实施差别进口关税政策，进口普通税率与最惠国税率差异较大，同时针对生豆、烘焙豆与加工品制定了不同的税率以保护国内咖啡加工产业的发展。

云南省抢抓"一带一路"倡议和"中老铁路"开通的重大机遇，把咖啡作为优先发展的高原特色产业之一，实施三年行动计划，着力提升生豆精品率、精加工率，推动产业规模化、高端化发展。各级地方政府，纷纷出台咖啡产业发展政策，2023 年，云南省发布了《云南省咖啡产业绿色发展政策支持资金申报指南》《云南省咖啡鲜果集中处理中心建设奖补资金申报指南》《云南省咖啡精深加工投资奖补资金申报指南》《云南省精品咖啡庄园咖啡品种更新奖补资金申报指南》4 个指南，进一步加大政策资金支持力度，助推产业发展。发布了《云南省精品咖啡种植区划》和《云南省优质咖啡品种推荐地图》，推进优质品种更新替代。云南咖啡主产区普洱市、保山市分别建设了国家市场监管技术创新中心（咖啡质量基础与产业服务）和国家市场监管重点实验室（咖啡品质与安全），以协同创新的方式，"产、学、研、管"一体化推进云南咖啡产业全链条发展。为推进昆明咖啡产品贸易发展，昆明市绿色食品产业链办公室牵头成立昆明咖啡产品交易中心及昆明咖啡产业联盟。大理白族自治州为促进咖啡产业全产业链发展，出台了《大理州建设咖啡之城三年行动计划（2023—2025 年）》。为培养咖啡技能型人才，促进大理咖啡产业与特色产业融合发展，大理农林职业技术学院成立了大理州咖啡产业学院。为了提升德宏咖啡产品质量，打造特色品牌，促进德宏咖啡产业高质量发展，傣族景颇族自治德宏州出台了《云南省德宏傣族景颇族自治州德宏咖啡产业发展条例》，一系列有力政策措施的执行，有力地推进了云南咖啡产业转型升级，云南咖啡实现由原料销售向原料与精深加工产品销售并重的转变，由原料生产逐步向二产、三产转型升级。

海南省为对标国际高水平经贸规则，加快推动海南咖啡专业市场高质量发展，制定了《关于推进海南咖啡国际新型专业市场建设的指导意见》，旨在打造具有国际影响力的海南自由贸易港咖啡专业市场集群，利用自贸港零关税、低税率以及加工增值等特殊优惠政策，积极引进咖啡产业链的相关企业在海南集聚，推动海南建设国际咖啡贸易和加工专业市场。海南将充分发挥自由贸易港政策优势，基于实现咖啡"买全球""卖全球"的发展目标，构建集"种植、展示、交易、会展、加工制造"于一体的全产业链政策支撑体系，打造具有更强创新力、更高附加值的咖啡专业市场链。

（七）科技成果及转化情况

1. 科研进展

种质资源研究 云南保山产区针对保山潞江坝从唐帕奇（Don Pachiy）庄园、翡翠庄园（Hacienda La Esmeralda）、艾丽达庄园（Elida）3个庄园引种的巴拿马瑰夏种源开展基因抽样测序，检测结果显示只有B组样本与巴拿马瑰夏（Geisha T2722）的基因完全吻合，是非常原始的来自哥斯达黎加热带农业研究与教育中心（CATIE）瑰夏品种。A组和C组样本中各3组样本基因基本相同，A组与C组非常接近Geisha T2722，其11组等位基因中有1组等位基因与原始基因存在差异，而且A组与C组的基因并不完全相同。B1组和B3组在多代遗传中受到花粉污染，自然杂交后与原始瑰夏基因存在差异。咖啡金融网推出国内首份专门介绍罗布斯塔咖啡国内外产区、品种、种植、加工处理、烘焙、市场情况及现货价格波动因素等一系列内容的《罗布斯塔咖啡豆手册》，填补了国内罗布斯塔咖啡产业研究的空白。

咖啡采后处理与加工研究 云南农业大学和云南省农业科学院农产品加工研究所相继建设了咖啡发酵专用微生物菌种资源库，先后开展了咖啡发酵过程中菌系结构及其消长规律的研究，初步阐明了咖啡微生物发酵代谢规律及其调控机制，为咖啡发酵优良菌种的高通量筛选奠定了理论基础。

咖啡与健康研究 中山大学中山眼科中心眼科学国家重点实验室的研究人员开展咖啡和茶消费与黄斑视网膜神经纤维层（mRNFL）厚度（神经退行性变的标志物）之间的关联研究。研究发现，咖啡摄入量与黄斑区视网膜神经纤维层厚度增加显著相关，存在一个倒"U"形关联。研究结果为咖啡的神经保护功能提供了新的证据。

2. 推广应用

云南省农业科学院热带亚热带经济作物研究所选育的咖啡品种云咖1号入选2023年云南省农业主导品种，全年推广面积达5 000多亩，促进了优质新品种的推广应用。"咖啡水肥一体化施用技术"入选2023年云南省农业主推技术，该技术在保山、临沧、德宏、普洱等主产区大面积推广应用，进一步提高了咖啡原料的产量和品质。各咖啡主产区加大财政支持，推进咖啡鲜果集中处理应用与示范，鲜果加工实现从散落各处小、弱、乱的咖啡加工作坊变身为咖啡鲜果初加工厂和绿色咖啡鲜果集中处理示范中心。普洱产区推广脱皮、脱胶、预烘干、烘干（晾晒）的"微水"加工技术，每吨咖啡鲜果加工处理产生的污水从6吨下降到60千克，实现咖啡品质稳定提升与环境友好的协同可持续发展。

三、中国咖啡产业发展特点

（一）现磨咖啡市场连锁化趋势

国内现磨咖啡企业连锁化程度虽然较低，但主要连锁咖啡品牌快速拓店，连锁咖啡馆数量及行业连锁化率已连续4年上升。其中，咖啡品牌连锁化率从2019年的12%提升至2023年的28%左右，整体发展势头强劲。目前我国连锁咖啡门店数量52 308家，其中排名前二十一位的连锁咖啡品牌门店数量超2.5万家，未来我国现磨连锁咖啡行业仍将保持高速增长。

（二）咖啡线上消费渠道火热

随着中国咖啡市场不断发展壮大，外卖成为咖啡消费的重要渠道，连锁品牌、精品门店为扩大门店可触达消费者数量，积极线上销售。根据美团数据，五大咖啡消费城市（上海、广州、北京、深圳、成都）2021—2023年门店线上化率持续增长，咖啡外卖交易额已超100亿元。而短视频平台也正在成为主打极致性价比的速溶咖啡产品重要聚集地，平台的流量优势吸引了诸多咖啡品牌入局。

（三）咖啡消费和产品日趋多元化

中国咖啡市场处于多层次、全方位的需求升级阶段，各种细分领域咖啡形态的产品都有对应的消费群体，在国产咖啡品牌市场推广下，中国咖啡消费从过去的场景消费、身份消费、功能消费转向多形态的消费。咖啡果皮茶、花茶等产品的出现，赋予了咖啡副产物新的价值。源于东方文化和大国崛起背景，具有中国消费习惯的产品迭代，咖啡与本地食材相融合的产品市场潜力巨大，咖啡产品进一步丰富，日趋多元化，茶咖、果咖等各种新产品应运而生，咖啡和茶饮产品边界逐渐模糊，咖啡果皮茶、咖啡花茶可能会成为未来市场中独具特色的"咖啡茶饮料"。

（四）咖啡企业经营差异显著

中国咖啡市场的快速发展，形成了市场的"两极分化"。商业咖啡市场价格日渐探底，大型咖啡连锁店体系凭借规模效益带来极致成本压缩，电商平台凭借短链路销售模式让零售产品价格越来越便宜。中小型品牌为寻求差异化生存空间，朝着品质和个性化方向探索。市场上的产品价格差异大，产品从几元到上千元的巨大价格差异已非罕事，咖啡原料供应商和采购商在数量和品质上面临新的挑战。

四、中国咖啡产业存在的主要问题

（一）品种和栽培模式相对单一，技术推广应用较弱

咖啡存在种质资源收集不足，种植品种和栽培模式单一，抗风险能力差等问题。云南种植品种以卡蒂姆7963、卡蒂姆T系列和卡蒂姆P系列杂交品种为主，占总面积的90%以上，与优质品种（如铁皮卡、瑰夏、波邦、卡杜拉、维拉萨奇等）相比较，在推动云南咖啡产业高质量发展过程中，卡蒂姆系列品种对于精品咖啡打造、实现产业结构优化和转型升级并不占优势。总体来说，中国咖啡产业新品种、新技术推广应用不足。

（二）加工技术滞后，产品附加值偏低

我国技术标准体系建立滞后，咖啡鲜果采摘质量参差不齐，加工技术和设备相对落后。目前，精品咖啡相对普通商品豆具有2倍以上价格优势，且不受国际期货价格影响，具有很大的国际国内市场空间和利润价值，但我国的咖啡精品率相对世界咖啡精品率还比较低，尚未建立精品咖啡初加工技术标准体系，咖啡（叶、花、果皮等）副产物未得到充分利用，咖啡加工污水排放等问题还未很好地解决，产品附加值偏低。

（三）研发投入偏少，企业创新能力不足

目前，咖啡产业研发投入还是以政府财政资金为主，企业研发投入不高，创新能力提升缓慢，咖啡产业种植、加工技术领域创新能力仍较弱。咖啡品种主要以国外引进为主，自主创新选育品种少。咖啡初深加工技术主要是引进、消化吸收再创新，初深加工原创性不足。冷萃冻干工艺及其系列产品研发不足，尤其是咖啡含片、泡腾片、胶囊及灌装咖啡等新型产品生产配套技术研发不成熟，具有研发中心和科技中心的企业占比偏低，技术创新能力不足，创新、驱动与引领作用明显不足。

（四）产学研联系不密切，品牌效益不够凸显

云南咖啡产业规模大，但产学研环节相对脱节，没有形成合力。科研院所和高校技术研发作用发挥不够完全，省级及以上研发平台建设滞后，企业自有研发平台小且弱，政策和资金支持力

度不够，科技创新能力不强。国内咖啡品牌宣传力度不断强化，但仍存在品牌小、散、弱的问题，"云南小粒咖啡"品牌在国内有一定的知名度，但是与国际品牌"星巴克""雀巢"等相比还有很大差距，国际国内影响力还不够，品牌效益还不够凸显。

五、中国咖啡产业发展展望

（一）生产预期

走精品化道路是咖啡产业"突围"的关键。近年来，全国咖啡产区优质品种的意识有了进一步提升，在市场需求、价格优势与政策导向等多重因素的刺激下，各产区都在开展优质品种的示范和推广工作。品种更新将是继鲜果集中处理中心建设之后推动咖啡产业转型升级的关键一环。在提升生豆品质与突出咖啡风味的需求推动下，各咖啡产区积极探索不同类型的鲜果处理法，如湿刨法、厌氧发酵、红酒日晒、三重发酵等，这些特殊处理法生产的咖啡生豆以直接供应国内精品咖啡店需求为主。预计2024年，咖啡种植面积保持增长态势，产量保持相对稳定。

（二）市场前景

目前，外资品牌占据中国咖啡机市场较大份额，但近年来中国本土品牌在进军咖啡机赛道后，发展迅速，开始抢占市场。自2019年开启咖啡品牌连锁化扩张的步伐后，一直快速增长，成为市场焦点。预计2024年，一方面，咖啡机赛道仍保持强劲活力，另一方面，咖啡市场投资力度不减。

（三）发展趋势

中国作为咖啡新兴市场中最活跃也最具潜力的区域，拉动了世界咖啡市场的发展。随着国内咖啡消费习惯的养成，咖啡市场的进一步下沉与咖啡需求的品质化、精品化升级，中国咖啡行业将保持高速增长。快速增长的现磨连锁咖啡市场亦带动了云南咖啡豆市场、咖啡机设备与烘焙市场的发展。展望未来，咖啡产业面临降低劳动力生产成本、提高生产效率、环保与品质协同提升的可持续发展挑战。

六、产业发展建议

建议立足产业基础和资源禀赋，以产业链为主线，围绕咖啡品种、栽培、植保、加工及销售等关键环节，推动产业聚链成群。进一步建链、延链、补链、强链，创建咖啡创新联合体，培育壮大集生产经营和研发应用为一体的咖啡企业，不断增加咖啡精深加工产品种类，逐步完善生产加工技术和设施设备，建立咖啡全产业链加工体系，利用新业态打造咖啡品牌，推动产业从规模数量型向质量效益型、从初级原料销售向终端产品销售的转变，提升咖啡产业综合效益。

（一）强化科技支撑，促进成果推广应用

加强咖啡种植区域聚集布局，进一步整合科技资源要素，强化科技创新和成果转化，加大咖啡种质资源收集、良种选育、良法推广力度，进一步优化品种结构，加强咖啡病虫草害绿色综合防控技术应用，促进咖啡水肥一体化技术集成与应用，推进绿色生产，加快培育形成区域适宜化、品种优质化、管理规范化的绿色、生态、精品咖啡生产业态。

（二）拓展精深加工，助力产业提质增效

加大政府政策和资金支持力度，大力扶持咖啡精深加工，开展咖啡精深加工技术研发，提高精深加工产业链机械化、智能化，开发咖啡新产品，拓宽合作领域，提升企业创新能力，做优做强精品咖啡，为咖啡产业提质增效和联农增收提供保障。

（三）创建创新联合体，夯实产业科技支撑

创建体系化、任务型、开放式的咖啡创新联合体，切实提高咖啡关键核心技术自主创新能力，建设咖啡精深加工园区，打造优势咖啡产业集群，建设咖啡优秀专业技术服务团队，整合利用好科技特派员（团、队）等资源，省、市、县、乡四级创新联动，积极探索咖啡产业发展新模式，以科技赋能咖啡产业。

（四）发展产业新业态，提升品牌知名度

建立数字咖啡和电商销售等产业发展新业态，加强咖啡品牌的打造和宣传，提高品牌市场知名度和竞争力。建立咖啡数字化庄园，实现咖啡庄园土壤监测、安防预警、数据联动、安全追溯管理等数字化智能化应用，提高咖啡产品品质，确保品牌的口碑。建立咖啡全产业链大数据中心，提高咖啡产业生产监测、市场预测能力，提高市场竞争力和抗风险能力。拓展"互联网+"，利用微信公众号、电商直播等多种渠道进行产品销售和品牌宣传推广，整合有关咖啡赛事和产销对接活动，通过各类展会、电子商务平台等途径提高品牌知名度，加大宣传推介力度，不断扩大云南咖啡品牌影响力和提升品牌知名度。

2023年剑麻产业发展报告

2023年，中国剑麻种植面积及产量基本保持稳定。然而受国际经济环境影响，国际市场对于优质的剑麻纤维需求下降，2023年纤维进口量同比减少12.64%，预计2024年剑麻种植面积、产量保持稳定，纤维价格小幅下滑。

一、世界剑麻产业概况

（一）生产情况

世界剑麻收获面积由2013年的482.7万亩下降至2022年的365.5万亩，年均降幅为3.04%；世界剑麻纤维总产量由2013年的36.3万吨下降至2022年的25.8万吨，年均降幅为3.72%（图1）。

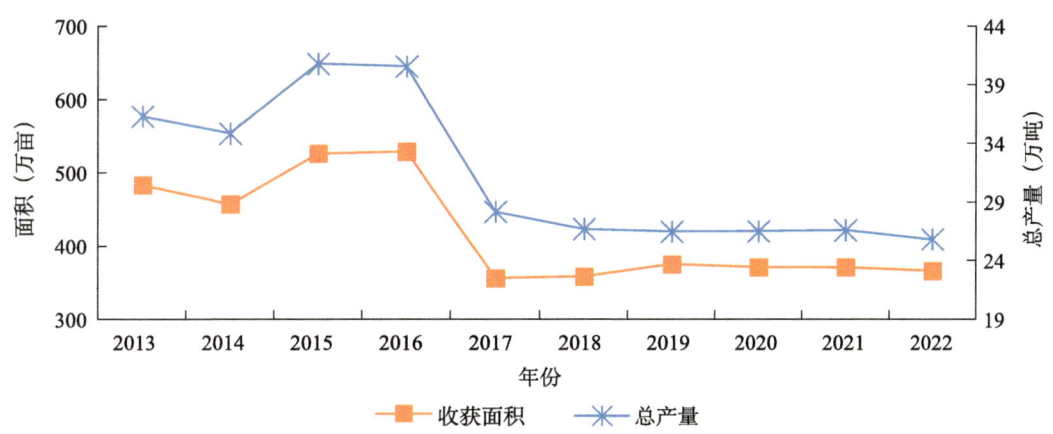

图1 2013—2022年世界剑麻收获面积和纤维总产量变化情况

（数据来源：FAO、农业农村部农垦局）

1. 种植面积

据联合国粮食及农业组织（FAO）、中华人民共和国农业农村部农垦局等统计数据，2022年，世界剑麻收获面积365.5万亩，同比减少1.32%；收获面积排名前十的国家分别为巴西、坦桑尼亚、肯尼亚、海地、马达加斯加、中国、墨西哥、摩洛哥、几内亚和莫桑比克（图2）。其中，巴西147.7万亩、坦桑尼亚67.3万亩、肯尼亚37.8万亩、海地32.0万亩、马达加斯加20.9万亩、中国19.4万亩、墨西哥14.1万亩、摩洛哥6.8万亩、几内亚3.1万亩、莫桑比克3.0万亩，分别占世界的40.41%、18.40%、10.33%、8.76%、5.72%、5.31%、3.86%、1.87%、0.84%和0.81%。

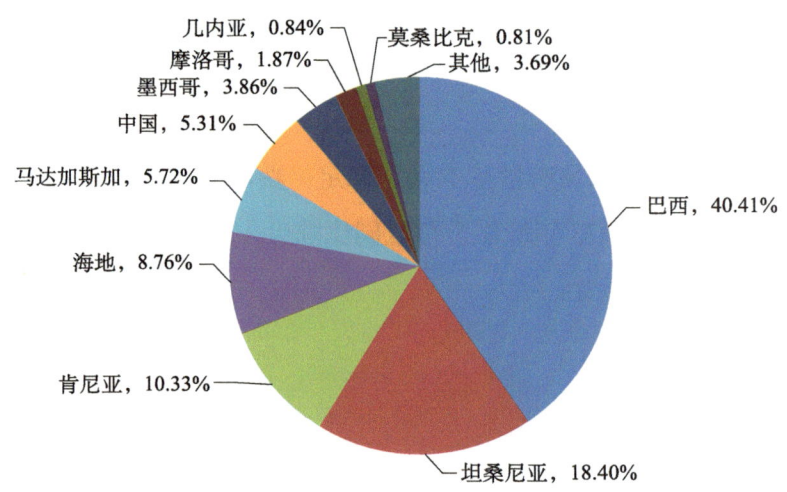

图2 2022年世界收获面积前十位的剑麻生产国

（数据来源：FAO、农业农村部农垦局）

2. 产量

2022年，世界剑麻纤维产量25.8万吨，同比减少2.97%。全球位居前十的生产国为巴西、中国、坦桑尼亚、肯尼亚、马达加斯加、海地、墨西哥、摩洛哥、几内亚和莫桑比克。其中，巴西9.2万吨、中国5.9万吨、坦桑尼亚3.6万吨、肯尼亚2.2万吨、马达加斯加1.8万吨、海地1.2万吨、墨西哥1.1万吨、摩洛哥0.2万吨、几内亚0.1万吨、莫桑比克0.1万吨（图3）。前十位剑麻生产国纤维产量分别占世界的34.55%、22.22%、13.65%、8.27%、6.62%、4.40%、3.95%、0.68%、0.23%和0.23%。从图4可以看出，世界剑麻生产指数[①]2013—2022年呈先升后降趋势。2017年的世界剑麻生产指数最低，为68.7；2015年最高，为106.8；2017—2022年呈平稳态势，世界剑麻总产量和人均产量生产指数稳定在66～75。

---

① 生产指数是按日历年度计算的，按拉氏（Laspegres）公式 $I=\sum q_t p_0 / \sum q_0 p_0$（$p_0$ 是剑麻的基期国际平均价格，q_t 是剑麻的报告期产量，q_0 是剑麻的基期产量）计算。

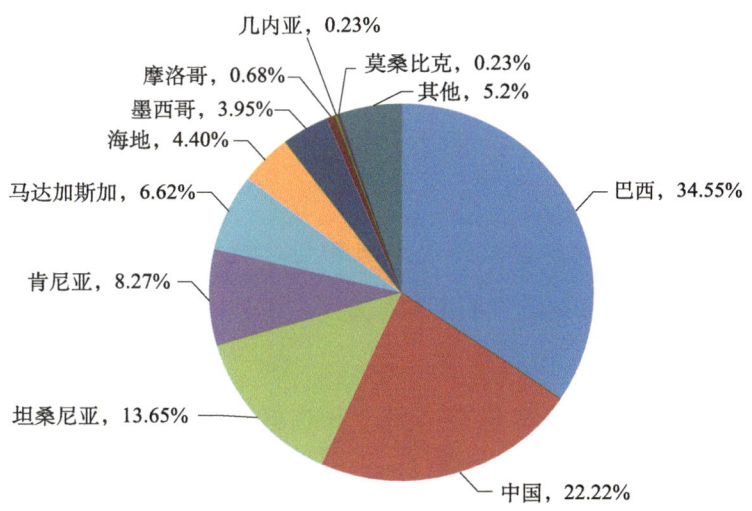

图 3 2022 年世界产量前十位的剑麻生产国
（数据来源：FAO、农业农村部农垦局）

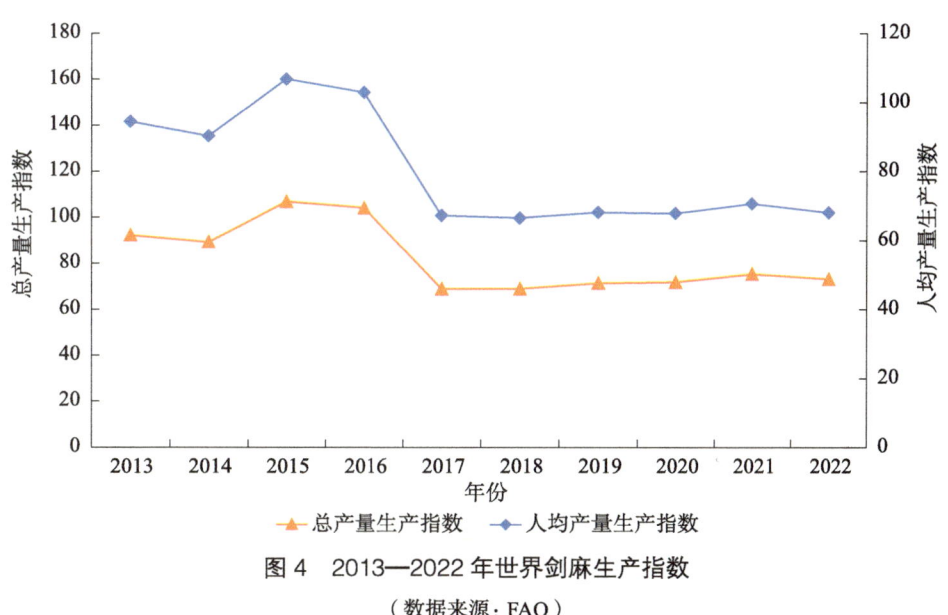

图 4 2013—2022 年世界剑麻生产指数
（数据来源：FAO）

3. 单产

据 FAO 统计数据，2022 年世界剑麻纤维的平均单产为 60.9 千克/亩，中国剑麻单产为 339.1 千克/亩，约是世界平均单产的 5 倍。单产位居前十的国家和地区有中国、乌干达、委内瑞拉、中国台湾、马达加斯加、印度尼西亚、墨西哥、安哥拉、巴西和肯尼亚，其单产分别为 305.2 千克/亩、141.7 千克/亩、135.6 千克/亩、115.2 千克/亩、84.2 千克/亩、75.3 千克/亩、74.6 千克/亩、69.8 千克/亩、62.2 千克/亩和 58.3 千克/亩。

4. 生产布局

剑麻原产于墨西哥尤卡坦半岛，主要分布在南美洲、北美洲、非洲和亚洲的热带及亚热带地区，巴西、中国、坦桑尼亚、肯尼亚、墨西哥、马达加斯加、委内瑞拉、海地、多米尼克、几内亚、马拉维、南非、古巴、莫桑比克、埃塞俄比亚、安哥拉、牙买加和印度尼西亚等国均有生产。

（二）贸易情况

2014—2022年，世界剑麻贸易量整体呈上升趋势，贸易量由2014年的1.3万吨升至2022年的5.3万吨，贸易额升至2022年的9 414.1万美元。

1. 出口情况

2014—2022年世界剑麻纤维出口量整体呈上升趋势，2020年开始急剧上升，由2014年的0.7万吨升至2022年的3.2万吨，出口金额5 457.7万美元（图5）。主要出口国是巴西、坦桑尼亚、肯尼亚、马达加斯加等。

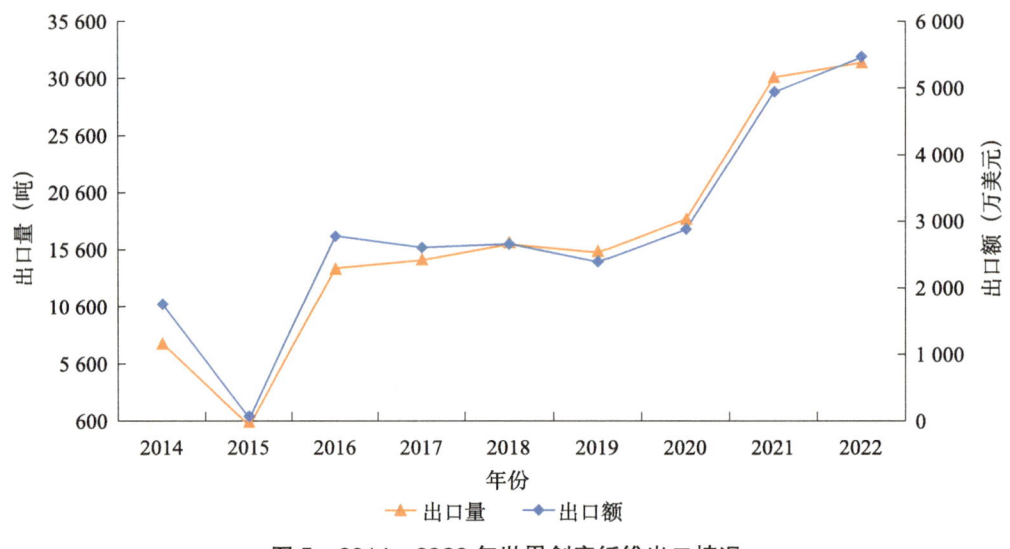

图5　2014—2022年世界剑麻纤维出口情况

（数据来源：FAO）

2. 进口情况

据FAO数据，2014—2022年世界剑麻纤维进口量整体呈上升趋势，2020年后急剧上升，2014年世界纤维进口量为0.6万吨，2022年世界纤维进口量2.1万吨，进口金额3 956.8万美元（图6）。主要的剑麻纤维进口国是中国、乌干达、乍得、也门、伊拉克、冈比亚、几内亚、加纳、尼日利亚、沙特阿拉伯、阿曼、阿尔及利亚、叙利亚等。

（三）价格情况

据FAO数据，2022年剑麻纤维出口价格为1 707.8美元/吨，进口价格为1 873.9美元/吨（图7和图8）。

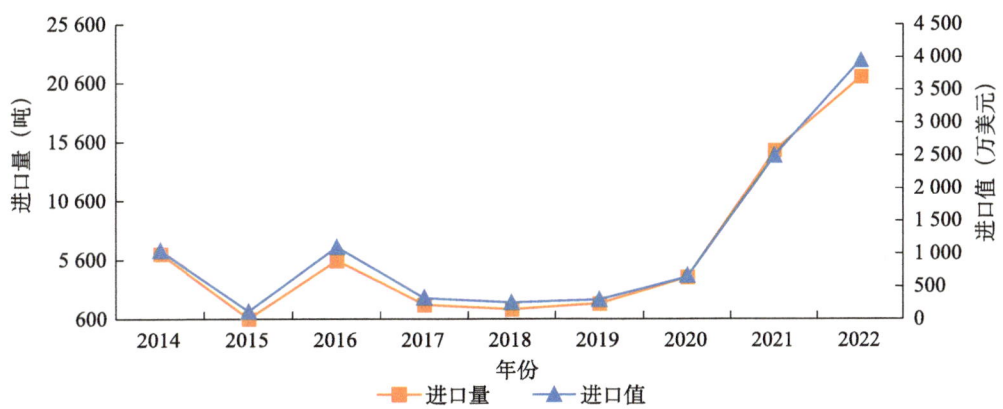

图6 2014—2022年世界剑麻纤维进口情况
（数据来源：FAO）

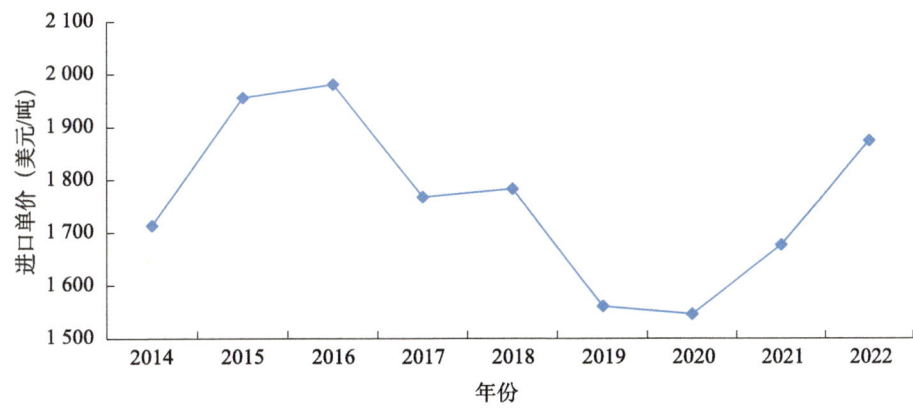

图7 2014—2022年世界剑麻纤维进口单价
（数据来源：FAO）

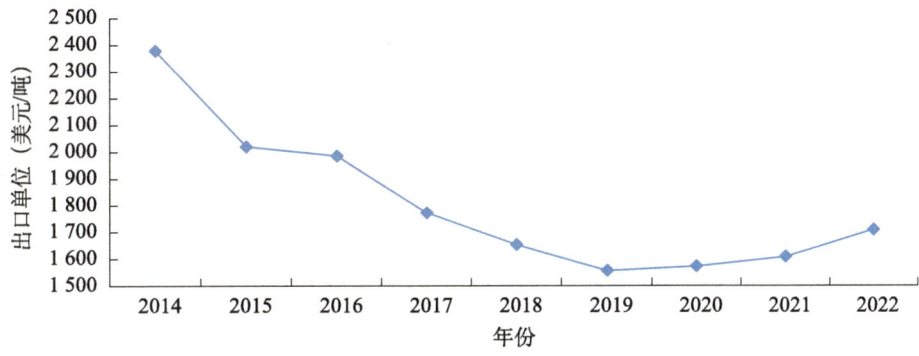

图8 2014—2022年世界剑麻纤维出口单价
（数据来源：FAO）

从图7和图8可以看出，2014—2022年，世界剑麻纤维进口单价在1 500~2 000美元/吨震荡，2020年最低，为1 572.1美元/吨，然后震荡上扬；而世界纤维出口单价整体下行，2019年最低，为1 555.9美元/吨，随后出现小幅上扬。

（四）主要国家产业扶持政策

坦桑尼亚政府出台了推动全国范围内剑麻生产的方案，随后制定了各种政策，促进了既定目标的顺利实施。现在，剑麻是坦桑尼亚政府特别关注的九大战略经济作物之一。与前几年相比，2023年用于支持剑麻相关项目的拨款迅速增加。坦桑尼亚政府通过其公私伙伴关系（PPP）政策与国内或国际私营部门合作，为剑麻研究和产业发展项目提供资金，旨在恢复剑麻在该国外汇收入方面的地位。坦桑尼亚政府每年通过国家农业科学院Mlingano研究所向农民提供200多万株剑麻幼苗。

（五）最新科技进展

墨西哥科学家研究结果表明，剑麻乙醇提取物能有效杀死阿米巴原虫，有助于提供对抗阿米巴病的新策略；剑麻叶粉能作为原料，利用酿酒酵母采用酶法糖化生产乙醇，这为生产剑麻的国家提供了一种剑麻综合利用方案；此外，还提出了在农业和经济资源充足的情况下，在剑麻生产中使用有机肥以及与豆类/玉米/龙舌兰间套种的建议。

摩洛哥科学家研究了剑麻水提物对苹果采后病害的抑制作用，结果表现出了较强的抗真菌效果，降低了病害感染的程度，有助于贮藏过程中保持苹果的品质。

二、中国剑麻产业基本情况

（一）生产情况

2014—2023年中国剑麻种植面积及产量整体呈明显下降的趋势，近两年产业企稳，单产仍然处在高位并略有增长。

1. 种植及收获面积

2023年中国剑麻种植面积19.4万亩（图9），同比减少12.1%。其中，广西15.1万亩，广东4.2万亩，分别占全国总面积的77.8%和21.6%。全国收获面积16.3万亩，广西和广东分别为12.0万亩和4.2万亩。

2. 总产量、单产及总产值

2023年，全国剑麻总产量为5.52万吨（图10），同比减少6.6%。其中，广西5.0万吨，同比增长7.1%；广东0.5万吨，同比减少2.06%；两省（区）产量分别占全国的77.8%和21.6%。

2023年，全国剑麻平均单产339.1千克/亩。其中，广西414.0千克/亩，同比增长23.8%；广东126.3千克/亩，同比增长23.0%。

2023年，全国剑麻总产值为6.1亿元，同比增长0.24%。其中，广西总产值为5.4亿元，同

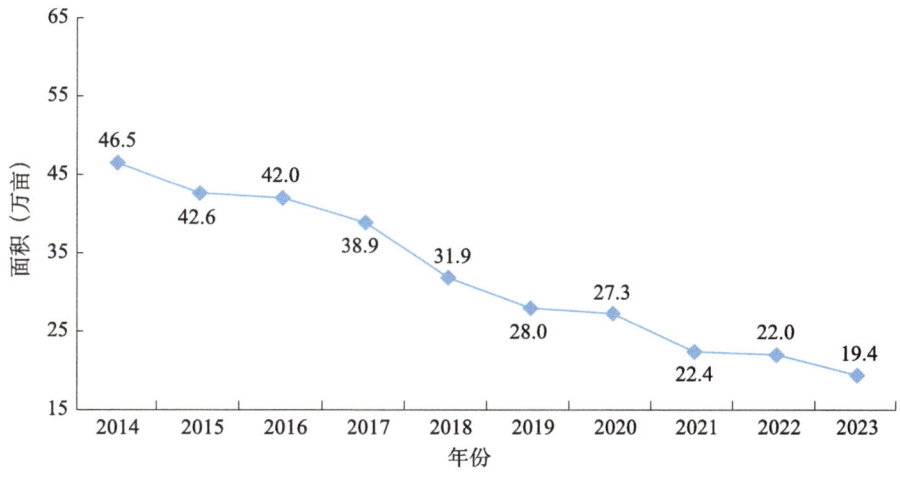

图 9　2014—2023 年全国剑麻种植面积变化情况
（数据来源：农业农村部农垦局）

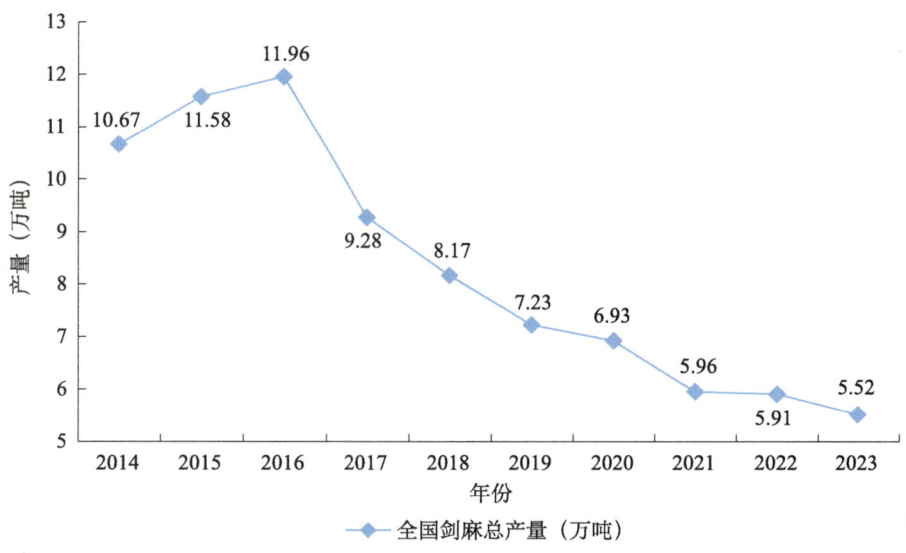

图 10　2014—2023 年全国剑麻总产量变化情况
（数据来源：农业农村部农垦局）

比增长 0.6%；广东总产值为 0.7 亿元，同比减少 2.1%；两省（区）产值分别占全国的 88.5% 和 11.5%。

3. 主栽品种及品种结构

我国剑麻的主栽品种单一，主要是 H.11648，20 世纪 60 年代初引进以来种植至今，该品种适应能力强，纤维产量高，丰产性能好，叶片刚直、密生，叶片颜色为蓝绿，叶缘无刺，生命周期 10～13 年，单株周期产叶 550～660 片，年长叶片 50～70 片，纤维率 5%，纤维较细，白洁有光泽，拉力强度 80～84 千克。此外，还有南亚 1 号、南亚 2 号、桂麻 1 号和热麻 1 号等剑麻品种，但在生产上推广较少。

（二）贸易情况

2014—2023年中国剑麻纤维贸易总量整体呈波动上升态势，2014—2016年呈下降态势，2016—2022年呈较快速的上升态势，2023年出现下降。

1. 进口

据中国海关统计，2023年，中国进口西沙尔麻等纺织龙舌兰类纤维及其短纤和废麻4.6万吨，同比减少12.64%；进口金额6 020.3万美元，同比减少30.94%；进口均价1.3美元/千克，同比减少20.95%。其中，从巴西进口3.3万吨，从坦桑尼亚进口0.9万吨，从肯尼亚进口0.3万吨，从马达加斯加进口0.1万吨，分别占总进口量的71.19%、19.40%、5.42%和2.45%。从巴西和肯尼亚进口的数量同比分别增加11.07%和0.46%，从坦桑尼亚和马达加斯加进口的数量同比减少48.79%和48.48%（图11和图12）。

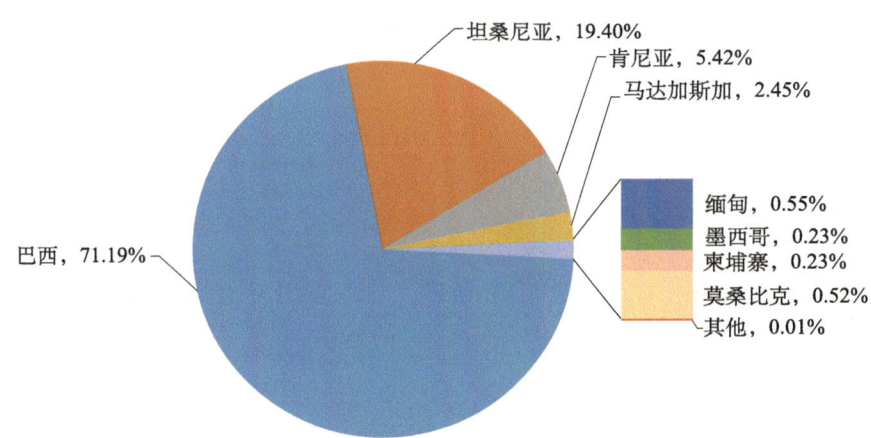

图11　2023年中国剑麻纤维主要进口国进口量占比

（数据来源：中华人民共和国海关总署）

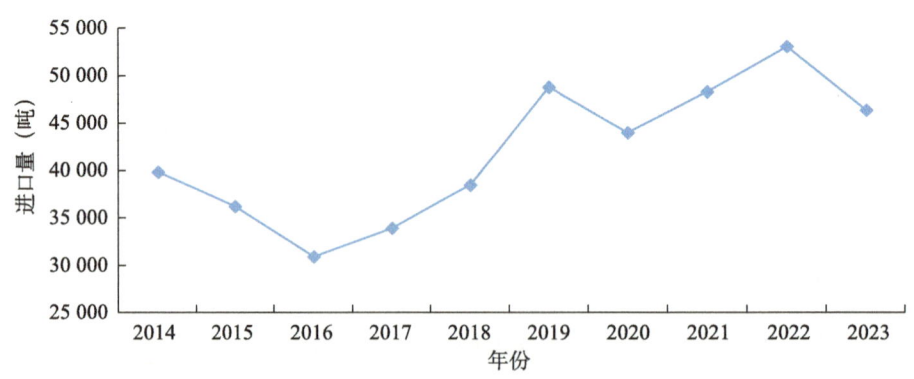

图12　2014—2023年中国剑麻纤维进口总量变化情况

（数据来源：中华人民共和国海关总署）

2. 出口

2023年，中国出口西沙尔麻等纺织龙舌兰类纤维及其短纤和废麻39.5吨，同比减少

82.33%；出口金额 8.7 万美元，同比减少 81.17%；出口均价 2.2 美元 / 千克，同比增长 4.76%。其中，出口日本、韩国、哈萨克斯坦和贝宁的龙舌兰类纤维及其短纤和废麻分别为 10.0 吨、0.5 吨、3.0 吨和 26.0 吨，出口金额分别为 2.2 万美元、0.2 万美元、0.6 万美元和 5.6 万美元。中国的剑麻产品主要出口到亚洲、欧洲和北美洲等地区。其中，剑麻纤维主要用于纺织、造纸、编织等行业，剑麻油及其制品也有出口。中国剑麻产品在国际市场上享有一定的知名度，产品质量和价格也具有竞争力。2023 年，出口龙舌兰类纤维纺制的其他线、绳、索和袋 5 309.5 吨，出口金额 1 992.2 万美元；出口龙舌兰类纤维纺制的包扎用绳 301.0 吨，出口金额 88.1 万美元。

（三）价格情况

受国际经济形势影响，国际市场对于优质的剑麻纤维需求下降，供需缺口缩小，2023 年剑麻纤维价格出现下跌。对广西和广东剑麻种植场进行定点跟踪调研结果显示，2023 年广东和广西地头剑麻纤维均价（鲜叶折算价，干纤维抽出率按鲜叶 4.5% 计）为 9.8 元 / 千克；广西大机烘干的剑麻纤维价格为 11～12 元 / 千克，小机晒干的剑麻纤维价格为 7～8 元 / 千克；广东的一刀麻纤维价格（鲜叶折算价）最低，为 4.4 元 / 千克，二刀麻纤维价格为 6.0 元 / 千克，三刀麻纤维价格为 7.8 元 / 千克，四刀及以上麻纤维价格为 9.8 元 / 千克。

（四）消费及加工情况

剑麻纤维是硬质纤维，纤维长、韧性好、弹性好、拉力强度高，具有耐海水浸泡、不易打滑、不污染环境、不易产生静电等特点，广泛应用于渔业、航海、工矿、运输、油田、汽车制造等行业，还可用于生产地毯、特种布、纸张、过滤器、工艺品、抛光轮等。同时，可利用剑麻液汁提取物生产药物原料海柯吉宁、替柯吉宁，提取草酸、果胶，制取食用酒精及动力燃料；此外，可利用麻渣制备优质饲料和肥料。

中国的剑麻加工企业规模各异，包括小型家庭作坊、中小型企业以及大型现代化工厂。这些企业涵盖了从剑麻原料加工到最终产品生产的整个产业链。小型家庭作坊主要集中在剑麻种植区域，规模较小，生产能力有限；中小型企业通常在剑麻生产区或剑麻集散地设立，生产规模适中，有一定的生产能力；大型现代化工厂一般设立在交通便利、资源充足的地区，生产规模大，拥有先进的生产设备和管理模式。截至 2023 年，全国拥有各类剑麻厂 60 多家，研制开发的剑麻产品已有 20 多个系列近 500 个品种。

（五）成本收益情况

从种植剑麻亩投入成本变动情况来看，2023 年剑麻投入成本 2 857 元 / 亩，同比增长 1.56%，主要原因在于劳动力价格较高，其他生产资料也在涨价，割麻成本占总成本比例高达 40%。调研数据显示，广西和广东剑麻主产区平均劳动力投入占生产总成本的 3/4。2023 年，剑麻亩投入水平达到历史新高，平均亩产值4 528元，与2022年相比同比减少5.45%（表1）。

表1　2014—2023年剑麻产出投入情况

年份	投入成本（元/亩）	产值（元/亩）	产出投入比（%）
2014	2 136	4 210	197.10
2015	2 269	4 357	192.02
2016	2 474	4 739	191.55
2017	2 455	5 045	205.50
2018	2 514	4 879	194.07
2019	2 783	4 868	174.92
2020	2 787	4 759	170.75
2021	2 795	4 862	173.95
2022	2 813	4 789	170.25
2023	2 857	4 528	158.49

（六）各地产业扶持政策

2023年各地剑麻产业的扶持政策较少。广西平果市采取以奖代补等政策扶持剑麻产业，新种植剑麻0.5亩以上（含0.5亩），保持常规种植有效株数85%以上，管理正常，杂草少，无严重病虫害，植株生长正常，验收时成活率达90%以上，每亩奖励800元。

（七）科技成果及其转化情况

1. 科技成果

中国热带农业科学院环境与植物保护研究所主持完成的《剑麻高产养分管理及配套栽培技术创建与应用》，荣获海南省科技进步奖二等奖；广西剑麻集团有限公司和广西壮族自治区亚热带作物研究所共同完成的《高质高效剑麻纤维制备关键技术及产业化应用》，荣获广西科技进步奖三等奖。

2. 专利授权、标准

2023年全国共授权实用新型专利13件，如一种剑麻刮麻装置（专利号：CN202320425958.X）、一种剑麻压紧固定装置（专利号：CN202320632490.1）、一种剑麻纺纱机断纱自停装置（专利号：CN202321642668.7），其中，科研院所4件，企业9件。

三、中国剑麻产业发展特点

(一) 产区集中度高

虽然剑麻对生长环境的要求不高,但剑麻是典型的热带作物,对热量的要求较高,产区主要集中在广东、广西和海南等传统热区,其中广西产区的占比为80%左右。此外,不少的剑麻由国有农场种植,管理较为规范,产量较高。

(二) 产业链完整

中国剑麻产业已形成完整产业链条,包括从种植、采摘、加工到销售的各个环节,产业体系相对成熟。目前剑麻纤维制品已有20个系列500多个规格品种,加工技术日趋成熟,覆盖了国内外畅销的花色品种,可按市场需求承接不同的订单生产。

(三) 技术领先

随着科技的不断进步,中国剑麻产业在种植技术、加工工艺等方面不断进行创新。一方面,研发出高产栽培模式,单位面积产量约为世界平均单位面积产量的5倍,居世界第一;另一方面,研发高附加值的产品,如利用剑麻皂素提取制药用的单烯醇酮和双烯醇酮、提取食品用的果胶、加工高端钢丝绳芯和剑麻纤维树脂基复合材料(轻质、强度高、价廉)等。

四、中国剑麻产业存在的主要问题

(一) 消费端需求不足

消费者在选择纤维制品时往往倾向于其他更为柔软顺滑的材质,剑麻纤维相对较硬,手感较为粗糙,与一些消费者需求偏好有差异;剑麻纤维主要应用于绳索、地毯衬垫等工业领域,但在服装、家居装饰等消费领域的应用较为有限。因此,剑麻纤维在消费市场上的知名度不高,消费者对其特性和优势了解甚少,缺乏对剑麻纤维制品的认知和兴趣,从而导致市场需求不足。

(二) 供给侧竞争激烈

由于剑麻产业的发展具有一定的区域性,各个剑麻纤维生产企业为了争夺市场份额,采取降低价格、提高生产效率等策略,以提升自身的竞争力,导致低端产品同质化严重,供应市场基本饱和,在价格竞争的压力下,产业利润空间受到挤压。加之缺乏研发力量和投入,高附加值的新产品研发滞后,产业发展新亮点有待挖掘。

(三) 绿色发展转型瓶颈

剑麻产业发展面临环保因素制约,剑麻纤维的加工过程中会产生大量的废水,存在环保安全隐患，影响周边水生生物、水体环境，产业面临绿色发展转型压力。

五、中国剑麻产业发展展望

（一）生产预期

由于规模化的剑麻园多由国有农场管理，管理水平较高，预计 2024 年剑麻种植面积和产量基本保持稳定，平均单产保持在 300 千克 / 亩左右。

（二）市场前景分析

近年来，国际政局动荡，受到俄乌冲突、巴以冲突和经济形势低迷叠加的影响，国际市场对于优质的剑麻纤维需求下降，供需缺口缩小，预计未来我国从国际市场进口优质剑麻数量将有所增加，有助于更好地满足国内消费需求，预计 2024 年剑麻纤维平均价格小幅下滑。

（三）发展趋势

1. 剑麻栽培技术高效化

聚焦剑麻栽培关键环节，在品种选育、种苗繁育、病虫害防治、科学施肥等方面开展科研攻关，推动低产剑麻园升级改造，全面提升剑麻栽培管理技术水平，推动栽培技术高效化。

2. 剑麻园作业机械化

剑麻种植属于传统劳动密集型产业，随着劳动力成本逐年提高，亟须研发推广剑麻种植机械化设备，探索适合集约化经营的种植生产模式，加快产业宜机化改造，实施机械化管理，推动产业高质量发展。

3. 综合利用技术高值化

大力发展剑麻副产品，开发剑麻纤维、汁液、废渣等的新用途，研究开发综合利用技术，推动发展剑麻循环经济，推动产业发展转型升级。致力提高产业附加值，开发精深加工的高档纤维产品，延伸剑麻产业链是未来发展的必然趋势。

六、产业发展建议

（一）创新育种技术，加快优异品种的培育

加强剑麻及其近缘种的种质资源调查、收集保存工作，研究资源特性和鉴定评价标准，通过资源精准鉴定与评价发掘优异种质。创新种质创制和高效育种技术，突破远缘杂交育种技术，创制优良育种材料，制定品种测试与鉴定评价技术标准，加快优异种质材料鉴定评价，从而加快优异品种的培育。

（二）聚焦非生产期复合种植，提高产业经济效益

根据当地产业特色，聚焦剑麻非生产期复合种植，筛选出效益较高、适合间种的短期作物，深入开展配套的栽培技术研究，因地制宜发展高效复合种植模式，提高产业经济效益。

（三）加强科技创新，攻克采收机械的难题

以剑麻产业升级和可持续发展需求为导向，充分利用中国热带农业科学院等科研院所的科技优势和国家麻类产业技术体系平台，联合剑麻加工企业和其他相关院校力量，加强科技创新，深入开展剑麻叶片采收机械设备研制研究，加快科技成果转化，以期攻克采收机械的难题，促进剑麻产业持续健康发展。